संसद : लोकतंत्र
या नजरों का धोखा

संसद : लोकतंत्र या नजरों का धोखा

पुण्य प्रसून वाजपेयी

वाणी प्रकाशन

प्रकाशन के उत्कृष्टतम 62 वर्ष

vaniprakashan.com

सजिल्द पहला संस्करण : 2004
सजिल्द दूसरा संस्करण : 2012
सजिल्द तीसरा संस्करण : 2025

वाणी प्रकाशन

4695, 21-ए, दरियागंज, नयी दिल्ली-110 002

फ़ोन : + 91 11 23273167, 23275710

शाखाएँ

अशोक राजपथ, पटना-800 004, बिहार

कॉफ़ी हाउस कैम्पस, महात्मा गांधी मार्ग, प्रयागराज-211 001, उत्तर प्रदेश

महात्मा गांधी अन्तरराष्ट्रीय हिन्दी विश्वविद्यालय, वर्धा-442 001, महाराष्ट्र

sales@vaniprakashan.in

vaniprakashan@gmail.com

Sansad : Loktantra Ya Nazron Ka Dhokha

by Punya Parsoon Vajpai

ISBN : 978-81-8143-177-6

मूल्य : ₹ 595

जी.एस. ऑफ़सेट, दिल्ली-110 095 में मुद्रित

वाणी प्रकाशन का लोगो मक़बूल फ़िदा हुसैन की कूची से

भूमिका

संसदीय राजनीति के जरिये लोकतंत्र का राग हर राजनीतिक दल अलापता रहा है। बावजूद इसके समाज के भीतर सरकार की नीतियों को लेकर ही लोकतंत्र हमेशा हाशिये पर नज़र आता है। वर्ग भेद और उसमें भी बहुसंख्यक तबके से इतर पाँच से दस फीसदी लोगों के लिए हर संसदीय सत्ता की समूची कवायद खुले तौर पर होती है। बिहार-झारखंड-मध्यप्रदेश-उत्तर प्रदेश सरीखे बीमारू राज्य (संसदीय राजनीति की परिभाषा) हो या महाराष्ट्र-आंध्रप्रदेश-तमिलनाडु-गोवा जैसे स्वस्थ राज्य हर जगह बहुसंख्यक तबके के साथ चलते हुए इसका एहसास लगातार हुआ कि राज्य सत्ता सबके लिए तो कतई नहीं है। मसला चाहे किसानों का हो या फिर औद्योगिक विकास का सत्ता की समूची धारा पूंजीवादी विकास के आसरे अपने लिए एक ऐसा घेरा बनाने में ही जुटी लगी जहाँ सत्ता छिनने के बाद भी वो आहत ना हो। और इस लकीर को लांघने के बाद जो वर्ग तैयार हो गया है...हो रहा है उसके लिए धर्म/जाति/समाज कुछ मायने नहीं रखता। यहाँ तक की सत्ता और विपक्ष भी नहीं। दरअसल बीते एक दशक के दौरान राज्य सत्ता तो एक राजनीतिक दल के पास से दूसरे राजनीतिक दल के पास गयी। सच ये भी है कि इस दौर में हर राजनीतिक दल ने सत्ता का स्वाद चखा। आपस में मिलकर सत्ता पर कब्जा कैसे किया जा सकता है इसका अनूठा प्रयोग कहीं विचारधारा ताक पर रख तो कहीं नैतिकता खारिज कर किया गया। जबकि इसी दौर में कुछ संस्थान खासे मजबूत भी दिखे। कुछ ढहते भी नज़र आये। न्यूनतम की लड़ाई समाज के भीतर कहीं ज्यादा पैनी हुई। संघर्ष के तौर-तरीके बदले। बाज़ार हर जगह हावी हुआ। सत्ता के लिए भ्रष्टाचार और अपराध की परिभाषा बदली। इन सब स्थितियों के बीच भी संसदीय राजनीति में सुधार के आसरे विकल्प की बात संसदीय राजनीति करने वाले दलों ने की। जिन जगहों पर आंदोलन के जरिये विकल्प की बात संसदीय राजनीति को खारिज कर उठी। वहाँ सत्ता की बंदूक भी उठी। आंदोलनों को आतंकवाद के घेरे में भी लाया गया। पहले 'टाडा' फिर 'पोटा'। कानून के आसरे भी संसदीय सत्ता को जिलाये रखने की कोशिश जारी है। फिर चुनाव को लोकतंत्र का महाकुंभ करार देकर चुनाव के बाद सत्ता पर काबिज़ होने की जो पहल राजनेता/राजनीतिक दल कह रहे हैं उससे राजनीतिक व्यवस्था भी कटघरे में खड़ी दिखायी पड़ रही है। दरअसल इस पुस्तक में बीते दशक के दौरान उपजे मुद्दों के सहारे उस लोकतंत्र को ही टटोलने का प्रयास है जो संसदीय व्यवस्था के जरिये नज़र आ रही है।

अनुक्रम

विचारधारा

राजनीति

जरूरत समान आर्थिक संहिता की

पिछली दोनों लोकसभाएँ जिस तर्ज पर चलीं और भंग हुईं उस लिहाज से तेरहवीं लोकसभा चुनाव का महत्त्व कामगार वर्ग (वर्किंग आर्थिक नीति), जिसकी शुरुआत 1991 में हुई जो पूरी तरह बाजारवाद के घेरे में आ चुकी है उस पर अगले पाँच साल की रणनीति का स्वरूप और भ्रष्टाचार का कैनवास। महत्त्वपूर्ण है कि वामपंथी दलों ने '91 से ही नयी आर्थिक नीति का खुलकर विरोध किया और भाजपा/कांग्रेस/जद जैसे राष्ट्रीय दलों के भ्रष्टाचार को उजागर किया। यहाँ तक कि 96/98 और अब '99 के चुनाव के दौरान भी अपने चुनावी घोषणापत्र में संसदीय राजनीति की जोड़-तोड़ से हटकर अपने संघर्ष के तौर-तरीक़ों को ही उभारा। जो सीधे-सीधे कामगार वर्ग के हितों की ही बात करता है और अब जब यह भी तय माना जा रहा है कि तेरहवीं लोकसभा का ताज चाहे जो भी दल पहने देश की अर्थव्यवस्था का रूप तय करने की स्थिति में कोई नहीं होगा। तब भी देश का पैंतीस फीसदी हिस्सा जो वर्किंग क्लास के दायरे में आता है, उसका नब्बे फीसदी अपने ही हितों के खिलाफ जाने वाले दलों को ही वोट क्यों देता आया है। सीधे कहें तो वर्किंग क्लास 'आधार' है और वामपंथी दल 'सुपर स्ट्रक्चर'। क्या 'आधार' अपना समर्थन 'सुपर स्ट्रक्चर' को दे सकता है। सीधा जवाब है—नहीं। तो फिर दोष किसे दिया जाए? जाहिर है संसदीय राजनीति में चुनाव के मद्देनजर समाधान और व्यवस्था को खारिज कर आंदोलन के जरिये विकल्प, क्या मायने रखते हैं यह। आज से ही नहीं तीन से ज्यादा दशकों से हिंदूस्तान का वर्किंग क्लास न सिर्फ देखता आ रहा है बल्कि भोगता भी आ रहा है। कहा जा सकता है इसका ऐतिहासिक कारण अगर मौकों पर अपने राजनीतिक दायित्व से वर्किंग क्लास का भागना रहा है या न निभा पाना है तो पिछले तीन दशक में ट्रेड यूनियन आंदोलन का दोष रहा है जिसने वर्किंग क्लास को राजनीतिक तौर पर निहत्था बनाया। वहीं '91 के बाद से वर्किंग क्लास की ही नयी परिभाषा गढ़ने के जो प्रयास दुनिया भर में हो रहे हैं, उससे बाहर निकल पाने की अक्षमता भी वर्किंग क्लास की इस स्थिति की जड़ में है। बावजूद सबके यह बहस का हिस्सा है कि अपने हितों के खिलाफ कामगार वर्ग वोट क्यों डालता है।

इसमें दो मत नहीं कि कामगार वर्ग की स्थिति वर्तमान में जो है उसकी जड़ों

में इतिहास ही है, यानी मरकेंटाइल कैपिटलिज्म/क्लासिकल कैपिटलिज्म से नव उपनिवेशवाद और अब गैट/विश्व बैंक/आई.एम.एफ. वाली समाजवादी दुनिया/यानी ब्रिटेन से अमरीकी दादागिरी का अर्थशास्त्र। एक हद तक यह कहा जा सकता है कि ग्लोबलाइजेशन का विरोध जिस तबके ने किया वही इससे सबसे ज्यादा प्रभावित भी रहा और अपनी ही पीठ पर लादकर अपने हितों के खिलाफ नीतियों को लेकर आया। अगर इसे देशी परिदृश्य में परखें तो हिंदुस्तान में फैक्टरी एक्ट 1881 में बना। 1914 में भारत में 2,936 फैक्ट्रियाँ थीं और उसमें 9,50973 कामगार काम करते थे। 1989 में फैक्ट्रियाँ बढ़कर 2,17560 हो गयीं और कामगार बढ़कर 79,93,000 जबकि 1995 में फैक्ट्रियाँ बढ़कर करीब तीन लाख हुईं मगर कामगार 80 लाख तक ही पहुँचे। इतना ही नहीं 1971 में जब जनसंख्या 54.82 करोड़ थी उस वक्त देश भर में कामगारों (खेत मजदूर/किसान/औद्योगिक मजदूर और नौकरीपेशा वाले) की संख्या 18.05 करोड़ यानी 32.95 फीसदी थी। वहीं 1991 में जनसंख्या 83.85 करोड़ पहुँची तो कामगार 28.59 करोड़ यानी 34.10 फीसदी। और 1995 में 90 करोड़ में से 32 करोड़ यानी तकरीबन 35 फीसदी कामगार रहे। बावजूद इसके अगर देश के बीस मुख्य शहरी और औद्योगिक क्षेत्रों को देखें तो साफ होता है कि कामगार वर्ग अपनी राजनीतिक (चुनावी) जिम्मेदारी यहाँ पूरी करने में विफल रहा है। (1) कलकत्ता–टी.एम.सी., (2) हावड़ा–टी.एम.सी., (3) डिब्रूगढ़–कांग्रेस, (4) मुंबई–बीजेपी-शिवसेना, (5) चेन्नई–डी.एम.के., (6) दिल्ली–बीजेपी-कांग्रेस, (7) बेंगलूर–कांग्रेस-बीजेपी, (8) कानपुर–बीजेपी, (9) अहमदाबाद–बीजेपी, (10) फरीदाबाद–बीजेपी, (11) भोपाल–बीजेपी, (12) शोलापुर–कांग्रेस, (13) भिलाई–बीजेपी, (14) भुवनेश्वर–बीजेपी, (15) धनबाद–बीजेपी, (16) जमशेदपुर–बीजेपी, (17) कोयम्बटूर–बीजेपी, (18) गिरिडीह–बीजेपी, (19) सूरत–बीजेपी, (20) औरंगाबाद–कांग्रेस। यह स्थिति कमोबेश '96 के चुनाव में भी रही और विधानसभा चुनाव में भी ऐसी ही स्थिति रही। यानी कथित तौर पर भी अगर संसदीय राजनीति करने वाले वामपंथी दलों को कामगार तबके का हितकारी माना जाए (कम से कम घोषणापत्र के मार्फत) तो भी इन बीसों मुख्य औद्योगिक-शहरी क्षेत्रों में कब्जा बीजेपी-कांग्रेस या इनके साथी दलों का ही रहा। मजेदार तथ्य यह भी है कि इन सभी क्षेत्रों में कामगारों ने अगर अपने हितों को लेकर आंदोलन छेड़ा तो लाल झंडा उठाकर बोनस की लड़ाई लड़ी लेकिन वोट कमल/हाथ पर दिया। सवाल है इन स्थितियों पर वामपंथी दल क्या करें। सतही तौर पर इसे वामपंथियों का संकट माना जा सकता है। लेकिन बाजार अर्थव्यवस्था का अर्थशास्त्र भी उसके लिए काफी हद तक जिम्मेदार है। हकीकत यह भी है कि अर्थशास्त्र को लेकर वामपंथियों की लड़ाई ज्यादा राजगार की रही है। जबकि कांग्रेस/बीजेपी की ट्रेड यूनियन का संघर्ष ज्यादा मुनाफा/लाभ का है। राजनीतिक

दलों की भी पहल सत्ता में आने के बाद इसी तर्ज पर रहती है। इसी वजह से वेतन आयोग भी राजनीति के दायरे में आता है न कि आर्थिक स्थिति के मद्देनजर। यही वजह भी है कि पब्लिक सेक्टर का सांगठिक कामगार प्रतिदिन दो सौ रुपये से ज्यादा पाता है जबकि असंगठित क्षेत्र में अभी भी लड़ाई प्रतिदिन पैंतीस रुपये को ही लेकर है। संगठित और असंगठित सेक्टर के कामगारों के वेतन की इतनी असमानता प्रबंधन एक्जीक्यूटिव में भी नहीं है। ऐसे में असंगठित मजदूरों के संघर्ष में संगठित सेक्टर के कामगार साथ खड़े नहीं होते। ऐसे में सवाल सत्ता या व्यवस्था के खिलाफ संघर्ष या विकल्प का कहीं नजर नहीं आता क्योंकि व्यक्तिगत लाभ की मनःस्थिति 'राजनीति सौदेबाजी' का महत्त्वपूर्ण हिस्सा रहती है। और चुनाव के वक्त धन, बल, प्रचार तत्त्व सब कुछ सत्तानुकूल कर देते हैं। जाहिर है इससे प्रभावित भी सबसे ज्यादा असंगठित क्षेत्र के मजदूर होते हैं जिनकी संख्या संगठित सेक्टर के मजदूरों से कई गुनी ज्यादा है। 1991 की जनसंख्या के लिहाज से 84 करोड़ में से 28.59 करोड़ कामगार थे यानी 34.10 फीसदी। और उस 28.59 करोड़ में से सिर्फ 4 करोड़ लोग ही स्थायी नौकरी में थे बाकी 16 करोड़ का खुद का रोजगार (खेती और लघु उद्योग), 9 करोड़ कैजुअल कामगार हैं यानी 90 फीसदी मजदूर असंगठित क्षेत्र से जुड़े थे। दरअसल, ट्रेड यूनियन की राजनीति भी इस दौर में गौरतलब है। 1971 में देशभर में 22 हजार 121 यूनियनें थीं जिसकी सदस्य संख्या 54 लाख 71 हजार थी। वहीं 1995 में यूनियनों की संख्या बढ़कर 50 हजार पार कर गयी जबकि सदस्य संख्या 52 लाख में ही सिमट गयी। जाहिर तौर पर सदस्य संख्या कामगार वर्ग में 'एकता' से ज्यादा विखंडन की स्थिति ही दर्शाती है। यूँ यह स्थिति कागज पर की है। आंदोलन के दौरान स्थिति और कमतर भी नजर आ सकती है। यह स्थिति इस रूप में क्यों है इसका एक बड़ा कारण मजदूर होने के तौर तरीके भी हैं। पहले ग्रामीण इलाके के मजदूर उद्योगों में अस्थायी मजदूर के तौर पर जुड़ते इसके बाद स्थायी होते। फिर कुशल कामगार (स्किल्ड लेबर) के तौर पर तैयार होते और संगठित सेक्टर से जुड़ते। जाहिर तौर पर पहले संगठित क्षेत्र से जुड़े मजदूरों की मानसिकता मजदूर, गरीब व्यक्तियों का साथ देने वाली होती, लेकिन नयी स्थिति में इसमें काफी बदलाव आया। सीधे किसी ग्रामीण क्षेत्र की जमीन पर दखल कर प्राकृतिक संसाधनों का दोहन कर उद्योग चलाने की सोच अब उस मध्य वर्ग में भी पैदा हुई जो बिचौलिये की भूमिका में अपना मुनाफा स्थितियों का शोषण कर बनाता है। मतलब साफ है जिस जमीन पर खेती कर सैकड़ों परिवार स्वावलंबी मजदूर के तौर पर रहते हैं उन्हें औद्योगिक विकास के नाम पर एवं झटके में अपाहिज मजदूर बनाया जाता है। फिर अस्थायी और स्थायी मजदूर कौन हो सकते हैं और सामान्य या कुशल कामगार की श्रेणी में कौन रहेगा यह भी एक खास साँचे में तय हो जाता है और इन सबके पीछे सौदेबाजी, बिचौलियापन ही चलता है। इस वजह

से प्रो-पिपुल/प्रो-विकर/प्रो-पुअर की कोई भावना नहीं रहती और चुनाव के वक्त धन/बल/मीडिया का खेल खुलकर इसी कामगार वर्ग के बीच होता है। इतना ही नहीं कामगार होने और काम के दौरान ज्यादा से ज्यादा लाभ (व्यक्तिगत तौर पर) कमाने की स्थिति 'बाजारवाद' की ही तर्ज पर आगे बढ़ती है। नयी आर्थिक नीति के तहत तो विदेशी तकनीक और पूँजी ने पारंपरिक जातिबंधन को भी तोड़ा और नैतिकता को भी खत्म किया यानी जल्दी से जल्दी 'रईस' बनने की मानसिकता ने उन तमाम अवरोधों को खत्म किया जो पारंपरिक तौर पर कुरीतियों के तौर पर ही समाज में नजर आते, लेकिन इस बदलाव का नया संकट हर व्यक्ति का अपनी जगह अकेले और निहत्था होना ही उभरा। जिसकी जड़ में घोटालों और भ्रष्टाचार की मान्यता दिलाना था। जाहिर तौर पर इस चिंतन ने कामगार तबके को राजनीतिक तौर पर न सिर्फ निहत्था बनाया बल्कि उसकी राजनीतिक क्षमताओं पर उँगली उठायी। इस वजह से अपने हितों के अनुकूल नीतियों को लागू कराना तो दूर सवाल यह भी उठा कि अगर 'विकल्प' सही तौर पर कामगार वर्ग लाता है तो सत्ता कौन-सा वर्ग सँभालेगा। यानी कामगार वर्ग समाज/राजनीति को दिशा दे सकता है लेकिन सत्ता नहीं चला सकता। हालाँकि वाम दलों और उसकी यूनियनों की मान्यता अलग है जिसके अंतर्गत बहुसंख्य वर्ग ही सब कुछ तय करेगा। लेकिन यहाँ सवाल संसदीय धारा का है जिसमें संसद के अंदर जाकर बाहर की स्थितियों को कामगार वर्ग के हितों के लिए लामबंद कर बदलाव लाना है। लेकिन संसदीय राजनीति अगर कम्युनिस्ट अपनाते हैं तो उसके अंतर्विरोध में कैसे फँसते हैं यह अलग-अलग क्षेत्रों व आंदोलनों से समझा जा सकता है। बिहार के कुछ इलाके में आदिवासी लाल झंडा लेकर जंगलों में 'लाल खंड' का नारा लगाते हैं वहीं झारखंड में आदिवासी लाल झंडे को खारिज करते हैं; खास बात यह भी है कि जिन पिछड़े आदिवासी इलाकों का विकास होता है (धनबाद-गिरिडीह-राँची) वहाँ से वामपंथी दल जीत नहीं पाते। यहाँ वही दल सत्ता में आते हैं जो सीधे-सीधे सौदे की बात करते हैं। विकास के नाम पर गरीबी, बेरोजगारी और असंगठित होना सिखाते हैं। दरअसल, वामपंथियों का संकट वहाँ उनका अपना संसदीयकरण होना सिखाते हैं। वजह भी सही है कि मध्यम वर्ग का कामगार खुद को वामपंथियों से जोड़कर नहीं दिखना चाहता। और एक स्थिति के बाद हर मोर्चे पर निचले और मध्यम वर्ग के कामगार अलग-अलग दिखायी देते हैं। यहाँ यह समझना जरूरी है कि संसदीय-व्यवस्था की राजनीति न तो चौमुखी विकास की बात करती है न ही अपनी धारा में शामिल राजनीतिक दलों को उसकी इजाजत देती है कि वह समाज/व्यवस्था से जुड़े चौमुखी सवालों को उठायें। संभवतः यही कारण भी है कि कामगार तबका नहीं समझ पाता कि 'वर्किंग क्लास चरित्र' भी कोई वस्तु है। इसलिए सारा संघर्ष राजनीति के दायरे में चलता तो है मगर राजनीति नहीं हो पाती। घालमेल की स्थिति इस प्रक्रिया में

इतनी भयानक होती है कि राजनीति के जरिये तो हर सवाल को उछाला जाता है लेकिन राजनीति से हटकर समाज, शिक्षा, संस्कृति, मनोरंजन, परिवार, भोजन, काम के घंटे पर अलग से न बहस होती है न आंदोलन। अगर वामपंथी राजनीतिक दलों के नजरिये से कामगार वर्ग की राजनीति पर गौर करें तो भी संसदीय धारा में वो फिट नहीं बैठते। कांग्रेस-बीजेपी की यूनियन व्यक्तिगत स्वार्थ की पूर्ति के मद्देनजर बोनस-ज्यादा वेतन पर सीधा सौदा करते हैं और सत्ता में अपने दल के होने की वजह से उसका लाभ (सौदेबाजी) भी इनको मिलता है जो तत्काल राहत का काम मजदूरों में करता है और मजदूर इनकी तरफ आकर्षित होता है। वहीं यूनियनों की लड़ाई न्यूनतम मजदूरी, ज्यादा रोजगार, छँटनी रोकने के ही इर्द-गिर्द घूमती है जो न तो मजदूरों को प्रभावित कर पाती है न ही संसदीय राजनीति में वामपंथी को कुछ भुनाने का मौका देती है। जाहिर है यह स्थिति कामगारों को राजनीतिक लक्ष्यों से दूर करती है। चुनाव-दर-चुनाव के बाद (छात्र के जल्दी-जल्दी चुनाव) कामगार भी सीधे 'सौदेबाजी' के घेरे में आया है, जिसका लाभ बीजेपी-कांग्रेस जैसे दल खुलकर उठाते हैं।

दरअसल, वामपंथियों की राजनीति जिस धरातल पर चलती है और सत्ता की जो जमीन है उसमें फर्क भी इस हद तक है कि वर्किंग क्लास नयी आर्थिक स्थितियों में खुद को जोड़कर भी नहीं देख पाता। हकीकत यह भी है कि जिस नयी आर्थिक नीति को लेकर वामपंथियों ने अपनी और कामगार वर्ग की एकजुटता की बात उठायी उसके मर्म में कहीं राजनीति नहीं हुई। जबकि दक्षिणपंथी दलों ने नयी आर्थिक नीति को आर्थिक नीति से हटकर राजनीतिक हथियार के तौर पर ही इस्तेमाल किया। ऐसे में पब्लिक सेक्टर की जगह निजी क्षेत्रों को मान्यता देना और बहुराष्ट्रीय कंपनियों के लिए रास्ते खोलना आर्थिक स्थिति से ज्यादा राजनीति को प्रभावित करता है और वर्किंग क्लास उसकी व्याख्या अर्थशास्त्र तले ही करती है। वाम दल भी इसकी राजनीति को गौण कहते हैं और वर्किंग क्लास का चरित्र अपनी हदों में खत्म होते चुनाव के वक्त खुलकर देखते हैं। चुनाव में धारा 370, अयोध्या को लेकर तो बहस छिड़ जाती है लेकिन राष्ट्रीय क्षेत्र (मजदूरी) नीति पर बहस नहीं होती। जाति, संप्रदाय, वोट बैंक को लेकर रणनीति बनती है मगर संगठित और असंगठित क्षेत्र के कामगारों को लेकर वोट बैंक का दायरा नहीं टटोला जाता। शायद उसका बड़ा कारण समान नागरिक संहिता की जगह समान आर्थिक संहिता पर अभी तक बहस न छेड़ना भी है।

धन्नासेठों की सट्टेबाजी से पटा देश

वित्तीय अनियमितता और साम्राज्यवादी देशों की सट्टेबाजी से घिरे अपने देश में मजदूरी या उत्पादन की कोई मान्यता नहीं है, लगातार मंदी की नीतियाँ लागू कर किसानों को मरने पर मजबूर किया जा रहा है। सरकारी कदम सट्टेबाजों के हितों के प्रति जितने उत्साहर्द्धक हैं, उतने गरीबों की बदहाली के प्रति क्यों नहीं?

बाजार व्यवस्था में सट्टेबाजी पूँजी बनाने का एक कानूनी औजार है, जबकि मैच फिक्सिंग बहुतों को मौका दिये बगैर बाजार की आस्था का उल्लंघन कर अकेले पूँजी कमाने का जज्बा है। ऐसे में फिक्सिंग का पहला और कड़ा विरोध सट्टेबाज करता है। दरअसल, मैच फिक्सिंग की जाँच को लेकर यह खेल अब खुल्लमखुल्ला खेला भी जाने लगा है। मगर क्रिकेट से हटकर सामाजिक, आर्थिक, राजनीतिक स्थितियों के मद्देनजर सट्टेबाजों और बिचौलियों का प्रभाव न दिखे। सीधे कहें तो राज्य और सत्ता ने बाजार व्यवस्था के नाम पर सट्टेबाजों को हर घर-दुकान के गेट पर चौकीदार के रूप में बैठा दिया है। वहाँ उसे न सिर्फ मान्यता है बल्कि सामाजिक तौर पर भागीदारी भी है। मसलन, वित्तमंत्री यशवंत सिन्हा ने वर्ष 2000-2001 के बजट में खुला ऐलान किया कि भारतीय रिजर्व बैंक स्वायत्त बनाया जाएगा। मतलब साफ है बाजार में धन की मात्रा घटाने-बढ़ाने और रुपये के वैदेशिक लेन-देन यानी मौद्रिक प्रबंधन और विनिमय दर की देखरेख से जुड़ी तमाम नीतियों पर समाज का कोई नियंत्रण नहीं रह जाएगा। अभी तक यह माना जाता है और लोकतंत्र का नाम लेकर चल रही कल्याणकारी व्यवस्था के तहत लगता भी है कि जनता के प्रतिनिधियों यानी संसद का नियंत्रण तो है ही, लेकिन स्वायता का मतलब है, प्रबंधन एक ऐसी संस्था देखे जो जनता के प्रति जवाबदेह तो नहीं ही हो यानी मुनाफे के इर्द-गिर्द स्थितियों को किस तरह लाया जा सकता है, चाहे उससे बहुसंख्यक वर्ग खत्म क्यों न हो या कहें एक खास वर्ग के लिए नीतियाँ बनाने की जरूरत क्यों न पड़े। फिर यही संस्था सूद की दर और वैदेशिक विनिमय दर पर नियंत्रण भी रखेगी। मतलब जिन दो बड़े दामों से पूरे देश की अर्थव्यवस्था प्रभावित होती हो, जिसका असर लोगों के रहन-सहन के स्तर पर पड़ता हो उस पर सरकार का नियंत्रण नहीं रहे। अब सवाल है जो संस्था रिजर्व बैंक के मौद्रिक प्रबंधन और विनिमय को देखेगी, वह स्वाभाविक तौर पर इन दोनों दरों में स्थिरता चाहेगी, जिससे विदेशी पूँजी निवेशकों का भरोसा बना रहे। यानी अंतरर्राष्ट्रीय पैमाने पर गतिशील

सट्टेबाज वित्तीय पूँजी को संतुष्ट रखा जा सके। मतलब ये भी है कि स्वायत्त संस्था को इस तरह हर क्षेत्र में नीतियों को लागू करवाने में दखल देनी होगी, जिससे सट्टेबाजों का मुनाफा और जरूरत जुड़ी है। इसके घेरे में ट्रेड यूनियन और कामगारों के अधिकार से लेकर वित्तीय नीति भी आएगी, फिर ये भी सवाल उठेगा कि अंतरर्राष्ट्रीय सट्टेबाजों में जिसकी सबसे ज्यादा पैठ हो, संस्था भी चलाने का काम उन्हें ही सौंपा जाए। जाहिर है अंतरर्राष्ट्रीय मुद्रा कोष या विश्व बैंक के अधिकारियों से बेहतर और कोई होगा भी नहीं। वर्तमान आर्थिक नीतियों के मद्देनजर यह बात और साफ होती है कि सट्टेबाजों का कितना ख्याल कर सरकार मंदी की नीतियों को लागू कर रही है, जिससे सीधे आर्थिक संवृद्धि प्रभावित हो रही है। बाजार व्यवस्था के तहत भारत जैसे देशों में वित्तीय प्रवाहों का असर कितना उलटा होता है इसका रूप तमाम बहुराष्ट्रीय कंपनियों के तरीकों को देख समझा जा सकता है। विदेशी वित्तीय प्रवाह तेज हो इसके लिए समूचे इन्फ्रास्ट्रक्चर को कौड़ियों के मोल सौंपने के बाद उन पर निर्भर होने की शुरुआत फिर उन्हें टिकाये रखने के लिए पर्याप्त लालच देने की नीतियों को अमल में लाने की कोशिशें। अंत में देश पर वित्तीय पूँजी की तानाशाही। यह स्थिति वर्तमान में पावर सैक्टर को देखकर समझी जा सकती है।

सट्टेबाजों को लेकर सरकार की पहल इतनी भर नहीं है, बल्कि नरसिम्हन कमेटी की सिफारिशों के मद्देनजर सार्वजनिक क्षेत्र के बैंकों को निजी हाथों में सौंपने के लिए इनके मालिकाना पूँजी में सरकार का हिस्सा घटाकर एक-तिहाई का भी प्रस्ताव वित्त मंत्री ने बजट में रखा है। फिर प्रधानमंत्री खुद गाहे-बगाहे चेताते रहते हैं कि अगर बैंक प्रबंधन ठीक नहीं हुआ तो उसे निजी हाथों में सौंप दिया जाएगा। यानी मुनाफे के लिए यह सेक्टर भी सट्टेबाजों पर निर्भर रहेगा। फिर भारतीय पूँजीपतियों को विदेशी कंपनियाँ खरीदने के लिए और शेयर बाजार में सट्टेबाजी के लिए वित्तीय पूँजी को देश से बाहर ले जाने का भी प्रस्ताव है। साथ ही भारतीय उद्योग में मालिकाना पूँजी का 40 फीसदी हासिल करने का अधिकार भी विदेशी कंपनियों को देने का प्रस्ताव है। यानी विदेशी ताकतों के मालिकाना का दायरा बढ़ाने और विदेशी सट्टेबाजों के समूह को उत्पादन के दायरे में हावी होने देने की पेशकश जैसा है। विदेशी उत्पादनों पर आयात कर को कम करने और देसी उत्पादनों पर उत्पाद शुल्क को बढ़ाने की भी परिभाषा सीधी है कि देसी उद्योग-धंधों को तबाह कर माल के बदले विदेशी पूँजी का प्रवाह विदेशी माल के जरिये तेज किया जा सके और भारतीय पूँजीपतियों की भूमिका बिचौलियों की तर्ज पर बढ़ायी जा सके। राशन प्रणाली का ध्वस्त किया जाना इसका बेहतरीन प्रमाण है कि सट्टेबाजों की कार्बन कॉपी के तौर पर व्यापारी समूह को सरकार तैयार करना चाहती है। गेहूँ में 64 फीसदी और चावल में 46 फीसदी बढ़ोतरी और सरकारी सब्सिडी में 12 फीसदी की

कटौती कर 'राशन गरीबों के लिए' नारा लगाने की जोड़-तोड़ सरकार उस समय कर रही है जब गाँव में खेतिहर उत्पादन ठप हो रहा है। यानी गाँव में खेतिहर उत्पादन बढ़ाने के लिए एक इन्फ्रास्ट्रक्चर की जरूरत है। अर्से बाद सरकारी गोदामों में अनाज भरे हैं। इसका उपयोग रोजगार के जरिये भी गाँव में किया जा सकता है। खासकर उत्तर प्रदेश, बिहार, मध्य प्रदेश, राजस्थान, गुजरात और उड़ीसा के हजारों गाँव जब भुखमरी के शिकार हैं तो काम के बदले अनाज के जरिये नहर, सड़क, पनबिजली जैसी आधारभूत सुविधाओं के जरिये गाँव के लोगों को आमदनी बढ़ाकर और गरीबी कम कर खेतिहर उत्पादन को एक नये रूप में चलाया जा सकता है मगर सरकार यहाँ भी सट्टेबाजों की गिरफ्त में है। उसने विदेशी अनाजों के आयात से देसी खेती के बचाव में कटौती करते हुए आयात पर टैक्स पाँच फीसदी कम कर दिया है। खेती और देहातों के विकास पर सरकारी खर्च को सीमित कर दिया गया है। सरकारी आँकड़ों पर गौर किया जाए तो सरकार की आर्थिक सुधार की नीति 'अनीति' ही लगती है, क्योंकि सरकार इस दौर में न तो घाटे पर काबू रख पायी है न ही विकास प्रक्रिया तेज कर पायी है। औद्योगिक उत्पादन और खेतिहर उत्पादन में जबरदस्त कमी आई है। आर्थिक सुधार की शुरुआत से पहले 1981-91 के दौरान जहाँ औद्योगिक उत्पादन 7.8 फीसदी और खेतिहर उत्पादन 3.9 फीसदी था वहीं आर्थिक सुधार की नीतियों को लागू करने के दौरान 1991-2000 में घटकर औद्योगिक उत्पादन 5.7 फीसदी और खेतिहर उत्पादन 2.0 फीसदी पर आ गया। खास बात यह है कि अभी भी संविधान के तहत कल्याणकारी राज्य बताने वाली सरकार के सालाना बजट में रुपये का एक पैसा भी खेती के लिए और दो पैसा गाँव के विकास के लिए दिया गया है। विज्ञान, तकनीक, पर्यावरण, उद्योग और खनिज पर कुल चार पैसे दिये गये हैं, जबकि फौज, पुलिस, खुफिया तंत्र के लिए 22 पैसे का प्रावधान है। इन सबसे हटकर सट्टेबाजों की सुविधा और उनसे लिए गए ऋण का सूद चुकाने के लिए रुपये का तीस पैसा रखा गया है, जिन्हें हम अपना बाजार, जमीन या कहें इन्फ्रास्ट्रक्चर मुफ्त दे रहे हैं। वो भी सिर्फ इसलिए कि वो भूमंडलीकरण के इस दौर में हमारे यहाँ टिके रहें। वित्तीय उदारीकरण के जरिये सट्टेबाजों की गिरफ्त में सरकार किस हद तक जा चुकी है, इसका अंदाज इसी से लग जाता है कि फिलहाल केंद्र सरकार को होने वाली कुल राजस्व आय का आधा से ज्यादा सूद के भुगतान में चला जाता है और बाकी का आधा उन्हें यहाँ रहने देने या भुलावा देने के लालच में।

सवाल है जब औद्योगिक क्षेत्र खपत से ज्यादा उत्पादन के बोझ में दबा है, खेतिहर उत्पादन की गति धीमी है, अनाजों का भंडार पहले से ज्यादा है, विदेशी मुद्रा का भंडार ठीकठाक है, ऐसी हालत में राजकीय पूँजी निवेश बढ़ाया जाना चाहिए, क्योंकि इससे महँगाई नहीं बढ़ेगी। मगर सरकार की गड़बड़झाला नीतियों ने उसके

खर्च पर भी अड़ंगा लगाया है। अमीरों से टैक्स न वसूल पाने की स्थिति और सूद के बोझ के बाद अंतर्राष्ट्रीय मुद्रा कोष की इस थ्योरी को अपनाया जाना कि सरकार को रिजर्व बैंक से कर्ज नहीं लेना चाहिए, बल्कि खुले बाजार में बैठे सट्टेबाजों से प्रभावित संस्थानों से कर्ज लेना चाहिए का मतलब क्या है? महत्त्वपूर्ण तथ्य यह भी है कि रिजर्व बैंक से सरकार हुंडियों के बरक्स लिए गए कर्ज पर सूद की दर 4.6 फीसदी है। नतीजतन सरकार पर सूद के मद में 44 हजार करोड़ रुपये का अतिरिक्त बोझ आ पड़ा है। फिर एग्जिम पॉलिसी के जरिये जिन छोटे-छोटे उत्पाद के द्वार खोले गए हैं उससे सीधे छोटे किसान और मजदूर प्रभावित होंगे, इसको नकारा नहीं जा सकता। इतना ही नहीं किसानों की आत्महत्या का जो दौर दक्षिण भारत में चला है उसका एक बड़ा कारण यह भी है। दरअसल, 1991 से शुरू हुए आर्थिक सुधारों का सिलसिला तानें तो दो तथ्य खुलकर सामने आएँगे। पहला—बाजार व्यवस्था का पूरा खाका बिचौलियों, दलाल और सट्टेबाजों पर आ टिका है। सिर्फ औद्योगिक उत्पादन ही नहीं खेतिहर उत्पादन पर भी नजर टिकायें तो किसान-मजदूर से कई गुना बेहतर स्थिति उन बिचौलियों की है जो उत्पाद को बाजार तक पहुँचाने का काम करते हैं। चूँकि बाजार व्यवस्था ने माल का विकेंद्रीकरण तो किया है मगर पूँजी पर जिस लिहाज से खुद को टिकाया है उससे पूँजी का विकेंद्रीकरण बढ़ा है और उस केंद्रीयकृत पूँजी वाले तबके अनुकूल मुनाफा बनाये रखने का काम हर क्षेत्र में दलाल खुलकर करते हैं। उनका सम्मान भी बाजार में खूब है। यही स्थिति चल-अचल संपत्ति का भाव तय करने या भाव को एक खास तबके के अनुकूल बनाने की प्रक्रिया में भी दलालों और सट्टेबाजों का रुतबा है और स्थितियों को सरकारी मान्यता है। इस सुधार प्रक्रिया में जो दूसरा तथ्य है वो गरीबी से जुड़ा है। चूँकि माल के उत्पादन या मजदूरी की कोई मान्यता इस बाजार व्यवस्था में नहीं है और सब कुछ दलाल-बिचौलियों की भूमिका पर आ टिका है। ऐसे में सामाजिक ढाँचा भी इस वर्ग के अनुकूल होने की दिशा में बढ़ा है। किसान की जमीन से लेकर औद्योगिक मजदूरों की हैसियत इस बाजार में उपभोक्ता की न्यूनतम दर्जे से ज्यादा कुछ नहीं है। ऐसे में कल तक का सम्मानित किसान अब आत्महत्या की दिशा में है। सरकारी आँकड़े तो और मजबूत हैं। 1989-90 तक (आर्थिक सुधार की शुरुआत से ठीक पहले) कुल 29.1 करोड़ लोग गरीब थे, जबकि 1998-1999 में यह तादाद बढ़कर 40.8 करोड़ हो गई। यह गरीबी देहात में शहर की तुलना में कई गुना तेजी से बढ़ी है। देहात में 1990 में जहाँ कुल आबादी का 34 फीसदी हिस्सा गरीब था वहीं 1998-99 में बढ़कर 45 फीसदी हो गया। हकीकत है कि आर्थिक सुधार के वर्षों में भी सकल घरेलू उत्पादन बढ़ने की दर जिसे अर्थव्यवस्था की वृद्धि दर कहते हैं 1980 के दशक के स्तर पर ही बनी रही है। हालाँकि 1980 के दशक में 5.7 फीसदी की वार्षिक दर के साथ गरीबी के अनुपात में 33 फीसदी की कमी आई थी।

मगर 90 के दशक में वार्षिक वृद्धि दर तो 5.8 फीसदी ही रही, गरीबी का अनुपात 23 फीसदी बढ़ गया।

सवाल है आर्थिक सुधार के नाम पर जब बहुसंख्यक तबके को ही खारिज कर मध्य वर्ग और मध्य उच्च वर्ग के बिचौलियों, दलाल, सट्टेबाजों को राज्य ही खड़ा कर रहा हो और पिछले तबके के अंदर भी इस वर्ग में शामिल होने का लालच अलग-अलग माध्यमों से बाकयदा नीतियों के जरिये हो रहा हो तब उस बहुसंख्यक वर्ग की सोच इस राज्य व्यवस्था में कहाँ टिकेगी, जिसकी सारी जद्दोजहद न्यूनतम को लेकर है यानी न्यूनतम के संघर्ष में भी दलाली का भाव आएगा। फिर वह वर्ग भी खुद को इस लालच से कैसे बचायेगा, जो सुविधा और शानो-शौकत की हर तस्वीर को भोगते हुए बाजार व्यवस्था की थ्योरी को बनाये रखना चाहता हो। जाहिर है बहुराष्ट्रीय कंपनियों के लिए यह तबका अपने देश में दलाल बनने से भी नहीं हिचकेगा। चूँकि बाजार के घेरे में आकर एक ऐसा बड़ा तबका नव धनाढ्य हुआ भी है जो खुद को सत्ता के नजदीक पूँजी के आधार पर ही पाता है। वो सट्टेबाजी या दलाली को गलत कैसे ठहरा सकता है? एक हद तक क्रिकेट ही नहीं हर क्षेत्र में इस 'बाजार' ने सट्टेबाजी को इसलिए सार्वजनिक मान्यता भी दिला दी है। अब सवाल इतना भर ही है कि मैच फिक्सिंग की तर्ज पर सट्टेबाजों की इस व्यवस्था में कोई सामूहिक तौर पर सट्टेबाजों को शामिल किये बगैर देश को ही बेचने का खेल दें, तभी लोकतंत्र को संकुचित करने वाली वित्तीय उदारीकरण की सोच पर अँगुली उठेगी अन्यथा अर्थव्यवस्था सीधे साम्राज्यवादी देशों के सट्टा बाजार से भी जुड़ेगी और विदेशी वित्तीय धन्नासेठों की तानाशाही कायम होगी।

आर्थिक सुधार का असल गोरखधंधा

बाजार व्यवस्था को मजबूत बनाने के बहाने एक खास वर्ग को मुनाफा पहुँचाने की कोशिश की जा रही है। इसका मकसद भविष्य में राजनीतिक लाभ लेना है।

संसदीय राजनीति में यह तथ्य पहली बार उभरा है, कि सत्ताधारी राजनीतिक दल वैसी ही राजनीति कर रहे हैं, जैसी वो सत्ता में आने के लिए करते रहे। संकट इस बात को लेकर नहीं है कि नीतियाँ एकतरफा हो रही हैं, दरअसल स्थिति इस मायने में ज्यादा गंभीर है कि संसद सत्ता के लिए एक ऐसा मंच बन गया है जहाँ से बाजार अर्थव्यवस्था की खुली वकालत की जा रही है। इसके पीछे किस तरह से चुनावी राजनीति को भविष्य के लिए अभी से अपने अनुकूल करने का आग्रह हावी है, वह गौरतलब है। हाल के चुनावों में राजनीति के अपराधीकरण या पूँजीतंत्र की राजनीति का जितना हंगामा मचा चुनाव उतना ही इस पर निर्भर हुआ। ऐसे में चुनाव के दौरान मुद्दों का महत्त्व तो रहेगा, मगर साथ ही वैसे तत्त्व ज्यादा हावी नजर आएँगे जो अपराध और पूँजी के इर्द-गिर्द घुमड़ते हों। ऐसे में पहला सवाल यह जो सकता है कि नीतियों के जरिये इस तंत्र को लाभ कैसे पहुँचाया जा रहा है। असल संकट यहीं है, क्योंकि नीतियाँ ठीक उसी तर्ज पर बन रही हैं जिस तर्ज पर चुनाव के दौरान राजनीतिक दल अपराध और पूँजीतंत्र के साथ जुड़ते हैं। चुनाव का नया संकट इस मायने में ज्यादा गंभीर है, कि संसदीय राजनीति ने राजनीतिक पहलुओं को बदल दिया है। जनता और राजनीति के बीच में एक ऐसी खाई बनी है, जिसमें आधारभूत संरचना पर बहस संभव नहीं है। ऐसे में चुनाव के वक्त न सिर्फ तात्कालिक मुद्दे ही मायने रखते हैं, बल्कि वैसी चीजें ज्यादा महत्त्वपूर्ण हो जाती हैं जो हमेशा राजनीति में नकारी जाती हैं। मतलब साफ है, न्यूनतम की लड़ाई मायने रखने लगती है और पूँजी या आतंक का प्रभाव बढ़ता जाता है यानी जिन स्थितियों के इर्द-गिर्द कल्याणकारी राज्य की बात होती है और राजनीतिक जोड़-तोड़ होती है, वो चुनावी तौर-तरीके से मेल नहीं खाती। नीतियों के मद्देनजर अगर इन स्थितियों को टटोला जाए तो पहला सवाल इसी को लेकर खड़ा हो सकता है कि संसद जब खुद को जनता के प्रतिनिधित्व के तौर पर देखती है तो वो निजी हाथों में राज्य की पूँजी कैसे

बेच सकती है। इतना ही नहीं वैसी नीतियों को भी कैसे लाया जा सकता है जिसे एक तरफ जनता अपने खिलाफ माने दूसरी तरफ राज्य बहुराष्ट्रीय स्थितियों के अनुकूल कहे। यह स्थिति इस मायने में ज्यादा खतरनाक है, कि राज्य अपने तौर पर अब खुलेआम अर्थव्यवस्था के अनुरूप ही अपनी स्थिति का आँकलन करने लगा हो। मसला सिर्फ बीमा सेक्टर या संचार के निजीकरण का नहीं है, बल्कि मुनाफे को ही केंद्र में रखकर बाजार व्यववस्था को मजबूत बनाने की बात कहना है। जबकि स्थितियाँ बेहद साफ हैं, कि मुनाफे या बाजार की थ्योरी सीधे एक खास तबके को लाभ पहुँचाती है। जाहिर है इससे समाज में असमानता का भाव पैदा होता है।

अब सवाल है जब पूँजी का मूल चरित्र ही बाजार पर टिका हो तो इसे खारिज कैसे किया जा सकता है। लेकिन यह थ्योरी न तो कल्याणकारी राज्य में फिट बैठती है न ही संसदीय राजनीति तले। बहुसंख्य तबके को खारिज कर अर्थव्यवस्था के पुख्ता होने की बात कहने से यह मतलब साफ लगाया जा सकता है कि राजनीति किस हद तक निर्भर हो चली है। इस स्थिति में अर्थव्यवस्था के उन तत्त्वों को भी समझना होगा जो इन स्थितियों में आकर आर्थिक तत्त्वों को ही कमजोर करतें हैं। देश की साठ फीसदी पूँजी ही नहीं, बल्कि अस्सी फीसदी लोग भी कृषि अर्थव्यवस्था पर निर्भर हैं। लेकिन बीज और खाद तो दूर खेती योग्य जमीन भी अब किसानों को हद से बाहर होती जा रही है। 1991 में पहली बार आर्थिक-सुधार के जरिये अर्थव्यवस्था के उन हिस्सों में सेंध लगायी गयी जो असंगठित थे। असंगठित क्षेत्रों में लगी पूँजी, उत्पाद और मजदूरी को न सिर्फ खत्म किया गया बल्कि पिछले नौ साालों में इन सबको नये सिरे से जोड़ा भी गया। परिणाम क्या निकला, रोजगार के अवसर मजदूरों के लिए पूरी तरह खत्म हुए। छोटे किसान मजदूर में तब्दील हो गये। मौसमानुकूल खेती खत्म की गयी। फसल भी मुनाफे पर टिकी और मुनाफा बाजार पर। इन स्थितियों के घेरे में बीज और खाद जहाँ छोटे बाजार से निकलकर बड़े बाजार में पहुँचे, वहीं इनके उत्पाद भी जमीन से हटकर प्रयोगशाला पहुँच गये। एक लिहाज से खेती में उद्योग का हस्तक्षेप सीधा हुआ। दरअसल यूरिया या मोनसेंटों बीज बाजार थ्योरी की पहली कड़ी के तौर पर ही सामने आया है। इसका अगला स्वरूप इस मायने में ज्यादा भयावह नजर आता है कि मुनाफे के तौर-तरीके खेती के चक्र को न सिर्फ तोड़ देंगे बल्कि जमीन भी बंजर होकर खत्म होगी। जहाँ तक औद्योगिक अर्थव्यवस्था में सुधार का सवाल है, तो उसका एक रूप यह भी है कि बाजार और तकनीक के केंद्रीकरण ने न सिर्फ बेरोजगार औद्योगिक मजदूरों की संख्या में इजाफा किया है बल्कि प्रति-व्यक्ति आय में भी कमी आयी है। जहाँ 1989 में नब्बे लाख मजदूर उद्योगों में स्थायी नौकरी कर रहे थे और उनका न्यूनतम वेतन सैंतीस रुपये पचास पैसे हुआ। जबकि इस दौरान प्रति-व्यक्ति आय तीस रुपये बढ़ी। अब सवाल यह है कि आर्थिक तौर पर अगर समाज कमजोर हुआ है, न्यूनतम की लड़ाई तेज

हुई है, वर्ग संघर्ष की स्थितियाँ बढ़ी हैं, तो आर्थिक सुधार का मतलब क्या है? इससे हटकर संसदीय राजनीति के घेरे में आने वाले तत्त्वों को अगर परखें तो आर्थिक सुधार का पैमाना समझा जा सकता है। नौकरशाही के जरिये 'विकास' संसदीय राजनीति का मूलमंत्र है। एक हद तक विकास की इस अवधारणा के जरिये ही संसद नीतियों को लाती भी है और लागू भी करती है। 1991 से पहले राज्य के अधीन बिजली उत्पादन था। परिवहन सेवा थी। उत्पादन पर पकड़ थी। एक हद तक रोजमर्रा की जरूरतों के लिए कोई भी सामान्य नागरिक सीधे राज्य पर निर्भर था। यानी संकट आने पर जनता संसद से सीधे सवाल पूछ सकती थी। फिर बहुसंख्य तबके में यह भाव भी रहता था कि सत्ता कहीं न कहीं उससे जुड़ी है। लेकिन विकास की जो बाजार थ्योरी अपनाई गयी और जिन नीतियों के जरिये अर्थव्यवस्था की मजबूती की बात कही गयी, उसका परिणाम एक ओर जहाँ यह निकला कि जनता और राज्य के बीच सीधे बाजार आया वहीं धीरे-धीरे बाजार ने राजनीति पर भी शिकंजा कसा है। महाराष्ट्र सरकार श्वेत-पत्र में ही कहती है कि आर्थिक हालत सुधारने के लिए उसे बड़े फैसले लेने होंगे, रिटायर होने वाले कर्मचारियों की सभी जगह वह नहीं भर पाएगी। कर्मचारियों के लिए बीआरएस रिटायरमेंट स्कीम लानी पड़ेगी और घाटे में चल रही सरकारी कंपनियाँ बंद करनी पड़ेंगी। यानी उद्योग चला पाने और रोजगार देने की स्थिति में राज्य नहीं है। सवाल है कि यह स्थिति सिर्फ महाराष्ट्र भर की नहीं है। देश के किसी भी कोने से कोई भी राज्य देखा जा सकता है, मसलन कश्मीर, हिमाचल, हरियाणा या फिर असम, बंगाल, बिहार या गुजरात, तमिलनाडु अथवा मध्यप्रदेश। जाहिर है, इस स्थिति में अगर राज्यों की अर्थव्यवस्था है तो जनता और सत्ता के बीच या फिर राजनीति और सत्ता के बीच बाजार-व्यापार-पूँजी हावी होगी ही। इस संदर्भ में कृषि-अर्थव्यवस्था को टटोलना आवश्यक होगा। 1991-92 में चावल और गेहूँ का सरकार का न्यूनतम खरीद मूल्य 225 रुपये था जो बढ़ते-बढ़ते 1998-99 में 455 रुपये पहुँच गया। जबकि 91-92 में जहाँ खुले बाजार का खरीद मूल्य 179 रुपये था वो 98-99 में बढ़कर 384 रुपये पहुँचा। इस लिहाज से इंडैक्स 46 रुपये के अंतर से बढ़कर नौ सालों में 71 रुपये पहुँच गया। यानी सरकार ने अपनी तरफ से यह संवाद बाकायदा किया कि एक तरफ वह किसानों को ज्यादा कीमत दे रही है, दूसरी तरफ बाजार में माल सस्ते में उपलब्ध कराया गया है। खास बात यह है कि सरकार के पास पहले चरण में किसानों से माल खरीदने के लिए एफसीआई है, तो दूसरे चरण में पीडीएस। इसके अलावा अन्य माध्यमों से बाजार तक गेहूँ-चावल बिचौलियों के जरिये ही पहुँचता है। जाहिर है ऐसे में बिचौलियों की कमाई ही अतिरिक्त मूल्य के तौर पर उभरेगी। फिर बाजार तक पहुँचाकर बेचने का काम या तो बिचौलिये करते हैं, या खुली अर्थव्यवस्था। सरकार के आँकड़ों के लिहाज से चला जाए तो अर्थव्यवस्था का एक चेहरा ही उभरता है। हकीकत कुछ

और है। सुधार के इस स्वरूप को अगर सही माना जाए तो पूरी आर्थिक-सुधार की व्यवस्था में उस पूँजी का कोई जिक्र नहीं हो रहा है जो सब्सिडी के तौर पर हर क्षेत्र में बिचौलियों को उपलब्ध है। यहाँ सुधार के मद्देनजर सब्सिडी की उन स्थितियों को भी समझना होगा जो विदेशी उद्योगपतियों को दी जाती है। गौरतलब है कि विदेशी पूँजी की आवाजाही में तेजी आये इसके लिए तकरीबन हर बहुराष्ट्रीय कंपनियों को काउंटर-गारंटी दी जा रही है। पावर प्रोजेक्ट इस मामले में अव्वल है। सबसे ताजा उदाहरण है कोंजेट्रिक्स परियोजना। इस परियोजना को केंद्र सरकार ने जितनी काउंटर-गारंटी दी है, उस लिहाज से आम जनता पर इसका बोझ करीब 42 हजार करोड़ रुपये पड़ेगा। अगर आँकड़ों के लिहाज से इस सुधार का आकलन करें तो यह जानकर हैरत नहीं होनी चाहिए कि 91-92 से 98-99 के दौरान बहुराष्ट्रीय कंपनियों को काउंटर-गारंटी क नाम पर पाँच हजार करोड़ रुपया दिया जा चुका है। सरकार की नीतियों के अंतर्गत हुए सुधार के मद्देनजर अगर सरकार के आँकड़ों पर गौर करें तो अंतर्विरोध की स्थितियाँ बेहद साफ उभरती हैं। सरकारी आँकड़ों के मुताबिक विकास के नजरिये से पहले पाँच राज्यों में महाराष्ट्र, गुजरात, आंध्र प्रदेश, दिल्ली और तमिलनाडु हैं। वहीं अंतिम पाँच राज्यों में उड़ीसा, त्रिपुरा, नागालैंड, असम और बिहार हैं। यानी महाराष्ट्र अव्वल तो बिहार आखिरी नंबर पर है। इसके आँकड़ों के नजरिये पर गौर करें तो स्थिति और साफ हो सकती है। उपलब्ध सरकारी आँकड़ों के मुताबिक अगले पाँच सालों में अलग-अलग राज्यों में होने वाले इन्वेस्टमेंट का जो खाका है, उसके मुताबिक सिर्फ पाँच राज्यों में 50 फीसदी से ज्यादा पूँजी लगायी जाएगी, यानी 2004 तक भारत में लगने वाली कुल पूँजी में से महाराष्ट्र में 15.77 फीसदी, गुजरात में 11.15 फीसदी, मध्यप्रदेश में 9.27 फीसदी, आंध्र प्रदेश में 8. 37 फीसदी और कर्नाटक में 7.86 फीसदी। वहीं बिहार, पंजाब, उड़ीसा, राजस्थान और प.बंगाल में कुल इन्वेस्टमेंट होगा 15 फीसदी। इसके समानांतर राज्यों का विकास भी गौरतलब है। महाराष्ट्र में 54 फीसदी, आंध्र में 47 फीसदी औद्योगिक विकास होगा। वहीं बिहार में 4 फीसदी तो असम जैसे राज्यों में 2 फीसदी ही विकास होगा।

इसी तर्ज पर राज्यों की अर्थव्यवस्था का खाका भी खींचा गया है। सवाल है इस पूरी प्रक्रिया में राज्यों के प्राकृतिक संसाधनों से लेकर श्रम की उपलब्धता कोई मायने नहीं रखती। जिस बाजार को केंद्र में रखकर विकास का खाका खींचा जा रहा है वह बाजार भी भारतीय जनसंख्या के अनुपात में दो से पाँच फीसदी के ही इर्द-गिर्द घुमड़ता है। बहुराष्ट्रीय उद्योगों का ऐसा कोई उत्पाद नहीं है जो पाँच करोड़ लोगों से ज्यादा को सीधे प्रभावित करने की स्थिति में हो। हालाँकि सार्वजनिक उपक्रम को खत्म कर निजी सेक्टर को बढ़ाने की प्रक्रिया में जरूर बहुराष्ट्रीय कंपनियों को जोड़ा गया, जिनका फैलाव काफी बढ़ा है। पिछले दिनों संयुक्त राष्ट्र के खाद्य एवं कृषि

संगठन की रिपोर्ट आयी, जिसके मुताबिक भारत में 20 करोड़ 40 लाख लोग ऐसे हैं जो भूख और कुपोषण के शिकार हैं। यह तथ्य इस मायने में गौरतलब है कि आर्थिक सुधार के दौरान ही सरकार का दावा रहा कि उसका कृषि उत्पादन बढ़ा है। खास तथ्य यह भी है कि अलग-अलग क्षेत्रों से बिचौलियों के मुनाफे का करीब आधे से ज्यादा हिस्सा उस राजनीति में लग जाता है जिसकी लूट के सहारे राजनीतिक दल सत्ता तक पहुँचते हैं।

संसदीय राजनीति का नया सत्य

संसदीय राजनीति का नया सत्य यही है कि वह जन-आंदोलनों, असहमतियों, विद्रोह और प्रतिपक्षियों को आत्मसात कर पचा लेती है। इतना ही नहीं वह खुद को जन-आंदोलनों की संघर्ष शैलियों को सीखने, जीने, सुधारने और हस्तगत कर लेने को तैयार करती है जिससे जनसंघर्षों का तत्त्व खत्म हो और उनका सतही रूप 'एसेंस' की तरह जीवित रहे। भारतीय परिप्रेक्ष्य में खासतौर पर वर्तमान में सत्ता का एक नया स्वरूप उभरा है जो सिर्फ इन तमाम तत्त्वों को पचा भर नहीं रहा है बल्कि जन-आंदोलनों की परंपरा के समूचे इतिहास को नकार उसके विपरीत खड़ा हो नए अर्थ गढ़ने का प्रयास कर रहा है। संकट सिर्फ इतना नहीं है। स्थिति और विकट है क्योंकि जो तत्त्व संसदीय अवस्था में किसी दल को जिलाए रख सकते हैं उन्हें भी खत्म कर एक ऐसा स्थूल सत्य खड़ा करने का प्रयास हो रहा है, जिससे सामूहिकता या तो व्यक्ति पर टिके या व्यक्ति विशेष में सामूहिकता का बोध किया जाने लगे।

संयुक्त मोर्चा का उभरना या फिर एक दल को बहुमत न मिल पाना आर्थिक, सामाजिक व्यवस्था को न तो डिगा पाया और न ही कोई बदलाव ला पाया। बावजूद इसके राजनीतिक खाँचे में विपक्ष की कमजोरी उभरी कि जनता किसके माध्यम से अपने सवाल उठाए। अपने संघर्षों को सत्ता का अमली जामा किस राजनीति के माध्यम से पहनाए, ये सब स्थितियाँ धीरे-धीरे गौण होती जा रही हैं। कहा जा सकता है कि राजनीति के तौर-तरीके बदल गए हैं क्योंकि नई स्थितियों में राजनीति न तो एक दल की हद में रही, न ही राजनीति का वर्चस्व हर माध्यम पर रहा। लेकिन नई परिस्थितियों ने ठीक इसके उलट की स्थितियों को भी उभारा है। जिसके तहत सब कुछ (सारे माध्यम) का राजनीति में सिमटना, राजनीति की शक्ति पुंज में बदलना है। और चूँकि सभी एक घेरे में आ एक-दूसरे की कमजोरियों को ढँकने में जुटे हैं इस वजह से सभी अपने उन आधार-तत्त्वों को खो रहे हैं जिनके सहारे वे यहाँ तक पहुँचे।

कांग्रेस जिसका मूल तत्त्व या आधार सत्ता रही और इसी सत्ता को केंद्र में रख समाज के अनुकूल संगठन को उसने देशभर में विकसित किया। आज जब कांग्रेस के पास सत्ता नहीं है तो भी वह महत्त्वपूर्ण राजनीतिक दल बना हुआ है। कारण बहुत साफ है—उसका संगठनात्मक ढाँचा बरकरार है जो उसे मान्यता दिलाए हुए है। यहाँ

सवाल यह भी खड़ा हो सकता है कि मूल आधार के खत्म होने पर संगठन का होना उसे कांग्रेस बनाए हुए है या उसके भी चरित्र में परिवर्तन आया है। जाहिर है, परिवर्तन हुआ है लेकिन नई संसदीय राजनीतिक परिस्थितियाँ जिनमें कैडर के आधार पर खड़ा वाम आज सत्ता के दरवाजे पर खड़ा है। वाम के पास सत्ता है और वह कैडर (संगठन) खो रहा है। जाहिर है एक तरफ संगठन का खोना और दूसरी तरफ सत्ता खोना यानी वाम और कांग्रेस के कमजोर पक्ष एक-दूसरे को जिलाए हुए हैं। इतना ही नहीं, कभी सिर्फ दक्षिणपंथी राजनीति जब संसद की चहेती थी तो भाजपा सर न खड़ा कर सकी। कारण बहुत साफ है। दोनों एक-दूसरे की राजनीति से वाकिफ हैं और एक ही समाज के बीच खुद को जिलाए रखने का प्रयास एक जैसा है। लेकिन वाम के आगमन ने उस एजेंडे को भी बदल दिया जो समाज के बहुतेरे कोणों से भाजपा के लिए मारक था। आर्थिक पक्ष एजेंडे का मुख्य तत्त्व बना। ऐसे में भाजपा की वे विसंगतियाँ खुद-ब-खुद छिपीं जिनको उभारकर कभी कांग्रेस ने उसे पनपने से रोका। और सपा या जनता दल जैसे दलों का निर्माण हुआ जो सीधे भाजपा पर वार करने से नहीं कतराए। महत्त्वपूर्ण यह भी है कि वाम की पहल जिस पूरे समाज को घेर रही थी उसमें भाजपा भी समाई और कांग्रेस भी। जद और सपा के समक्ष सत्ता से हटकर और कुछ नहीं रहा। यह अलग बात है कि इन दलों के लिए सत्ता या संगठन दोनों का महत्त्व व्यक्तिगत प्रयास पर ही टिका है जो वाम के आगमन के बाद और ज्यादा केंद्रीयकृत हुआ।

यहाँ यह सवाल खड़ा हो सकता है कि वाम की सहभागिता का फिर अर्थ क्या है? जाहिर है राजनीति के अपने मानदंड हैं और सत्ता तो पूरी तरह अपने दृष्टिकोण से ही चलेगी। बावजूद इसके वाम यह नहीं मानता कि संयुक्त मोर्चा सरकार में वामपंथ की हिस्सेदारी में कोई विवाद है। अतिवाम तो अपने दृष्टिकोण को कागजी रूप में यह कहता है कि संयुक्त मोर्चा किसी भी सूरत में वामपंथ में प्रभुत्व या नेतृत्व वाला मोर्चा नहीं है। और निकट भविष्य में वामपंथी पार्टियों द्वारा केंद्र में सरकार बनाने लायक बहुमत हासिल करने के भी कोई आसार नहीं हैं। बावजूद इसके सरकार में वामपंथ की भागीदारी को मान्यता दी जा सकती है या नहीं? यहाँ भी वामपंथ अभी तक यही मानता है कि न्यूनतम साझा कार्यक्रम महज एक पूँजीवादी कार्यक्रम है जो मूलतः भारतीय पूँजीपति वर्ग की आर्थिक माँगों व आकांक्षाओं को पूरा करता है। कम्युनिस्ट कार्यक्रम के आधार पर स्वभावतः ऐसी भागीदारी को कतई उचित नहीं ठहराया जा सकता। पूँजीवादी पार्टियों के साथ व्यापक किस्म की कार्यक्रम आधारित एकता का निर्माण कभी कम्युनिस्ट रणनीति या कार्यनीति नहीं कहला सकता। अगर इस पूरी स्थिति को वाम खेमे के अंदर देखें तो वामपंथ खुद नेतृत्व पर टिका है और सामूहिकता या कैडर धीरे-धीरे न सिर्फ गौण बल्कि खत्म होने की स्थिति में भी है। इसका प्रभाव सिर्फ वाम पर पड़ेगा या पड़ रहा है, यह

सोचना रोमानी है। क्योंकि संसदीय सत्ता के बदलते चरित्र में दलों की संख्या, उनकी राजनीति और उनके विचारों में भी परिवर्तन आया है। सिर्फ राष्ट्रीय राजनीति ही महत्त्वपूर्ण नहीं रही, क्षेत्रीयता का भी महत्त्व बढ़ा है। चूँकि क्षेत्रीय दल अभी सीधे संसद में पहुँच रहे हैं इसलिए उन्हें आँका जा रहा है। वहीं अगर एक लंबे संघर्ष के बाद समाज के विभिन्न खेमों की स्थितियाँ भी क्षेत्रीय दलों की तर्ज पर बढ़ेंगी तो समाजवादी पार्टी, समता पार्टी या जनता दल जैसे दलों के अंदर वाम से निकला वह कैडर समाएगा जिसने कभी विभिन्न मुद्दों को लेकर बहुसंख्यक समाज को घेरने के लिए संघर्ष किया। उसकी ऊर्जा का उपयोग ऐसे राजनीतिक दलों के मार्फत जातीयता, संपत्ति, लिंग, अर्थ और आरक्षण तक पर जब होगा तो परिणाम पूरे समाज को भोगना होगा। फिर इस सत्य को कैसे नकारा जा सकता है कि दूसरे की कमजोरी जब अपने लिए हिम्मत बने और दोनों खेमे एक ही वर्ग में समाते हों तो इसका अर्थ क्या निकलेगा?

वैकल्पिक राजनीति की बंद गली

हमारी राजनीति कितने ठोस धरातल पर खड़ी है या हमारा संसदीय ढाँचा कितना लोकतांत्रिक है, इसकी असलियत बिहार के मसले पर खुलकर सामने आई। लोकसभा में बहस के दौरान तमाम राजनीतिकों ने यह साफ जतला दिया है कि बिहार जैसी स्थिति कमोबेश पूरे देश की है और महाराष्ट्र, गुजरात और आंध्रप्रदेश भले विकसित नजर आते हैं, एक स्तर पर वहाँ की स्थिति भी कम भयानक नहीं है। दूसरी ओर राज्यसभा में चर्चा के बगैर राष्ट्रपति शासन वापस ले लिया गया। यानी मामला सिर्फ यह नहीं है कि व्यवस्था के नाम पर जो खाका राजनीति खड़ा कर रही है या फिर राज्यसत्ता अपने तौर पर जिन स्थितियों को उभार रही है वे अमानवीय हैं। ज्यादा बड़ा मुद्दा यह है कि संसदीय व्यवस्था अपनी राजनीति के जरिये लगातार संकट पैदा कर रही है। इस राजनीति का असर पूरी व्यवस्था पर पड़ रहा है। दरअसल राजनीति से मोहभंग की स्थिति भी इसी का एक नतीजा है। पिछले तीन दशकों के दौरान संसदीय व्यवस्था के दायरे में रणनीति ने खुद को जिस तरह विकसित किया है उसमें सौदेबाजी, भ्रष्टाचार, असमानता, जातीयता या हर तरह से खुद को दबाए रखने की ही राजनीति उभर कर सामने आई है।

इसका मतलब साफ है कि साठ के दशक में पैदा हुई पीढ़ी जो अब न सिर्फ जवान हो चुकी है बल्कि भारतीय सामाजिक ढाँचे के अलग-अलग हिस्सों को नेतृत्व देने की स्थिति में भी है उसने अपने दौर में राजनीति के तौर पर नहीं देखा। मसला चाहे 75 के आपातकाल का हो या उसी दौरान जयप्रकाश नारायण की संपूर्ण क्रांति का या फिर पहली बार सांगठनिक तौर पर देवरस के कहने पर नानाजी देशमुख के नेतृत्व में संघ के जयप्रकाश के पीछे सड़क पर आने का हो, आज की जवान पीढ़ी ने उस वक्त अगर इस माहौल को कहीं आतंक या बदलाव के मद्देनजर महसूस किया तो आज की स्थिति में यह दोनों सोच खारिज हैं। राजनीति का यह भदेसपन जार्ज फर्नांडीज के रूप में उस वक्त और ज्यादा पारदर्शी होकर सामने आया जब संसद के अंदर मोरारजी देसाई के समर्थन में बोलने के बावजूद संसद से बाहर निकलते ही जार्ज ने चरणसिंह को समर्थन दे दिया और एकाएक मोरारजी की सत्ता तमाम अच्छाई-बुराई पर बिना किसी बहस के गिर गई। इसके बाद राजनीति में सौदेबाजी कैसे होती है और कैसे सारे विकल्प अंतर्विरोध वाले ही होते हैं, यह इंदिरा गाँधी की सत्ता में वापसी ने बहुत साफ दिखाया। फिर राजीव के जमाने के बाद बाजार

अर्थव्यवस्था और समाज को उत्पाद में बदलने की प्रक्रिया का भी नायाब रूप पहली बार खुले तौर पर सामने आया। फिर वी.पी. सिंह आए और उन्होंने भ्रष्टाचार को मुद्दा बनाया। बहुसंख्यक तबके को यह महसूस हुआ कि उसकी पहल संसदीय व्यवस्था में कोई मायने रख सकती है लेकिन यह अहसास भी वी.पी. सिंह के सत्ता में आते ही छलावा साबित हुआ। भाजपा के समर्थन पर सरकार बनाने और भ्रष्टाचार के मुद्दों को बंद बस्ते में डालने की वी.पी. सिंह की राजनीति से युवा पीढ़ी को यही संदेश मिला कि राजनीति सिवाय सत्ता के और कुछ नहीं है।

लेकिन राजनीति की मार्फत सत्ता में आया जाए और उसके बाद बदलाव का कोई खाका लागू किया जाए इस सोच से ही वी.पी. सिंह ने मंडल आयोग की रिपोर्ट लागू की तब सामाजिक उथल-पुथल हुई और संकट में फँसे समाज को यह जरूर लगा कि बदलाव का सिद्धांत राजनीति से ही निकल सकता है। लेकिन राजनीति इसे लागू नहीं करा सकती। ऐसे में यह सोच भी उठी कि राजनीति सिर्फ अपने अस्तित्त्व के लिए बदलाव लाकर कुछ मुगालते पैदा करती है। यह सोच भी तब और पुख्ता ही हुई जब आँकड़ों के तौर पर मंडल आयोग की स्थिति सामने आई। यानी मंडल आयोग का जो नफा वी.पी. सिंह ने दिखाया, उस पर दो फीसदी भी अमल नहीं किया गया। लेकिन इस प्रक्रिया में अवसरवाद की राजनीति संसदीय व्यवस्था पर हावी जरूर हुई। जातीयता और गठजोड़ की मार्फत सत्ता तक पहुंचा जा सकता है और उसके जरिये अपने अनुकूल स्थितियाँ खड़ी की जा सकती हैं। गठजोड़ की राजनीति ने एकदम नई राजनीतिक व्यवस्था को भी जन्म दिया।

इन सब प्रक्रियाओं के बीच जब संसदीय व्यवस्था कमजोर होने लगी तो तीसरे मोर्चे के रूप में भाकपा और माकपा के अलावा करीब एक दर्जन नेताओं से बनी संसदीय संख्या ने काम किया। मजा यह है कि संसदीय राजनीति में दो ध्रुव रहने चाहिए या उससे ज्यादा इस सवाल से राजनीति को जिलाए रखने का नया प्रयास किया गया। बाकायदा तीन वर्षों के अंदर यानी 1996 से 1999 तक की संसदीय राजनीति में भी बाजार व्यवस्था का असर दिखाई दिया। पहले देवगौड़ा और फिर गुजराल की सरकार ने कांग्रेस का समर्थन लिया लेकिन खुले तौर पर भाजपा का विरोध किया। फिर भी 1999 में जब भाजपा की सरकार बनी तो उसी तीसरे मोर्चे के कुछ साथी (नायडू और हेगड़े जैसे) खिसक कर भाजपा के साथ हो लिए। चंद्रबाबू नायडू, फारुक अब्बदुल्ला, रामकृष्ण हेगड़े और प्रफुल्ल महंत ने राजनीति में इस सोच को भी ख़ारिज किया कि सत्ता के लिए कोई मुद्दे या विचार होते हैं या फिर राजनीति मुद्दों को जीवित भी रख सकती है। ताजा राजनीति ने सत्ता तक पहुँचने के वैचारिक आधार को ही उलट दिया और सत्ता को ही विचारों का आधार बना दिया। एक हद तक पिछले ढाई-तीन दशकों की राजनीति ने यह सोच जरूर विकसित की कि सत्ता की महानता के आगे सारी चीजें गौण हैं। और सत्ता तक पहुँचने के लिए राजनीति

की किसी भी तरह की व्याख्या की जा सकती है। यह राजनीति का ही एक पक्ष है। क्योंकि इन तमाम स्थितियों के बावजूद अधिकतर शिक्षित लोग व्यवहार में राजनीति या राजनेताओं से जुड़े रहते हैं। एक हद तक शिक्षक, वकील और पत्रकार का कार्यक्षेत्र जिस आदर और सम्मान से देखा जाता है उसको जिलाए रखने के लिए बेहद घटिया राजनेताओं से जुड़े रहना भी शामिल है। वैचारिक तौर पर यह तबका भी राजनीति और राजनेताओं को एक बुराई के तौर पर ही पेश करता है। सतही तौर पर इसे विरोधाभास कहा जा सकता है लेकिन हकीकत में यह पाखंड भी है और अज्ञान भी। क्योंकि राजनीति अपने तौर पर जिस तरह दिखाई देती है, उसकी अंदरूनी जमीन इतनी विसंगतिपूर्ण नहीं है।

कहा जा सकता है कि राजनीति पर न सिर्फ पूरे राज्य को चलाने का दायित्व होता है बल्कि समतामूलक समाज की सोच चाहे अलग-अलग विचारधाराओं के तहत लाई जाती रही हो लेकिन उसे लागू करने की जिम्मेदारी राजनीति की ही है, इससे कोई पल्ला नहीं झाड़ सकता। अगर यह सवाल आज खड़ा हो रहा है कि संसदीय व्यवस्था में राजनीति की पहल से ही अवसरवादी राजनीति आगे बढ़ी है और इसकी चपेट में पिछड़ा और दलित नेतृत्व भी आ गया है तो इसका सबसे बड़ा कारण बाजारवाद है। सामाजिक समानता के बारे में संविधान में जो कुछ भी दर्ज है वैसा आर्थिक समानता के बारे में कुछ भी नहीं है। यानी आर्थिक विषमता की खाई कितनी भी गहरी क्यों न हो जाए उसे पाटने की कोई व्यवस्था संविधान में जब लिखित तौर पर नहीं है तो व्यावहारिक तौर पर राजनीति इसे कैसे पाटेगी। जाहिर है ऐसे में सबसे बड़ा सवाल राजनीति की स्थितियों को लेकर बवाल खड़ा हो सकता है। संसदीय ढाँचे में हर संस्थान को लेकर 'चेक एंड बैलेंस' की व्यवस्था है, जिसके जरिये लोकतंत्र की बात होती है। मगर राजनीति पर अंतर्विरोधों की वजह से राजनीति आज बुराई नजर आती है। पूरी शिक्षा-प्रणाली बाजार की स्थितियों के इर्द-गिर्द ही घूमती है। यानी पिछले तीन दशकों में अगर राजनीति और अर्थव्यवस्था का समांतर अध्ययन किया जाए तो एक बात साफ तौर पर उभरती है कि इन दोनों में कोई तारतम्य नहीं रहा है।

दरअसल अगर युवा पीढ़ी के लिए आज राजनीति बुराई है और इस राजनीति की हर पहल भ्रष्टाचार, सौदेबाजी के तौर पर ही नजर आती है तो इसका सबसे बड़ा आधार वह आर्थिक स्थितियाँ ही हैं जो बाजार अर्थव्यवस्था के घेरे में एक तरफ समाज में आर्थिक विषमता के पैनेपन को बढ़ा रही हैं और दूसरी तरफ अपने मुनाफे के लिए राजनीति को भी बाजारवाद में ढाल रही हैं। ऐसी कोई शिक्षा प्रणाली भारत में नहीं है जो यह सिखाए कि राज्य के ढाँचे को सही अर्थों में कैसे विकासशील बनाया जा सकता है। कहा जा सकता है कि राज्य को चलाने में या उसे विकसित करने में जो अलग-अलग तरीके होते हैं उसके लिए तो पूरी शिक्षा प्रणाली मौजूद हैं। मगर

यहाँ संकट यह है कि इस पूरी शिक्षा प्रणाली में कोई ऐसा तारतम्य नहीं है जो बाजार को आर्थिक मुनाफे से हटाकर सामाजिक विकास से जोड़ सके। या फिर सामाजिक अध्ययन का स्वरूप बाजार अर्थव्यवस्था को किस तरह मानवीय बना सकता है इसकी कोई व्यवस्था करे। खास बात यह है कि नई राजनीति के लिए यह भी एक मुद्दे से ज्यादा नहीं है। आर्थिक बराबरी और सामाजिक न्याय आज की तारीख में तमाम राजनीतिक दलों के एजेंडे में पहले नंबर पर है। वहीं दूसरी ओर जिन कारणों से समाज में विषमता है उन्हें व्यावहारिकता के साथ हर राजनीतिक दल ने आत्मसात किया है। यही वजह है कि आर्थिक विषमता न हो, इसका कोई प्रावधान संविधान में तो नहीं किया गया, पंचवर्षीय योजनाओं में भी इन्हें खारिज किया गया। ऐसे में बाजार अर्थव्यवस्था सवग्रासी होती गई है। कांग्रेस या भाजपा या फिर इन दोनों की राजनीति के अंतर्विरोध से पैदा हुए समाजवादी-साम्यवादी कहलाने वाले दलों का आधार भी पूँजी ही है। राजनीतिक सत्ता में सौदेबाजी का नया रूप भी इसी पूँजी के दायरे में आया है।

मजा यह है कि पूँजीपतियों पर या बाजार अर्थव्यवस्था पर अगर राजनीतिक दल आश्रित हैं तो इसे गलत नहीं माना जा रहा बल्कि सफल जनतंत्र के तौर पर देखा जा रहा है। जाहिर है यह स्थिति राजनीति की नहीं है बल्कि बाजार अर्थव्यवस्था और मुनाफे की है। इसलिए तीन दशकों से जो पीढ़ी राजनीति देखती समझती और भोगती आ रही है आज अगर राजनीति उसकी नजर में बुराई है तो इसका बड़ा कारण इस युवा पीढ़ी का उस बाजार अर्थव्यवस्था के ढाँचे पर खड़ा होना है जहाँ से वह देख तो रही है हसीन सपने मगर मौका पड़ने पर उसकी अपनी जमीन उसे निगल लेने को आमादा है। इन अंतर्विरोधों के बीच संसदीय पहलकदमियाँ विश्वसनीय बनें तो कैसे?

राजनीति के नाम पर सत्ता का बाजारीकरण

अगली सदी में भी संसदीय व्यवस्था का सही खाका रहेगा जो बीसवीं सदी में है, ऐसा कहना अब बचकाना लग रहा है। कारण, अपने पचास साल की यात्रा में राजनीति जिस 'शक्तिपुंज' के रूप में विभिन्न आधारों पर हावी रही, उसमें अब परिवर्तन साफतौर पर आने लगा है, न सिर्फ वर्ग चरित्र ही नहीं बल्कि आर्थिक, सामाजिक, सांस्कृतिक स्वरूप भी बदल रहे हैं। पूर्व में जहाँ परिवर्तन की सोच क्रांति के मार्फत मापी जाती रही और माओ की बोली में यह कहा गया है कि 'सत्ता बंदूक की नली से निकलती है' में भी परिवर्तन आ गया है। पूँजी के साम्राज्यवादी दृष्टिकोण या साम्राज्यवाद के पूँजीवादी दृष्टिकोण ने हर उस स्तर को अपने कब्जे में ले लिया है, जो कहीं न कहीं परिवर्तन की सोच पाले हुए हैं। किसान-मजदूर का अब वह स्वरूप जीवित नहीं रह गया जो पिछले चार दशकों में लगातार भारतीय राजनीति में रेंगता रहा। कारण, कृषि और उद्योगों की परिभाषा भी बदली। साथ ही मुनाफे की जो सोच ज्यादा-से-ज्यादा उत्पाद पैदा कर देने की स्थिति में पैदा हुई उसने कहीं कर्मचारी तो कहीं अधिकारी वर्ग में मजदूर-किसान को तब्दील कर दिया। इन बदलती परिस्थितियों में पहली बा यह तथ्य भी उभरे हैं कि कल तक जिन संस्थानों के आधार समाज में टटोले जाते थे, अब उन आधारों का समाज से कोई लेना-देना नहीं है। जो पूँजी समाज से संबंध बाँधे हुए थी, अब वह समाज को अपने ऊपर आश्रित करने की स्थितियाँ पैदा कर रही है। कहा जाए ता पूँजी अपने तरीके से राज्य का शोषण करने की स्थिति में पहली बार खुलकर सामने आयी है जिससे संसदीय राजनीति भी अछूती नहीं रह गयी है। हर पाँच साल बाद चुनाव के जरिये जनता को संसद से जोड़ने की जा स्थिति पैदा होती रही अब वह महत्त्वहीन सी लगने लगी है।

न्यायपालिका, कार्यपालिका और विधायिका से हटकर अगर सत्ता परिवर्तन की शुरुआत का आकलन राजनीति से ही किया जाए तो प्रतिनिधित्व देने के नाम पर जनता से उपजी राजनीति पर कई प्रश्नचिह्न सीधे लगेंगे। हर पाँच साल बाद चुनाव और चुनाव के बाद संसदीय सत्ता के मार्फत देश का जो आर्थिक ढाँचा अभी खींचा जाता रहा है उसमें व्यापक परिवर्तन आया। एक तरफ चुनाव के वक्त जनता के न्यूनतम मुद्दे यानी रोजमर्रा की जरूरत पूरी न कर पाने वाली स्थितियों को उठाकर चुनाव लड़ना और दूसरी तरफ जीत के बाद संसद के गलियारे से पूरे देश का एक ऐसा आर्थिक ढाँचा खींचना जो न्यूनतम जरूरत को अनदेखा करके खड़ा हो सकता

है, यह सब कितने अरसे तक संसदीय ढाँचे को टिकाये रखेगा? चुनावों की त्रासदी यही है कि सामंती सोच के तहत कृषि-उद्योग का विकास जिस रूप में होता रहा है, अभी भी चुनावों के दौरान जीतने के लिए उन्हीं मुद्दों को तमाम राजनीतिक दल व राजनीतिज्ञ औजार बनाते हैं। वहीं संसदीय ढाँचा वर्तमान स्थिति में इसकी इजाजत नहीं देता है कि अंतर्राष्ट्रीय अर्थव्यवस्था का जो स्वरूप पूरे विश्व में घुमड़ रहा है उससे हटकर उन्हीं अवस्थाओं को अपनाया जाए जो अवस्था चुनाव के दौरान रेंगती है। इस विभाजन के बीच की जमीन इतनी चौड़ी है कि संसद सीधे अब जनता की न तो न्यूनतम जरूरतों को पूरा कर पाने की स्थिति में है और न ही नीतियों-निर्देशों के माध्यम से अपने अनुकूल बना पाने में। यहीं से 'शक्तिपुंज' की स्थिति में परिवर्तन भी आया। कहा जाये तो नयी विश्व अर्थव्यवस्था जिस तरह सिर्फ ज्यादा उत्पादन की मार्फत बड़ा बाजार और मुनाफा टटोलती है और किसी एक पर आश्रित नहीं रहती, ठीक उसी तरह बाजार में समाहित भारतीय सामाजिक स्वरूप भी छिन्न-भिन्न हुआ है। बाजार खुद अपने आप में इतने बड़े वर्ग के रूप में सामने आया है जहाँ वह उस वर्ग चरित्र को खत्म कर रहा है जो कहीं न कहीं संघर्ष की स्थितियों के मार्फत परिवर्तन की राह दिखलाती आयी है। ऐसा नहीं है कि वर्ग चरित्र इस तरह खत्म हुआ है कि वह समाजवादी दृष्टिकोण लिए सामने आये बल्कि शोषण के पैमाने में परिवर्तन इस तरह लाया गया है जहाँ किसी एक वर्ग द्वारा किसी दूसरे वर्ग पर शोषण किया जाना सामने न आये बल्कि बाजार अर्थव्यवस्था का एक व्यापक स्वरूप उभरे।

महत्त्वपूर्ण यह है कि बाजार अर्थव्यवस्था का यह स्वरूप राजनीति के मार्फत ही अपने अनुकूल स्थितियों को खड़ा भी कर रहा है और राजनीति को खारिज भी कर रहा है। पुलिस प्रशासन या नौकरशाही अब उस तरह राजनीति की आवश्यकता नहीं रह गयी है जिस तरह पहले थी। और तो और नौकरशाही जिस शिक्षा या संस्कृति के बलबूते पर पनपी अब उसमें भी परिवर्तन यही बाजार अर्थव्यवस्था ला रही है। कहा जाये तो जो 'क्लीन' तबका भारतीय राजनीति और भारतीय सामाजिक स्थितियों के लिहाज से कल तक प्रशासनिक तौर पर समाधान देने या राज्य के साथ ही समाधान देने की दिशा में पहल करता रहा अब वह भी इसी बाजार व्यवस्था के तहत प्रबंधन (मैनेजमैंट) अथवा उद्योगों की तरफ भाग रहा है। दूसरे या तीसरे दर्जे का छात्र सिविल सर्विस के माध्यम से नौकरी चाहता है। कारण बहुत साफ है आर्थिक तौर पर जो मुनाफा (तनख्वाह) मैनेजमैंट या उद्योगों को लगाने से हो सकता है वह आई.ए.एस. की नौकरी से संभव नहीं है। एक समय सर्वाधिक आई.ए.एस. देने वाला राज्य बंगाल और महाराष्ट्र आज मैनेजमैंट को प्राथमिकता दे रहा है। यही स्थिति तमिलनाडु और केरल की भी हो गयी है। वहाँ आर्थिक रूप से पिछड़े राज्य बिहार, उड़ीसा और उत्तर प्रदेश से सबसे ज्यादा आई.ए.एस. निकल रहे हैं। संभवतः

इसका विकसित रूप यह भी है कि एक समय राजनीति के मार्फत बाजार व्यवस्था के अनुकूल काम करने की अवस्था ज्यादा मुनाफा दे दे। काम कराने का स्वरूप 'दलाली' का भी हो सकता है। यानी जब सारी स्थितियाँ पूँजी पर टिकेंगी तो जिस जगह ज्यादा पूँजी होगी या इसकी संभावना होगी उस जगह हमारा 'क्लीन' तबका टिकेगा ही। यह 'क्लीन' अगर आई.ए.एस. की नौकरी छोड़कर मैनेजमैंट में जा रहा है तो कई जगहों पर यही 'क्लीन' राजनीति या मैनेजमैंट को त्याग कर 'दलाली' भी कर रहा है। सिर्फ कांग्रेस/भाजपा ही नहीं बल्कि राष्ट्रीय दल के कभी बौद्धिक नेता रहे आज साउथ या नार्थ ब्लाक में अथवा योजना आयोग के गलियारे में किसी पूँजीपति की दलाली करते नजर आ जाएँगे। कारण बहुत साफ है जिस सरलता से बाजार अर्थव्यवस्था पूँजी को पैदा कर रही है और उसकी मात्रा जितनी ज्यादा है वह खुद-ब-खुद कहीं पर राजनीति और कहीं पर दूसरे संस्थानों को भी खारिज कर पाने की अवस्था में है। यह उस बाजार अर्थव्यवस्था की ही देन हैं—जहाँ राजनीति के मार्फत अपने अनुकूल स्थितियों को खड़ा करने के साथ-साथ राजनीति के मार्फत अपने अनुकूल स्थितियों को खड़ा करने के साथ-साथ राजनीति को भी पूँजी पर टिकाया जा रहा है। यह अलग बात है कि संसदीय राजनीति अभी पूरी तरह पूँजी पर निर्भर नहीं हुई है लेकिन चुनाव के तरीके और चुनाव के बाद सत्ता में आने की पहल का अंतर यह दर्शा रहा है कि सत्ता अपने तौर पर जनतांत्रिक आधार पर नहीं खड़ी है। यहाँ 'क्लीन' तबके को लेकर भी यह सवाल खड़ा हो सकता है कि आखिर 'क्लीन' तबका उस वर्ग को कैसे मान लिया जाए तो तमाम विसंगति भरी अर्थव्यवस्था में प्रमुखता निभा रहा है। जाहिर है 'क्लीन' तबके का यहाँ मतलब उस शिक्षा के अनुकूल होना है जो शिक्षा कहीं न कहीं उस व्यवस्था को ही खड़ा करने में मदद कर रही है जो व्यवस्था पूँजी पर निर्भर है, बाजार और मुनाफे पर टिकी है।

दरअसल, संसदीय राजनीति इस अवस्था में कमजोर भी हुई और उससे जुड़े संस्थान भी खत्म हुए हैं। कल तक औद्योगीकरण के समानांतर ट्रेड यूनियन भी चलती रही। इसी ट्रेड यूनियन के समानांतर राजनीतिक दल भी अपना प्रौपगेंडा करते रहे और कहीं न कहीं यह महसूस होता रहा कि मजदूर और सत्ता के बीच कोई लीक है जिसमें मजदूरों के कदम सत्ता परिवर्तन में सहायक हो सकते हैं। और तो और उद्योगों में लगने वाली पूँजी, उद्योगों से निकलने वाला उत्पाद और विभिन्न वर्गों में बिकने वाला माल भी कहीं न कहीं सामाजिक स्थितियों को जानता समझता रहा है। इस वजह से औद्योगीकरण सामाजिक रूप में ही खड़ा हुआ। लेकिन वर्तमान अवस्था बिल्कुल अलग है। किसी उद्योग को खड़ा करने में आज जिस जमीन की जरूरत पड़ती है उस जमीन के मालिकों को हर्जाने के तौर पर बड़ी पूँजी देकर बेदखल किया जाता है यानि जमीन के मालिक उद्योगों के लगते ही या तो मजदूर में तब्दील होते या फिर बेरोजगार उपभोक्ता में। चूँकि बाजार अर्थव्यवस्था ने सीमा

तोड़ी है इस वजह से उद्योगों में लगने वाली पूँजी अब ज्यादातर किसी दूसरे देश/बाजार से मिले मुनाफे से पैदा की गयी होती है और उसका कोई सरोकार उस जमीन से नहीं होता या उस मजदूर से नहीं होता जिस जमीन पर उद्योग बैठाया जाता है। ऐसे में उद्योगों में बनने वाला उत्पाद भी इसकी आवश्यकता नहीं समझता कि किस वर्ग के लिए वह बना रहा है। बेहतर उदाहरण कलीसगढ़ में लगे उद्योग हैं। यहाँ के किसी भी उद्योग में ऐसा कोई उत्पाद नहीं होता है जो कलीसगढ़ की बहुसंख्यक जनता की न्यूनतम जरूरतें भी पूरी कर पाता हो। इसके बावजूद सत्ता ने प्राकृतिक संसाधनों का उपयोग करन की खुली छूट उद्योगों को दी है। रास्ते दर पर मजदूर उपलब्ध हैं। हाँ, राजनीति को उससे यह लाभ जरूर मिला है कि चुनाव के वक्त क्षेत्र की जनता इन्हीं उद्योगों द्वारा राजनीतिक दलों को दिये जाने वाले धन राजनीतिके मार्फत पाती है। 1991 में दस करोड़ तो 1996 में बीस करोड़ से ज्यादा की उगाही चुनाव के वक्त राजनीतिक दलों ने उस इलाके के उद्योगपतियों से की। फिर इसी पूँजी का बंदरबाँट वोटरों के बीच दलों ने किया। यही स्थिति 1998 के आम चुनाव और विधानसभा चुनाव में भी खुलकर सामने आयी लेकिन आज की तारीख में भी कलीसगढ़ के अस्सी फीसदी उद्योगों में मजदूरों को न्यूनतम वेतन नहीं मिलता और नब्बे फीसदी मजदूर कन्ट्रेक्ट पर काम करते हैं।

बावजूद इसके संसदीय चुनावी राजनीति हमेशा बदलाव और बेहतर समाज का नारा यहाँ हर चुनाव में लगाती है। ताजा परिवर्तन यही है कि ट्रेड यूनियन अब चुनाव में राजनीतिक दलों से मिलने वाले धन का मजदूरों के बोनस के तौर पर मानते हैं और यूनियनों की सौदेबाजी भी उद्योगपतियों और राजनीतिक दलों तक वोटर और राजनीतिज्ञों के बीच इसी तर्ज पर होती है। जाहिर है यह प्राप्तियाँ सिर्फ पूँजी के आदान-प्रदान तक सीमित नहीं रहती बल्कि कल्याणकारी राज्य की उस अवधारणा को भी खत्म करती हैं जिसमें राज्य का कोई दायित्व भी जनता को लेकर होता है। संकट की स्थिति इस मायने में ज्यादा बड़ी है, कि संसदीय खाका जिन आधारों पर खड़ा हुआ अब वे आधार संसदीय व्यवस्था में पूरी तह खत्म तो हो ही चले हैं। ताजा जरूरत सिर्फ अस्तित्त्व को लेकर ही खड़ी है। ऐसे में हर स्थिति में संसदीय राजनीति की सारी ऊर्जा संघर्ष को खत्म कर संकट को बढ़ाने में ही लगी है जिससे उँगली संकटों को लेकर उठे न कि संसदीय ढाँचे पर।

संकट की राजनीति का लोकतंत्र

संसदीय लोकतंत्र की राजनीति पहली बार अपनी राजनीतिक अवस्था के समानांतर संकट की राजनीति को न सिर्फ खुले तौर पर अपना रही है बल्कि संकट को ही लोकतंत्र का आधार भी बना रही है। अब सवाल यह नहीं है कि लोकतंत्र में बहुसंख्य वर्ष की पहल होनी चाहिए और वर्तमान राजनीति इसकी इजाजत नहीं दे रही, संकट यह है कि राजनीति अपने घेरे में ऐसी राजनीति को ला रही है जो सीधे तौर पर सौदेबाजी और मुनाफे को ही मान्यता दे रही है। कहा जा सकता है इसका परिणाम लोकतांत्रिक संसदीय राजनीति के लिए घातक है और धीरे-धीरे संसदीय राजनीति की व्यवस्था को बदलने की सोच खुद-ब-खुद पनप जाएगी। लेकिन वर्तमान की हकीकत कुछ और है। सत्ताधारी का चिंतन संकट को अगर लगातार बनाये रखना है तो विपक्ष की पहल भी पहली बार खुले तौर पर सत्ता में न होते हुए भी विपक्ष की भूमिका तो दूर सत्ता में आने की स्थिति को खारिज करने वाली है, यानि संकट महत्त्वपूर्ण है। राजनीति का आधार स्थायित्व की सोच को भी मान्यता देने वाला हो चला है।

लोकतंत्र का संकट सिर्फ इस तर्ज पर नहीं है कि राजनीति असफल हो गयी है या कमजोर साबित हो रही है दरअसल संकट अपने तौर पर राजनीति की नयी व्यूह रचना भी कर रहा है जिसके तहत संसदीय आँकड़ों को जोड़तोड़ से लेकर बाजार के मुनाफे वाले चिंतन को भी बखूबी अपनाया जा रहा है। सिर्फ यह कहना कि भाजपा सत्ता में रहते हुए ऐसी स्थिति बना रही है जो किसी भी मुद्दे पर परिणाम तक न पहुँचने दे। तो इतना भर नहीं है, बाकायदा अमानवीय व्यवस्था बाजार के तौर पर अपनायी जा रही है जिसमें सत्ता और विपक्ष की भूमिका को अलग-अलग खाके में रखना भी मुश्किल है। तात्कालिक राजनीति पर गौर करें तो अलग और छोटे राज्य के मुद्दे से लेकर महिला आरक्षण और कावेरी या अयोध्या पर बनती-बिगड़ती सहमति तो दूर गोडसे से लेकर विभिन्न सार्वजनिक संस्थानों में होने वाली हड़तालें भी इसी संकट के घेरे में आ रही हैं। जो संकट किसी मुद्दे पर सहमति नहीं है तो नीलांगना और विदर्भ में विपक्षी कांग्रेस के अंदर ही राज्य बनने से पहले यह माँग उठती है कि यहाँ अलग प्रदेश अध्यक्ष बनाया जाए यानी चाहे सत्ता किसी क्षेत्र को अलग राज्य नहीं बना रही हो फिर भी राजनीतिक दल अपने अंदर के ढाँचे में अलग राज्य की भूमिका की मान्यता दे दें। हो सकता है कि यह दबाव का काम करें और

भविष्य में यह विशेष क्षेत्र ही संविधान के तहत अलग राज्य घोषित हो जाए। यही स्थिति जल विवाद के तहत भी देखी समझी जा सकती है, कावेरी तो दूर वैनगंगा और यमुना तथा हुगली नदी तक के पानी को लेकर किसी दो राज्य में सहमति नहीं है। यही स्थिति महिला आरक्षण को भी घेर सकती है, जहाँ महिलाओं का विभाजन जातीय तौर पर करने की सोच है साथ ही इसका भी भय है कि बावजूद 33 फीसदी के यह स्थिति लोकसभा में भर सकती है कि 75 फीसदी तक एक वक्त में महिलाएँ जनता के प्रतिनिधि के रूप में बैठी हों। अगर आरक्षित महिला सीटें हर चुनाव में अलग-अलग भी हों तो भी तीन चुनाव के बाद यह स्थिति आ सकती है जब एक क्षेत्र से चुनी गयी महिला अगर अगली बार भी चुनी गयी तो पुरुषों का क्या होगा। कहा जा सकता है कि अयोध्या या कॉमन सिविल कोड का मुद्दा भी इसी तर्ज पर राजनीतिक दलों के मार्फत मौजूद है, जिसमें यह बता या कह पाना सत्ताधारी के लिए भी मुश्किल है कि आखिर यह लागू कब होगा या मंदिर बनेगा कब। गोडसे और गाँधी को लेकर अभिव्यक्ति की स्वतंत्रता या महिमामंडित का सवाल भी राजनीतिक मंच से उठा मगर संकट क्या है। वह गोडसे पर गुजरात की शिवसेना और महाराष्ट्र की शिवसेना के बीच असहमति से समझा जा सकता है। यह स्थिति तब और विकट लगती है जब परमाणु परीक्षण के मुद्दे परदेश की विदेश नीति क्या हो और अंतर्राष्ट्रीय दादाओं के सामने भारत किस तरह पेश आये, उसे उसी के माध्यम से करवाया जाता है जो टुच्चे राजनीतिक संकट के वक्त जयललिता को भी सँभालता है। कहा जा सकता है सत्ताधारी की राजनीति का मनोविज्ञान जरूरी नहीं है, हमेशा एक सा हो, लेकिन ऐसी स्थिति में किसी भी वाजपेयी या जसवंत सिंह को यह इजाजत कैसे दी जा सकती है कि संविधान के तहत लोकतंत्र के नाम पर सब कुछ केंद्रीयकृत करने की प्रक्रिया को मान्यता दे दी जाए, हो सकता है गठबंधन की राजनीति में विश्वासपात्रों की कमी हो या फिर जिस तर्ज पर संघ और भाजपा राजनीति करना चाहते हैं उसमें अंतर्विरोध हो लेकिन इन सारी स्थितियों का दोहराव दूसरे राजनीतिक दलों में भी न सिर्फ मौजूद है बल्कि उनकी पहल का आधार भी यही है। सोनिया गाँधी निर्वाचित प्रदेश अध्यक्षों को बदल कर अपने लोगों को प्रदेश अध्यक्ष बनाती हैं। सपा और राजद जब मिलकर राष्ट्रीय लोकतांत्रिक मोर्चा बनाते हैं तो साथ देने चंद्रशेखर भी आते हैं और बसपा भी। इतना ही नहीं तेलुगुदेशम, अन्नाद्रमुक, लोकशक्ति, अकाली हलोंद, से लेकर समता पार्टी सत्ता में रहते हुए भी धारा 356, धारा 370, छोटे राज्य, राष्ट्रीय जल नीति तो दूर भ्रष्टाचार को घेरने वाले लोकपाल विधेयक तक पर सहमति या असहमति के घेरे में स्थितियों को टटोलते हैं। यह राजनीतिक संकट सिर्फ राजनीतिक सत्ता को टिकाये रखने भर के लिए है। ऐसा भी नहीं है दरअसल मुनाफे और बाजार की सोच अर्थव्यवस्था के नाम पर जिस तरह राजनीति को अपंग बना रही है उसमें यह समझना जरूरी है कि हर एक मुद्दे

पर सहमति का न होना सिर्फ राजनीतिक दल के अंतर्विरोध की हकीकत में ही है कहीं न कहीं यह स्थिति बहुसंख्य जनता को कमजोर बनाकर बाजार में बेचने को तैयार भी है।

जो भी स्वरूप अर्थव्यवस्था का अपनाया जा रहा है और राजनीति जिस तरह अब राष्ट्रीय तौर पर तो नहीं अलग-अलग राज्यों के माध्यम से सुधारवादी सोच ला रही है वह खुद संकट ही है। आंध्रप्रदेश सीधे विश्व बैंक और मुद्राकोष से सौदेबाजी कर रहा है। देश के विकासशील राज्यों में आंध्र सबसे तेज और आगे है लेकिन यह हकीकत पूरी नहीं है, वर्ग भेद के रूप में जो पूँजी के आगे सबसे बड़ा उपभोक्ता है उस पाँच से दस फीसदी के लिए सब कुछ उपलब्ध है और बाकी नब्बे फीसदी इस विकास में कोई मायने नहीं रखते। आंध्र अपने तौर पर इस दस फीसदी को न सिर्फ हर उत्पाद राज्य में ही मुहैया कराने की स्थिति में है बल्कि अंतर्राष्ट्रीय बाजार के अनुकूल भी उपभोक्तावाद को पैंदा कर रहा है लेकिन इसी आंध्र का 45 फीसदी लोगों को नीचे गिरना कहीं ज्यादा तेजी से जारी है। विकास की रफ्तार अगर 7 फीसदी है तो गर्त में स्थिति 15.7 फीसदी है। राज्य का 3822 वर्ग किलोमीटर जंगल पूरी तरह समाप्त उसी दौरान हुआ है, जिस दौरान चंद्रबाबू नायडू ने अंतर्राष्ट्रीय पूँजी के लिए अपना बाजार खोल दिया। जबकि उत्तरपूर्वी राज्य जो इस आर्थिक विकास के घेरे में अभी दूर हैं वहाँ अभी भी जीवन संतुलित है। असम में सिर्फ 237 वर्ग किलोमीटर जंगल नष्ट हुआ है। यहाँ एक सवाल खड़ा हो सकता है कि ऐसा विकास क्यों किया जा रहा है जिससे एक बहुत बड़े वर्ग का कोई जुड़ाव ही नहीं है। इसी कारण बढ़ता जा रहा है। इसलिए बढ़ोतरी और गिरावट के बीच का अंतर समाज भी कई गुना ज्यादा रफ्तार से खुद को बाँट रहा है। लेकिन यह प्रक्रिया भी उस राजनीति के आगे कोई मायने नहीं रखती जो इस संकट को ही बतौर समाधान पेश कर रही है। अंतर्राष्ट्रीय पूँजी या बाजार जिस सार्वजनिक क्षेत्र में खारिज है वहाँ की अर्थव्यवस्था खुद को बाजार के अनुकूल बनाने भर के लिए संघर्ष नहीं कर रही। ऊपर कौन है या निर्णय लेने और निर्देश देने की स्थिति में कौन है। अगर यह जद्दोजहद विभिन्न संस्थानों की हड़तालों के माध्यम से सामने आ रहा है तो पहली बार कार्यपालिका की इस कमजोरी को समझते हुए तो कहीं न्यायपालिका तो कहीं विधायिका अपना वर्चस्व बना रही है। कहा जा सकता है कि संविधान के अंतर्गत 'चेक एंड बैलेंस' यही है लेकिन यह स्थिति तभी सही हो सकती है जब हर निर्णय कहीं-कहीं बहुसंख्य जनता के हित से जुड़ा हो मगर अर्थव्यवस्था का जो स्वरूप अंतर्राष्ट्रीय पूँजी के मार्फत सामने आया है वह दो से पाँच फीसदी लोगों तक ही सीमित है।

ज्यादा बड़ा संकट जब न्यायपालिका में नियुक्ति के अधिकार को लेकर उस वक़्त माना जा रहा हो जब बाकायदा देश के साढ़े आठ करोड़ कामगारों, मजदूरों के

मामले कोर्ट में लंबित पड़े हों यानी 40 करोड़ लोग कहीं न कहीं अदालत के चक्कर सिर्फ इसलिए दशकों से लगा रहे हैं क्योंकि उन्हें दो जून की रोटी मुहैया हो जाए। फिर विकास का जो खाका सुधारवादी अर्थव्यवस्था के नाम पर खड़ा किया जा रहा हो उससे पैदा होने वाली हर विसंगति पर अदालत मोहर लगा दे। अपने तौर पर कार्यपालिका की राजनीति और विधायिका का प्रबंध अदालत के मार्फत उस स्थिति को सामने ही नहीं आने दे रहा है जो वास्तविक संकट है। यानी सिर्फ जीने भर की स्थिति बन सके इसके लिए जिस देश के 52 फीसदी परिवार हर क्षण काम में जुटे हों और बच्चे से लेकर माँ-बाप तक काम कर रहे हों तब वहाँ यह सवाल खड़ा हो कि इस स्थिति से उबरने के लिए सरकार द्वारा कारखाने ज्यादा लगाये गये और ट्रेड यूनियन भी खत्म किये गये फिर भी स्थिति में सुधार क्यों नहीं हुआ। सरकार द्वारा ऐसे उत्पाद बनाने की स्थिति पैदा की गयी जो अंतर्राष्ट्रीय बाजार में बिक सके और ज्यादा से ज्यादा मुनाफा मजदूरों के हिस्से में आये। अपनी जगह यह सही स्थिति लग सकती है मगर हकीकत कुछ और है जिसके तहत जिले दर जिले राज्य दर राज्य जमीन नष्ट हुई है, मजदूर बेकार हुआ है क्योंकि एक समय तक अंतर्राष्ट्रीय बाजार को जो माल चाहिए था वह कुछ वक्त बाद बदला लेकिन इस प्रक्रिया में जमीन की उर्वरता खत्म की। कारखानों में तालाबंदी भी हुई लेकिन संसद में जहाँ नये बाजार की ओर इशारा किया वहीं अदालत तक ने इस स्थिति को नजरअंदाज किया कि भारतीय मजदूर या 60 फीसदी से ज्यादा लोग अपने तौर पर बाजार के अनुकूल स्थिति में नहीं ढल सकते हैं, बेहतर उदाहरण दिल्ली जैसी जगह में एक साथ साढ़े चार हजार उद्योगों को बंद करने का निर्देश है जिस पर एक तरफ संसद और अदालत दोनों ने यह कहकर बंदी की मान्यता दी कि प्रदूषण और अंतर्राष्ट्रीय बाजार के प्रतिकूल माल को मान्यता नहीं दी जा सकती है। वहीं यह दोनों स्थिति देश के सबसे पिछड़े क्षेत्र छत्तीसगढ़ में बाकायदा मौजूद है लेकिन वहाँ के अंतर्विरोध का संकट अभी राजनीतिक या अर्थव्यवस्था के तौर पर डिगाने की स्थिति में नहीं है इसलिए सब कुछ जायज है। सवाल ये नहीं है कि संसदीय लोकतंत्र का मौजूदा आधार संकट की राजनीति पर जा टिका है और अर्थव्यवस्था भी एक खास वर्ग में ही सिमट गयी है बल्कि स्थिति इस मायने में ज्यादा बिगड़ी है कि सब कुछ केंद्रीयकृत होने के बावजूद परिणाम को केंद्रीय तौर पर नहीं आँका जा रहा है। यानी संकट है तो कारण केंद्रीय सत्ता नहीं है। मौजूदा राजनीतिक स्थिति इसका एक बेहतर उदाहरण है। जिसके तहत अब सबसे बड़े दल भाजपा को यह समझ में नहीं आ रहा है कि किस राजनीतिक दल को किस नेता ने बहुमत साबित करने के वक्त 'मनाया' था और अब जब छोटे राजनीतिक दल अपनी-अपनी माँग को लेकर अड़े हैं तो उन्हें मनाये कौन और इसके लिए दोषी किसे ठहराया जाए। जाहिर है यह स्थिति सिर्फ राजनीति को ही नहीं तोड़ रही बल्कि हर क्षेत्र में विखंडन को बढ़ावा देकर संकट को ही स्थायित्व का जामा पहना रही है।

राजनीति का चुनावी धंधा

चुनावी राजनीति ने हर तबके को यह तो राहत दी है कि उससे जुड़े मुद्दे मुख्यधारा का हिस्सा बन सकते हैं। लेकिन यह भी साफ हो गया है कि मुख्यधारा में शामिल कर मुद्दों को बिना समाधान खत्म करने की महारत भी इसी चुनावी राजनीति को हासिल है। यही वजह है कि हर वह मुद्दा जो चुनाव का हिस्सा बना और चुनावी बिसात पर जमकर उछाला गया, राजनीति उसे अंत तक सिर्फ प्यादा बनाकर ही रखना चाहती है। यों कटु सत्य यह भी है कि मुद्दों को और तीक्ष्ण बनाने के लिए चुनाव के वक्त उन्हें और हवा दी जाती है। प्रतीक के तौर पर बोफोर्स और अयोध्या कांड को लेकर चुनाव के दौर में राजनीतिक दलों का हंगामा याद किया जा सकता है। सालों-साल बाद भी इन मुद्दों को पेचीदा करने की राजनीतिक दलों की कवायद हर वक्त देखी-समझी जा सकती है।

दरअसल मुद्दों को लेकर राजनीतिक मुनाफे का चिंतन विभिन्न दलों में जिस तर्ज पर घुमड़ रहा है उसी तरह सामाजिक संकट भी गहरा रहा है। या कहा जाए राजनीति खुद को जिलाए रखने के लिए जिन सामाजिक संकटों के निदान की बात कर ऑक्सीजन लेती है, वही समाज के भीतर संसदीय राजनीति को कहीं ज्यादा तोड़ती-बिखेरती जा रही है। इन राजनीतिक मुद्दों से जुड़े सामाजिक तंत्र कहीं ज्यादा आक्रामक होकर उभर रहे हैं।

सीधे कहा जाए तो अर्से बाद ये पहले चुनाव थे जो मंदिर-मस्जिद मुद्दे के आधार पर नहीं हुए। राजनीतिक दलों ने यह कहकर इन मुद्दों की बात जरूर की कि वे इन आधारों पर चुनाव नहीं लड़ रहे। लेकिन दलित-पिछड़े की राजनीति इसी तर्ज पर हुई कि उनसे जुड़े मुद्दे अभी भी हाशिये पर हैं। जिस देश में 15 करोड़ दलित हों वहाँ उनकी स्थिति राजनीतिक दल नहीं देखेंगे। लेकिन जिन कारणों से दलित चुनावी मुद्दा बने उसी दौर में वही वजह कहीं ज्यादा क्रूर तरीके से उभरी। मध्यप्रदेश के गुना जिला मुख्यालय से सिर्फ बीस किलोमीटर दूर नेटलपुर गाँव में बाईस जुलाई को एक दलित महिला को डायन करार देकर सूअर का पेशाब पिलाया गया। तेरह अगस्त को मऊ जिले में जमीन के एक टुकड़े को लेकर ठाकुरों ने दलितों की बस्ती पर हल्ला बोल दिया। 70 दलितों को जमकर मारा-पीटा गया। सभी को अस्पताल में भर्ती कराना पड़ा। किसी हमलावर के खिलाफ कोई कार्रवाई नहीं हुई। गुना में जहाँ घटना हुई वह दिग्विजय सिंह के घर राघोगढ़ से सिर्फ तीस किलोमीटर की दूरी पर है। दिग्विजय सिंह समूचे चुनावी प्रचार के दौरान दलितों को लेकर अपने भोपाल

घोषणापत्र का गुणगान करते रहे। वहीं मऊ में मायावती का वर्चस्व है।

हाल के चुनाव यह सीख देते हैं कि चुनाव प्रक्रिया शुरू होने से खत्म होने तक वैसी घटनाओं पर रोक लग जाती है जिन्हें राजनीतिक दल मुद्दा बनाए हुए हैं। इसीलिए दलित-पिछड़े-आदिवासियों को लेकर इस दौरान ऐसी घटना नहीं होती जो मुद्दों के आग में घी का काम करे। छत्तीसगढ़-मध्यप्रदेश-राजस्थान में चुनाव पूर्व के 45 दिनों के दौरान दलित-पिछड़े-आदिवासियों के खिलाफ सिर्फ नौ मामले थानों में दर्ज हुए जिनमें छत्तीसगढ़ में सबसे ज्यादा पाँच और बाकी दो राज्यों में दो-दो मामले थे। लेकिन पिछले साल इन्हीं 45 दिनों में यह आँकड़ा 106 का रहा। और चुनाव प्रक्रिया शुरू होने से पहले के 45 दिनों में इस तबके के खिलाफ कार्रवाई के 81 मामले दर्ज किए गए। यहाँ खुद राज्य सरकार का यह मानना गौरतलब है कि दलित-आदिवासियों के खिलाफ ऊँची जातियों द्वारा उत्पीड़न या अन्यायपूर्ण प्रशासनिक कार्रवाई के सिर्फ एक तिहाई मामले थाने तक पहुँच पाते हैं। इससे स्वाभाविक रूप से यह सवाल उठता है कि क्या ज्यादातर ऐसे मामले राजनीति से प्रेरित नहीं होते हैं? जवाब हाँ में ही हो सकता है। तो फिर सवाल उठता है कि राजनीति के आसरे घटनाओं पर रोक का चिंतन कहाँ तक जायज है?

अगर दलितों की तल्ख हकीकत देखी जाए, तो स्थिति कहीं ज्यादा भयानक नजर आएगी। साठ के दशक तक अछूत कल्याणकारी योजनाओं से जुड़ा। आज के दौर में दलित राजनीति सबसे ज्यादा बिकाऊ है। इसमें पैसा-सुविधा -वोट तीनों का समावेश है इसकी वजह यह भी है कि चुनावी राजनीति में हिस्सेदारी या कहें भागीदारी के लिए सौदेबाजी करने से खुद दलित नहीं चूक रहे। इसके दूसरे पहलू की हकीकत को भी नजरअंदाज नहीं किया जा सकता। मसलन दलितों के भीतर ऐसी एकजुटता आ रही है जो जाति के आधार पर अपनी स्थिति को बेहतर बनाने के लिए संघर्ष करते हुए वर्ग रूप धारण कर रही है। दिल्ली में ही 18 जुलाई को दलित विरोधी जाति व्यवस्था के खिलाफ एक सम्मेलन हुआ। इसमें देश भर के 27 संगठनों के करीब 300 प्रतिनिधि जमा हुए। इस मंच से बेहद साफगोई के साथ इस हकीकत को माना गया कि राजनीतिक दलों ने अपने-अपने चुनावी हित साधने यानी सत्ता तक पहुँचने के लिए दलितों के खिलाफ समाज के भीतर एक टूट पैदा की है ताकि उनके प्रति हिंसा का दौर जारी रहे और उसके समाधान के लिए वे राजसत्ता की ओर ताकने को विवश रहें।

अगर आँकड़ों पर गौर करें तो चुनावी साल में सबसे ज्यादा हिंसा दलितों के खिलाफ बढ़ी। समूचे देश में हर दिन 50 मामले दलितों के खिलाफ हुई कार्रवाई के दर्ज हुए। प्रतिदिन तीन दलित महिलाओं के साथ बलात्कार और छह बार दलित महिलाओं के साथ छेड़छाड़ की बात लोकसभा में मानी गई। आर्थिक आधार दलित या पिछड़ों को निशाना बनाने का बड़ा कारण जरूर रहा। लेकिन अधिकतर जगहों

पर यह भी नजर आया कि राजनीतिक गठजोड़ ने चुनावी जरूरत के मद्देनजर पिछड़े-दलितों आदिवासियों को भी आमने-सामने खड़ा किया। यानी सत्ता को अगर महसूस हुआ कि अमुक दलित समुदाय किसी दूसरी पार्टी का वोट बैंक है तो ओबीसी के जरिये उन पर निशाना साधा गया। आदिवासियों को भी राजनीतिक बिसात पर नहीं बख्शा गया। छत्तीसगढ़ में बाक़ायदा देश के दोनों बड़े दलों कांग्रेस और भाजपा ने आदिवासियों को इलाकेदार बाँटा। नक्सल प्रभावित तीन जिलों में जहाँ कांग्रेस ने खुद को आदिवासियों का हितसाधक बताया, वहीं नौ जिलों में भाजपा ने धर्मांतरण को मुद्दा बनाकर आदिवासियों से गलबहियाँ डालीं। मध्यप्रदेश में जमीन बँटवारे को लेकर सत्ताधारियों की नीतियों की वजह से दलित और पिछड़े आमने-सामने खड़े हुए।

दरअसल इसी दौर में हिंदुत्व भी चुनावी मुद्दा बना। हिंदुत्व की अलख जगाने वाले दलों ने दलितों को भी अपने घेरे में लिया। कहीं दलितों को वोट बैंक बनाने की बात थी तो कहीं उनको निशाना बनाकर दूसरी जातियों को एकजुट करने का सवाल। हरियाणा में इसी दौरान दलितों के खिलाफ बर्बर कार्रवाई का नजारा भी खुलकर नजर आया। झज्झर में हिंदू ब्रिगेड की पहल ने दलितों को सीख दी कि वे सत्ता से टकराने की जुर्रत न करें। वहीं गुर्जर और जाटों की कार्रवाई ने दलितों को जाति व्यवस्था की रूपरेखा बता दी। रोहतक जिले के कंजरकारा गाँव में दलित महिला के साथ सामूहिक बलात्कार का मामला हो या पानीपत के जलमना गाँव में दलितों को मंदिर में घुसने से रोकना या फिर करनाल में वाल्मीकि मजदूरों को निशाना बनाना, सभी मामलों पर चौटाला सरकार के रुख ने साफ किया कि मार खाने वाला दलित उसकी फिक्र नहीं। भाजपा ने भी इस पर हाँ में हाँ मिलाई।

संघ परिवार की सोशल इंजीनियरिंग चाहे दलित-पिछड़ों को अपने में समेटने का सवाल खड़ा करे पर अपने वोट बैंक की कीमत पर उन्हें बर्दाश्त नहीं किया जा सकता। इसका नमूना भर विश्व हिंदू परिषद (वीएचपी) और बजरंग दल ने झज्झर में पाँच दलितों को पहले मारपीट कर, फिर जिंदा जलाकर दिखाया, वह भी पुलिस की मौजूदगी में। राजनीति के लिए कैसे यह मुद्दा बनता है और चुनावी राजनीति में कितना क्रूर होकर उभरता है इसे बताने से भी राजनीतिक पार्टियाँ नहीं चूकतीं। यही वजह थी कि जाटों ने महापंचायत बुलाकर ऐलान किया कि खबरदार जो किसी जाट या गुर्जर को हत्या का आरोपी बनाया। इस महापंचायत में लोकदल और भाजपा के नेताओं ने भी शिरकत की।

जाट और गुर्जर राजस्थान में भाजपा के साथ खड़े हुए। चुनावी गणित के आधार पर आकलन हो सकता है कि जाट का मसला वसुंधरा राजे सिंधिया के जाट बहू होने या गुर्जर समधिन का है जिसके तहत वोट खिसके। मगर हकीकत यह भी है कि भाजपा ने अपने हिंदुत्व प्रयोग तले इन जातियों समेत हर उस मजबूत

जाति की हिंसा को पनाह दी जो वोट बैंक भी बनें और हिंदुत्व के जातिगत पिरामिड को समाज में बनाए रखें। यह सोचना खामखयाली है कि कांग्रेस इस मसले पर अलग रवैया रखती है। कभी कांग्रेस के चार खंभों में से एक रहा दलित कांग्रेस से छिटका तो इसकी बड़ी वजह इस तबके को राजनीतिक तौर पर स्वीकार न कर पाने का सोच और मंडल के वक्त कांग्रेस का मूक बने रहना थी। इस बार तो आदिवासी भी उससे छिटका और उसका कारण भी आदिवासियों को जल-जंगल-जमीन से बेदखल करने की नीतियाँ रहीं। छत्तीसगढ़ और मध्यप्रदेश में परियोजनाओं के नाम पर आदिवासियों के साथ जो सलूक हुआ उसके कारण कांकेर-बस्तर-झाबुआ-बालाघाट में पिछले दो वर्षों में छत्तीस आदिवासियों को नक्सली करार देकर जेल में बंद किया गया और पाँच हजार से ज्यादा आदिवासी परिवार जंगल जमीन से बेदखल हुए।

राजनीति की शतरंज में किसकी क्या औकात है, जालंधर के तलहन का मामला इसे बखूबी महसूस करा गया। बीएसपी और अकाली के साथ-साथ कांग्रेस भी मैदान में कूदी। लेकिन हकीकत यही है कि विजय कुमार नामक जो दलित हिंसा में मारा गया, उसके परिवार की माली हालत और भी जर्जर हुई। उस परिवार के प्रति राजनीतिक हिकारत और बढ़ी। कुल मिलाकर राजनीतिक दल अपने-अपने कोटर में लौट गए और मरने वाले का समूचा परिवार फिलहाल सड़क पर है।

जाहिर है ऐसे कई मुद्दे राजनीति के घेरे में हैं जिन्हें पहले वह आग देगी फिर चुनाव में फूँक मारेगी। इस घेरे में सड़क-पानी-बिजली नहीं आने जिसके चलते चुनाव में यही लगे कि बात तो विकास की है। पर हकीकत यह है कि इस बरगलाने वाली चुनावी राजनीति को लेकर समाज में जो अंडरकरंट चल रहा है वह न सर्वे में है न चुनाव परिणाम में। अभी तो बात भ्रष्टाचार की उभरी है जिसमें मुद्दा उठाने-बताने वाले पर भी कोई भरोसा नहीं कर रहा लेकिन यह स्थिति अगर दलित-पिछड़ों को लेकर खड़ी हुई और फिर समाज बिफरा तो कहाँ टिकेगी राजनीतिक बिसात।

राजनीति और पूँजी का चरित्र

एक तरफ बाजार अर्थव्यवस्था ने उस सीमा को खत्म किया जो सत्ता को उसकी जनता और सामाजिक व्यवस्था को वहाँ होने वाले उत्पादन के माध्यम से प्रभावित करती रही है। खुलापन तो नहीं लेकिन वर्ग चरित्र का व्यापक चिंतन इस मायने में अपनाया गया कि पूँजी का प्रभाव उस खास ढाँचे भर को प्रभावित नहीं करेगा जो ढाँचा अपनी स्थितियों में अपने उत्पादन के जरिये जी रहा है। यानी एक खास समाज, जो एक विशेष सत्ता के तहत उत्पादन, वितरण और मुनाफे को भोगते हुए वर्ग जाति को भोगता है अगर उसके ऊपर किसी दूसरे ढाँचे, सामाजिक-आर्थिक, व्यवस्था की पूँजी हावी होती है तो उसका पूरा चरित्र अपने घेरे में तो अपने तरह का रहता है लेकिन बाजार के अनुकूल खड़ी व्यवस्था में वह शून्य की तरह निश्चल हो पूँजी में समाता जाता है। यहाँ यह संकट खड़ा हो सकता है कि जब पूँजी प्रभावी न रहे तो फिर अपने पुराने ढाँचे में लौटने की स्थितियाँ भयावह साबित होंगी। लेकिन यह वर्तमान के नजरिए से रोमानी है। संकट तो यह है कि जो नया ढाँचा पूँजी की मार्फत किसी एक ढाँचे को प्रभावित करता है तो वर्ग या जाति की भाँति सामाजिक स्वरूप उसके अपने खड़े होते हैं और जिनका आधार तो मनुष्य नहीं होते मगर औजार वही समाज, वही वर्ग और वही मनुष्य होते हैं जो पूँजी की मार्फत अपसंस्कृति को मान्यता दिलाते हैं।

यह संस्कृति बाजार के अनुकूल मान्यता और उसी के अनुकूल बौद्धिकता को भी परोसती है। जाहिर है कि सिर्फ जीवन जीने की स्थितियों में परिवर्तन नहीं आता बल्कि उसे किस रूप में अपनाया जाए और उसे देखने या भोगने का नजरिया क्या हो यह भी वही संस्कृति तय करती है। चूंकि भारतीय परिप्रेक्ष्य में कहीं न कहीं सामाजिक ढाँचा अपना वर्चस्व बनाए रखता है और देश को मिली आजादी और उसके लिए हुआ संघर्ष सत्ता के खाके में ज्यादा फिट बैठता है इसलिए हर दृष्टि किसी न किसी रूप में राजनीति के ही इर्दगिर्द घूमती है। राजनीति अपने तरीके से संस्कृति को अपनाती भी है और परोसती भी है। संसदीय व्यवस्था अगर कल इसका अनूठा उदाहरण थी, तो वर्तमान में राजनीतिक दलों की पहल जनता और सत्ता के बीच नए अंतर्विरोधों को उभार रही है। राजनीतिक दलों का दल न होना और जनता को सिर्फ मतदाता के रूप में तोलना नया चरित्र है। कहा जाए तो राजनीतिक दलों के बीच आपसी संबंध और उनसे जनता के संवाद किसी न किसी रूप में उसी

आर्थिक घेरे में आते हैं जो अपने अनुकूल हर पहल को करने में लगातार लगा है और मुनाफे को आधार बनाए हुए है। तेरह दलों की सरकार सत्ता में टिकी है, बावजूद इसके कि हर दल यह मानकर चल रहा है कि उसका साथ रहना उसे मजबूती देगा और यह मजबूती या तो भविष्य में उसकी सौदेबाजी को बढ़ाएगी अन्यथा वह उस एक दल की तरह कभी राजनीतिक क्षितिज पर चमकेगा जब अकेले सत्ता उसके अधीन होगी। ऐसे में एक-दूसरे के अंतर्विरोध को उभारना, दूसरे की मजबूरी को विसंगति बता खुद को हावी करना, साथ ही मौका पड़ने पर इन तेरह में भी एक-दो को खुद के करीब लाना और सत्ता के अंदर रहते हुए सत्ता के लिए दबाव समूह का काम करना कितना खतरनाक है यह सिर्फ लालू के अडिगपने या चंद्रबाबू नायडू के राज्य प्रेम भर से नहीं झलकता बल्कि वामपंथियों के जनप्रेम और सत्ता प्रेम के बीच सरकार की नीतियों को खतरनाक बताने से भी साबित होता है।

कहा जा सकता है यह सत्ता का अंदरूनी लोकतंत्र है जिसमें हर कोई खुला है। मगर वही खुलापन तो उस अर्थव्यवस्था की देन है जो प्रतिस्पर्धा के नाम पर विकास का एक नया आयाम खड़ा करना चाहता है। इस अर्थव्यवस्था को पाल-पोस कर बड़ा करने वालों का और इसके भुक्तभोगियों का चरित्र अपने-अपने मुनाफे के अनुरूप तय है। यही स्थिति राजनीति को भी घेर रही है। किसी बहुराष्ट्रीय कंपनी या विश्व बैंक जैसी संस्था की पूँजी को अपने देश में लाने में जो भूमिका अपने देश का पूँजीपति अपनाता है और विदेशी पूँजी के सामने सिवाय दलाल के और कोई विदेशी पूंजी के सामने सिवाय दलाल के और कोई भूमिका वह नहीं निभा पाता बहुत कुछ यही चरित्र भारतीय राजनीति का मुख्य चिंतन बनता जा रहा है। सिर्फ दस प्रतिशत सीटों पर कब्जा करने वाला राजनीतिक दल और वोट के लिहाज से दस प्रतिशत से भी कम मतदाताओं को अपने पक्ष में ला पाने वाला दल न सिर्फ देश को प्रधानमंत्री देता है बल्कि उसकी हर गतिविधि पूरी संसदीय राजनीति को प्रभावित करने की स्थिति अंततः अर्थव्यवस्था को प्रभावित करने वाले पूँजीपतियों की तरह प्रधानमंत्री और वरिष्ठ मंत्रियों की ही है और अगर वाम मोर्चा कहीं दबाव समूह की तरह काम करता है और इसका अहसास कराता है कि उसकी पकड़ उस बाजार पर ज्यादा है जो चुनाव के वक्त मतदाता और माल बेचने के दौरान उपभोक्ता में तब्दील कर दिया जाता है तो इसका सत्य कुछ और है। दरअसल खाकों में बँटे बाजार और वर्गों में विभाजित उपभोक्ता के एक खास समूह को वाम चिंतन हमेशा प्रभावित करता है।

भारतीय समाज अभी भी राजनीति से न सिर्फ ज्यादा प्रभावित है बल्कि राजनीति भी समाज के ही विभिन्न तथ्यों को अपनाती रही है। लेकिन नई स्थितियाँ समाज को और लोगों को प्रभावित करने लगी हैं तो उसका हश्र क्या होगा? अपने तौर पर अर्थव्यवस्था ने सिर्फ मुनाफा या बाजार प्रतिस्पर्धा भर का चिंतन समाज के

समक्ष नहीं रखा बल्कि जीवन के हर दौर को अर्थव्यवस्था पर निर्भर किया और अर्थव्यवस्था भी ऐसी जो वर्ग विशेष के आधार पर या तो जीवन को जिलाए रखे या संघर्षशील बना खत्म कर दे। रोजमर्रा में इन प्रभावों को भोगने के बाद राजनीतिक व्यवस्था में पहल अलग होगी। यह सोचना भी बचकानापन है। क्योंकि एक तरफ एक ऐसे ढाँचे का खड़ा होते जाना जो दूसरों को खत्म कर अपने अस्तित्त्व की रक्षा का चिंतन दे और दूसरी तरफ समाजवाद की परिकल्पना जो राजनीति के माध्यम से लाई जा सकती है, असंभव है। वैसे यहाँ सवाल खड़ा हो सकता है कि राजनीति का प्रभाव अर्थव्यवस्था पर क्यों नहीं पड़ सकता, जबकि राजनीति समूह की मार्फत संबंधों को विकसित करती है और सहअस्तित्त्व का चिंतन भी समझाती है। लेकिन यह समझना जरूरी है कि राजनीति समूह पैदा कर सकती है। उस समूह को उत्पादन के जरिये उस अर्थव्यवस्था से नहीं जोड़ सकती जो सामाजिक व्यवस्था का पर्याय है।

जाहिर है अर्थव्यवस्था इसलिए हावी नहीं होती कि उसका चिंतन मजबूत है बल्कि यह सीधे-सीधे जीवन मूल्यों के उन आधारों को बनाती है जो न चाहते हुए भी एक तरफ न्यूनतम जरूरत और दूसरी तरफ समाज में मान्यता दिलाने का काम करते हैं। राजनीति परिवर्तन का प्रतीक हो सकती है लेकिन विकास की स्थितियाँ अर्थव्यवस्था के माध्यम से ही चलेंगी। भारतीय राजनीति की यह त्रासदी है कि वह परिवर्तन की दृष्टि तो पैदा करती है, मगर इसे बनाए रखने के यथार्थ से भागती है। और यही संकट सामान्य जन की भाँति राजनीति में भी समाता है, जिससे वर्ग भेद, खुलकर संघर्ष की ऐसी स्थितियों का निर्माण करता है जो विकास को खत्म करती है। ऐसे में वह सारे सवाल जो कभी संकट की ओर ले जाते नज़र आए थे, नई स्थितियों में वे समाधान तो नहीं, लेकिन संकट भी नजर नहीं आते। राजनीतिक परिप्रेक्ष्य में सांप्रदायिकता या जातीय संघर्ष अथवा महिला को दबाने की स्थितियाँ कुछ इसी तरीके से उभरीं। राजनीतिक दलों के माध्यम से इन मुद्दों का समाधान या संकट खोजा जाना अंततः एक ऐसी दिशा में ले गया जो राजनीतिक दलों पर ज्यादा आश्रित हो गई और मुद्दों पर कम। संसदीय राजनीति का कमजोर होना सिर्फ इसीलिए राजनीति भर को प्रभावित नहीं करता बल्कि समाज को भी प्रभावित करता है।

यह उन मुद्दों की मार्फत समझा जा सकता है जो राष्ट्रीय राजनीतिक दलों के खत्म होने और नए क्षेत्रीय दलों के निर्माण के बाद उनकी केंद्र में भागीदारी के बाद नजर आया। सांप्रदायिकता के विरोध के लिए कौन सा मंच अपनाया जाए, यह संकट पैदा हुआ और यह बहस खत्म हो गई कि सांप्रदायिकता कोई एक राजनीतिक दल फैला रहा है या कई माध्यमों से यह समाज का अंग बनती जा रही है। जाहिर है ऐसे में वे विसंगतियाँ जो अर्थव्यवस्था के माध्यम से पूरे समाज को प्रभावित करती

हैं वे छुप जाती हैं। और समाधान के दौरान अथवा समाधान के लिए चर्चा के दौरान बहस संसदीय राजनीति पर होती है। राजनीतिक दलों की उस पहल को नापा-जोखा जाता है जो सामाजिक व्यवस्था को खत्म कर रही है। जबकि ठीक समानांतर ज्यादा प्रभावी तरीके से अर्थव्यवस्था अपने अंतर्विरोधों को दबाकर उसे राजनीति पर लादती चलती है। जाहिर है ऐसे में आर्थिक एजेंडा राजनीति का मूलमंत्र तो बना है मगर स्वदेशी अर्थव्यवस्था अथवा खुद अपने द्वारा पैदा किए गए उत्पाद पर राज्य की निर्भरता किस रूप में विकसित हो सकती है यह चिंतन गौण हो गया है।

यह स्थिति सिर्फ संसदीय राजनीति भर को ही प्रभावित कर उसे कुंद नहीं कर रही बल्कि बड़े कैनवास में राजनीति को धीरे-धीरे गलाती जा रही है। ऐसे में सही अर्थों में आंदोलनों की मार्फत राजनीतिक दबाव समूह को तकनीकी तौर पर सामाजिक व्यवस्था खारिज करती जा रही है। जबकि यही दबाव समूह उस सामाजिक व्यवस्था को जिलाने के लिए संघर्ष करते हैं जो अर्थव्यवस्था के दायरे में खत्म हो चली है। छोटे राज्यों का संघर्ष, मछुआरों से लेकर बीड़ी मजदूर और बंबू काटने वाले मजदूरों से जुड़े संघर्ष नई अर्थव्यवस्था के सामने टिकते नहीं और राजनीति की दृष्टि से मायने नहीं रखते। सिर्फ उत्तराखंड उल्फा अथवा झारखंड या दंडकारण्य का संघर्ष राष्ट्रीय राजनीति के मंच पर न तो राजनीति रहता है और न ही संघर्ष—इसे या तो अराजकता करार दिया जाता है या फिर आतंक।

यह परिवर्तन अपने तौर पर अगर पहले राजनीति की स्थितियों को खत्म करता है तो अगले पड़ाव में सामाजिक ढाँचे को तहस-नहस करता है। तेलंगाना इसकी जीती-जागती मिसाल है। फिर यह सवाल खड़ा होता है कि विकल्प या वैकल्पिक स्थितियाँ क्या हों? यह जो रचा जा रहा है और जो उसके खिलाफ खड़ा है, वे दोनों विकल्प नहीं हैं।

राजनीति के भीतर नहीं है विकल्प

यह बात लगातार कही जा रही है कि राजनीति सिद्धांतहीन हो गई है या फिर राजनीति सत्ता पाने की चालबाजियों के अलावा और कुछ नहीं है। इसकी कोई सामाजिक-सांस्कृतिक समझदारी नहीं है। नैतिकता नहीं है। मानवीयता भी नहीं है। वर्तमान संसद ने तो यह बात और ज्यादा खुल कर कह दी है कि राजनीति से सिर्फ राजनीति को ही आशा करनी चाहिए। संयुक्त मोर्चा की सरकार जो बनी है, तो कारण सिर्फ राजनीतिक गठजोड़ है, जो कल टूट भी सकता है। जद के वी.पी. सिंह ही नहीं, भाकपा के एबी वर्धन और इंद्रजीत गुप्त तक सरकार बनने के पीछे राजनीतिक दल सिद्धांत की बात कह रहे हैं। जब वे खुद सत्ता के सामने घुटने टेक लिए हैं, तो इसे क्यों न मान लिया जाए कि जिस रूप-परिकल्पना को लेकर भारतीय संसदीय राजनीति की शुरुआत हुई थी, वह पूरी तरह खत्म हो चली है। अब आवश्यकता वैकल्पिक राजनीति की है और यह राजनीति उसी संसदीय चिंतन की पटरी पर नहीं चलाई जा सकती है जहाँ बात ग्राम राज्य की हो और शहरी उद्योगवाद की तरफ से आँख मूँद ली जाए, परंपरागत उद्योगों की बात हो और बहुराष्ट्रीय उद्योगों के खिलाफ सिवाय कागजी लड़ाई के और कुछ न हो। गीत गाए जाएँ संयुक्त परिवार की अच्छाइयों के और व्यवस्था ऐसी अपनाई जाए जिससे व्यक्तिगत मुनाफा और सुरक्षा पैदा हो। यानी एक तरफ राजनीति की मार्फत समाजवादी व्यवस्था की कल्पना, तो दूसरी तरफ ऐसी सामाजिक-आर्थिक-विद्रूपताएँ जो देश को ही विघटन के कगार पर ला खड़ा करें।

दरअसल नई स्थितियों का संकट भी यही है कि वैकल्पिक राजनीति की आवाज चाहे जनता के बीच से आने लगी हो लेकिन उसके मुख्य औजार संसदीय ढाँचे में टटोले जा रहे हैं जिस पर सिद्धांतहीन होने का आरोप है। गलती फिर वही की जा रही है, जो पहले मौजूदा हकीकत और व्यवहार में तालमेल न बिठाने से हुई। आखिर किस तरह राजनीतिक की त्रासदी का भुक्तभोगी इसमें सुधार कर देगा जबकि सामाजिक विघटन और आर्थिक जर्जरता ने राजनीति को अमानवीय बना दिया हो और राजनीति अपने तौर पर सर्वाधिक मुनाफा-सुरक्षा वाली जगह बन गई हो। जाहिर है सुधार हर क्षेत्र में होगा तभी राजनीति भी सुधरेगी और संसदीय राजनीति का विकल्प भी मिलेगा। लेकिन इस सर्वाधिक मुनाफा-सुरक्षा वाली संसदीय राजनीति की बात कहेगा तो उसे गाँधीवादी रामराज्य की चादर में व्यक्तिवादी-पूँजीवादी

राज्य की कल्पना के अलावा और कुछ भी लिपटा नहीं मिलेगा। ऐसे में टीएन शेषन, खैरनार, मेधा पाटकर, बीडी शर्मा जैसे लोगों के सुधारवादी चिंतन को खारिज करना होगा। यह संभव नहीं है कि जिस संसदीय राजनीति के विकल्प की तलाश की जा रही है उसकी रोटी खाते हुए या कभी-कभार रोटी के ऊपर मलाई लगाने की मानसिकता पाल कर समाधान मिल जाए। यह चिंतन हिंदी फिल्मों के नायक का सा है जो व्यवस्था की विसंगतियों में फँस कर उसका लाभ उठाते हुए अंत में उसे बदल देता है। विसंगतिपूर्ण व्यवस्था का लाभ उठाकर (विरोध करते हुए भी) इसकी चोटी पर तो पहुँचा जा सकता है मगर वहाँ से व्यवस्था को संगतिपूर्ण नहीं बनाया जा सकता।

अगर संसद सिवाय कंकरीट के और कुछ नहीं है तो उसका क्या होना चाहिए यह राजनीति करने वाले कैसे तय कर सकते हैं? यहाँ यह सवाल उठाया जा सकता है कि विरोध का नेतृत्व कोई तो करेगा ही और राजनीति करने वाले से बेहतर कौन हो सकता है? लेकिन फिर यह समझ भी विकसित करनी होगी कि राजनीतिक का अर्थ यह कतई नहीं है कि वह संसदीय राजनीति से जुड़ा हो अथवा उसका विरोध कर रहा हो। यों भी राजनीति अपने आप में स्वावलंबी नहीं है, कहीं न कहीं सामाजिक-आर्थिक स्थितियों के माध्यम से ही राजनीति अपनी उम्र बढ़ाती है। फिर संसदीय राजनीति इस अवस्था तक पहुँची कैसे, यह भी समझना जरूरी है। अगर पूर्व में संसदीय राजनीति इस आधार पर विकसित हुई थी कि सिद्धांत के जरिये जमीनी मुद्दों का समाधान टटोला जाएगा और इसी लिहाज में राजनीतिकों की सत्ता में भागीदारी और सत्ता की राजनीतिकों की मार्फत जनता में जाने की पहल रहेगी, यानी सत्ता का विकेंद्रीकरण होगा तो यह चिंतन देश के पहले प्रधानमंत्री नेहरू ने ही धो दिया—सिर्फ राजनीति ही नहीं संस्कृति से लेकर अर्थव्यवस्था का जो रूप नेहरू ने रखा और उस वक्त भारतीय समाज का आईना मानी जाने वाली कांग्रेस ने जिस तरह हर व्यवस्था पर गारंटी की मोहर लगाई उसके परिणाम क्या हुए, यह किसी से छुपा नहीं है।

कृषि अर्थव्यवस्था पर दो तिहाई जनता के आश्रित होने के बावजूद औद्योगिक अर्थव्यवस्था का नया खाका खींचा गया। संसदीय चुनाव में सफलता के लिए बड़े घरानों से चंदा लिया गया। एक वर्ष की सहूलियत इस लिहाज तक देखी गई कि राष्ट्रभाषा (हिंदी) दरकिनार हो गई। उस वक्त भी इसका विरोध हुआ जिसने जोर पकड़ा तो 1967 में लोहिया के नेतृत्व में गैर-कांग्रेसी सरकार कई राज्यों में आ गई। लेकिन राजनीति और उसकी मार्फत समाज के खून में समा चुकी गंदगी ने रंग दिखाया। पहली बार बड़े घरानों ने गैरकांग्रेसियों को राजनीतिक चंदे दिए। चूँकि संसदीय चुनावी राजनीति की आवश्यकता चंदा हो गया था इसलिए नेहरू का विरोध करने वाले भी उन स्थितियों का सामना नहीं कर पाए जो संसदीय राजनीति के लिए

बीमारी साबित हो रहे थे। जाहिर है इसी तरह न भाषा के सवाल पर और न अर्थव्यवस्था के मुद्दे पर कोई ठोस और विश्वसनीय रूपरेखा रखी गई। उस वक्त गाँधीवादी रामराज्य की कल्पना कथित समाजवादी ढाँचों में करनी होगी जो देश को स्वावलंबन की स्थिति में लाकर स्वतंत्र राजनीति तय करने की स्थिति बना सकते हैं। फिर उस वक्त राजनीति का स्वरूप कैसा होगा या उसकी जरूरत किस रूप में किस हद तक पड़ेगी यह सब सामाजिक-आर्थिक क्षेत्र में वर्तमान राजनीति के विकल्प के बाद ही संभव है। जाहिर है फिलहाल संसदीय राजनीति संसद और विधानसभाओं की मार्फत जिन तरीकों से देश की अर्थव्यवस्था तय कर रही है विकल्प वहाँ खोजना होगा। संघर्ष की शुरुआत वहाँ करनी होगी। वैकल्पिक विकास योजनाएँ अगर सीधे उत्पादन से जुड़ा वर्ग ही तय करता है तो उसे ज्यादा सफलता जरूर मिलेगी, इसे नकारा नहीं जा सकता। अगर विकल्प का चिंतन हर उत्पादन प्रक्रिया पर हावी हो जाए और संघर्ष की स्थितियाँ सीधे किसान-मजदूर और राज्य के बीच ही पैदा हों तो वैकल्पिक राजनीति की तलाश और आशा जरूर बढ़ेगी। क्योंकि अभी तक यह संघर्ष राज्य और उत्पादन व्यवस्था के दलालों के बीच ही हुआ है इसलिए नेतृत्व भी दलालों के हाथों में रहा और संघर्ष तेज होने पर दलालों का वर्ग चरित्र भी साफ हो गया।

भारतीय परिप्रेक्ष्य में कृषि मजदूरों का सामंतों-जमींदारों से भिड़ना और संघर्ष तेज होने पर राज्यों द्वारा सामंतों का साथ देना और औद्योगिक, मजदूरों का वैसे ट्रेड यूनियन नेताओं के नेतृत्व में संघर्ष करना जो मजदूरों की मार्फत हमेशा अपनी सौदेबाजी को ही व्यापक बनाते रहे हैं इस चीज ने कभी विकल्प पैदा होने ही नहीं दिया। क्योंकि संघर्ष हमेशा मजदूर-किसानों ने किया, चाहे मुनाफा दलाल सामंत नेता उठा ले गए। इसलिए राज्य द्वारा अपनी सुविधा के अंतर्गत समाधान टटोलने की प्रक्रिया ने बहुसंख्यक वर्ग में भी यह धारणा भरी कि व्यक्तिगत मुनाफा आवश्यक है। इसके बावजूद बहुसंख्यक जनता कल्याणकारी राज्य की गैर-कल्याणकारी और संसदीय चुनावी राजनीति में अपनी तबाही ही देख समझ रही है। यानी बिगड़ती स्थितियाँ इस हद तक बिगड़ीं कि सीधे विरोध का स्वर संसदीय ढाँचे से भी उठने लगा है।

इसका दूसरा रूप यह भी है कि संसदीय ढाँचे को अब जब यह महसूस होने लगा है कि बहुसंख्यक जनता जो सीधे उत्पादन से जुड़ी है विकल्प का सवाल खड़ा करते हुए खुद पहल करने लगी है, तो संसद ने ही इस आवाज को तेज कर दिया कि अब जरूरत वैकल्पिक राजनीति की है क्योंकि हर जगह अपनी बात पहुँचाने और विभिन्न माध्यमों से अपनी बात प्रसारित करने में जितनी सक्षम संसदीय राजनीति (राज्य) है उतनी अन्य कोई नहीं है। अगर राष्ट्रीयता की तलाश में झारखंड, उत्तराखंड, बोडोलैंड, विदर्भ, तेलंगाना, खालिस्तान जैसे क्षेत्र और संवैधानिक अधिकारों

को लेकर संघर्ष करते विभिन्न मानवाधिकार संगठन विकल्प तलाश रहे हैं और अपनी छिटपुट अवस्थाओं में ही आपसी संवाद कायम कर संघर्ष का मसला उठा रहे हैं, तो भी सत्ता इतनी सक्षम जरूर है कि सिर्फ संसद की सतही बहस को प्रभावी तरीके से पूरे देश के सामने रख दे। इसलिए खैरनार और शेषन के विद्रोही तेवर और राज्य की सुविधा लेकर संघर्ष करने वाले सामाजिक संगठनों के सर्वेसर्वा वैकल्पिक राजनीति का जब आह्वान करते हैं तो उनकी पहल को इस तरह रखा जाता है जिससे संघर्ष की स्थिति तलाशती जनता को नेतृत्व उन्हीं में दिखे, जिससे संसदीय राजनीति फिर कुछ समय तक अपनी स्थिति बरकरार रख सके या फिर सारा संघर्ष राजनीति के दायरे में ही सिमट जाए।

संसदवाद में फँसा वामपंथ

वामपंथी दल पहली बार यह मान कर चल रहे हैं कि बारहवीं लोकसभा के गठन में उनकी भूमिका महत्त्वपूर्ण तो होगी ही, साथ ही सत्ता में भी उनकी भागीदारी हो सकती है। यानी पहली बार विपक्ष की भूमिका वाली वामपंथी विचारधारा हाशिए पर है और जीत के लिए हर तरह का खेल अन्य दलों की तर्ज पर वामपंथी भी अपनाएँ हुए हैं। लेकिन वामपंथियों के आपसी टकराव ने यह सवाल भी खड़ा किया है कि संसद की कमजोरियों को अपने संघर्ष में हथियार के तौर पर इस्तेमाल करने की सोच क्या पूरी तरह खारिज हो चुकी है? जहानाबाद की सीट को लेकर भाकपा और भाले के बीच का झगड़ा इसका ताजा नमूना है। जिस तरह कभी भाकपा और फिर माकपा संसदीय धारा में कूदे और संसद के अंदर बाहर जनता को गोलबंद करने का चिंतन तो देते रहे, लेकिन धीरे-धीरे वे खुद खारिज हो गए और संसद के आँकड़ों में फँसे, ठीक इसी तरह अब बिहार में अति वामपंथी यानी भाकपा (माले) के वैसे गुटों की स्थिति हो चली है जो एक तरफ क्रांतिकारी झंडा भी उठाए हुए हैं और दूसरी तरफ संसदीय व्यवस्था की कमजोरी का लाभ उठाकर व्यवस्था परिवर्तन की बात करते हैं। दरअसल, बिहार में एक के बाद एक हत्याकांडों के दौरान माले की यह सोच कि बदला लेने की स्थिति जातीय संकट को और ज्यादा व्यापक बना देगी, एक हद तक सही हो सकती है। क्योंकि बिहार में वर्ग-संघर्ष की स्थिति को न तो माले जगा पाया और न ही उसने इन्हीं आधारों पर संघर्ष किया।

क्रांतिकारी भूमिका के समानांतर संसद में जाने की इच्छा ने कितने अंतर्विरोध खड़े किए, इस लिबरेशन प्रभावित इलाकों में एक ही वर्ग में कई जातियों या फिर एक ही जाति में दो वर्गों की स्थिति के मद्देनजर जातीय हिंसा की पृष्ठभूमि में समझा जा सकता है। एक तरफ वर्ग संघर्ष की स्थिति बता कर निजी सेनाओं से संघर्ष तो दूसरी तरफ नरसंहार के बाद जातीय हिंसा का उभरना अपने आप में अद्‌भुत है। इतना ही नहीं हिंसा के बाद सरकार से निजी सेनाओं को खत्म करने की गुहार करना और दूसरी तरफ सरकार और निजी सेनाओं के बीच तालमेल बनाना क्या मायने रखता है? लिबरेशन ने अपनी संगठनात्मक रपट में निजी सेनाओं को लेकर यह लिखा—बिहार की सामाजिक स्थितियों में जहाँ हम भारतीय ग्रामीण समाज की मुख्य धारा में कार्यवाइयाँ चला रहे हैं जो अतीत के शास्त्रीय ग्राम समुदाय के असली क्षेत्र हैं, प्रशासन को क्रांतिकारी आंदोलन के दमन में इन निजी सेनाओं से भारी मदद

मिलती है। बड़े पैमाने के सामाजिक टकराव के दरपेश स्थानीय प्रशासन पंगु हो जाता है। राज्य द्वारा उच्च स्तरीय हस्तक्षेप जब होता है जब हम बढ़ोतरी हासिल कर लेते हैं अथवा जब संघर्ष युद्धरत दोनों वर्गों और जातियों को तबाह करने की ओर जा रहा होता है। निजी सेनाओं के फलने-फूलने और घिसाव-थकाव का युद्ध जारी रहने के पीछे यही मुख्य कारण है।

अगर इसे सही माना जाए तो नरसंहार के बाद सत्रह राजनीतिक दलों का गठबंधन बिहार में किस तरह संघर्ष कर रहा है और यह वर्ग संघर्ष की स्थितियों को कैसे पैना बना रहा है, यह अपने आप में सवाल है। क्योंकि संसदीय व्यवस्था इन्हें लाभ पहुँचाना चाहती है और राज्य अपने तौर पर चाहता है कि अति वामपंथी दल भी संसदीय धारा में आ जाएँ। जिससे उनके खिलाफ सही वातावरण निर्मित किया जा सके और नरसंहार को जातीय हिंसा के रूप में रखा जा सके। दरअसल, बिहार में 1952 के भूमि सुधार के बाद से इस भ्रम को लगातार बढ़ावा दिया जाता रहा है कि अब कृषि क्षेत्र में जमींदार खत्म हो चले हैं। अब तो जो हैं वे सब किसान हैं। हालाँकि कुछ जमींदार सामंती तत्त्व या सामंतवाद के अवशेष बचे हुए हैं, लेकिन शोषण का वह स्वरूप अब जीवित नहीं है जो पहले था। इसमें दो मत नहीं कि भूमि सुधार का पूरा ढाँचा पूँजीवाद के प्रसार के लिए दरवाजे खोलने वाला रहा है। तथ्यों और आँकड़ों के लिहाज से विभिन्न राज्यों में औद्योगिक स्थितियों की मार्फत पूँजीवाद आया भी लेकिन बिहार में उस रूप में नहीं आ सका जैसा महाराष्ट्र, तमिलनाडु या गुजरात में आ गया। नए पूंजीवादी स्वरूप ने जमींदार को नई पोशाक जरूर पहना दी लेकिन पोशाक के अंदर की काया की शिराओं में जो खून था वह सामंती था। इस बात को किसी ने समझा तो वह बिहार के आंदोलन थे।

बिहार में औद्योगिक स्थितियाँ नगण्य हुईं लेकिन संसदीय राजनीति का स्वरूप पूँजीवाद लाने को अग्रसर रहा। इसलिए सामंती स्वरूप को बदलने की प्रक्रिया खेत के अनुरूप ही रही। भूमिसुधार के जमाने में जमींदारों को जमीन का मुआवजा देने से लेकर सरकारी कोष से खेती में हजारों करोड़ रुपये कृषि के विकास के नाम पर जिस तरह पुराने जमींदारों को दिए जाते थे, नए स्वरूप में धनी किसानों को यह पूँजी सौंपी गई और उन्हें ताकतवर बनाने की कोशिश की गई। बिहार की वर्तमान स्थिति यह है कि पचास फीसदी ऐसे लोग बरकरार हैं जिनके पास कोई जमीन नहीं है। चार फीसदी चोटी के भूस्वामी हैं, दस फीसदी धनी, पंद्रह फीसदी मध्यम और बीस फीसदी एकदम गरीब किसान हैं। महत्त्वपूर्ण यह भी है कि नए पूँजीवादी स्वरूप के खिलाफ वामपंथियों का आंदोलन जिस रूप में विभिन्न राज्यों में पैदा हुआ उस तरह बिहार में नहीं हुआ। बिहार की भूमि ने अतिवाम को ही स्वीकारा। लेकिन कृषि व्यवस्था के भीतर आए इन बदलावों से पिछले दिनों मुख्यतः इसी तरह के आंदोलन सामने आए—नए जोतदारों कुलकों के नेतृत्व में कृषि उपज के लिए लाभकारी मूल्य

का आंदोलन और कम्युनिस्ट क्रांतिकारियों के नेतृत्व में खेतिहर मजदूर गरीब किसानों का सामंतवाद विरोधी किसान आंदोलन। संसदीय व्यवस्था ने यहीं चोट भी की और अपनी हुकूमत के अंदर हुए भूमि सुधार से पैदा हुए नए जोतदार कुलक और धनी किसान सरकारी मदद से लगातार ताकतवर होते गए। ये नए जोतदार, कुलक और धनी किसान न केवल अगड़ी, बल्कि पिछड़ी जातियों में भी पैदा हुए और सत्ता में भागीदारी की इनकी आकांक्षा लगातार बढ़ती गई। पहले कांग्रेस फिर जनता दल और लालू ने वर्ग संघर्ष की स्थितियों को कमजोर कर जातीय समीकरण को उभारा जो संसदीय व्यवस्था की जरूरत थी और इसी खाके में लिबरेशन भी फँसा।

सत्ता के लिए बड़ा टकराव अगड़ी और पिछड़ी जातियों के बीच वोट बैंक के नाम पर तो हुआ ही, पिछड़ी जातियों में भी अलग-अलग खेमे बन गए। यानी बिहार में वह वर्ग पैदा नहीं हो सका जो आधुनिक पूँजीवाद के तहत अन्य राज्यों में पैदा हुआ और न ही संघर्ष के माध्यम से इसे जीवित रखा जा सका जो राज्य व्यवस्था को सीधी टक्कर दे सके। बिहार की स्थिति यह रही कि खनिज संसाधनों का सर्वाधिक दोहन किया जाता रहा। मजदूरी से लेकर उत्पादन तक में सबसे ज्यादा योगदान देने के बावजूद आर्थिक विपन्नता यहाँ सबसे ज्यादा रही। लेकिन जहाँ-जहाँ राजनीति आई वहाँ पूँजी की कोई कमी महसूस नहीं होने दी गई। यानी अपने तौर पर संसदीय व्यवस्था ज्यादा पुख्ता रूप में उभरी जो रोजगार देने से लेकर संघर्ष की स्थितियों को भी कमजोर करने में जुटी और अपनी कमजोरियों के तहत वैसे क्रांतिकारी संगठन सिर्फ संसदीय व्यवस्था में ही घुसे, बल्कि उन्होंने प्रभावित क्षेत्रों की बहुसंख्य जनता को भी असमंजस में डाला कि आखिर उनकी दिशा क्या होगी! यूँ यह क़हा जा सकता है कि भारत में जातियाँ ही वर्ग भी हैं। लेकिन आज इसे समूचा सच नहीं कह सकते। इस वजह से अगर यह सवाल खड़ा होता है कि जहानाबाद के बाथे गाँव में मारे गए 62 आदमी जिस जाति के थे उसे मारने वाले दूसरी जाति के। तो वर्ग के लिहाज से दोनों एक वर्ग के घेरे में भी आ सकते हैं और उसके बाद सिर्फ पाँच बीघा खेत के लिए नौ लोगों की बदले के रूप में हत्या का भी यह सच है कि वर्ग एक ही रहा, लेकिन जातियाँ अलग थीं। अपने तौर पर यह आंदोलन की कमजोरी है और संसदीय व्यवस्था की मजबूती है, वह सब कुछ राज्य के घेरे में ले जा रही है। आंदोलन अपने अनुकूल स्थिति इसलिए नहीं खड़ी कर पा रहे हैं कि प्रभावित क्षेत्रों की अर्थव्यवस्था का खाका भी उनके पास नहीं है। मजदूर है तो वैकल्पिक अर्थव्यवस्था कैसे विकसित की जाए? इस सोच की कमी है तो समानांतर व्यवस्था के तहत अपनी अर्थव्यवस्था भी कैसे विकसित हो, इस पर कोई काम नहीं किया गया है।

यूँ तो यह सवाल भी खड़ा हो सकता है कि जो तात्कालिक राजनीति है जब उससे प्रभावित होकर बहुसंख्यक वर्ग अपना जीवन गुजार रहा है तो उसके प्रतिकूल

स्थितियाँ संघर्ष करने वाले कैसे अपना सकते हैं? जाहिर है कि यहाँ भी सवाल आंदोलन पर ही उठेंगे क्योंकि पिछड़े क्षेत्रों में आंदोलन की जो पहल है उसमें न्यूनतम जरूरत की स्थितियों पर भी आंदोलन स्वावलंबन नहीं पैदा कर पाए हैं। कुछ छोटे सवालों पर बिहार में सफलता जरूर मिली लेकिन अर्थव्यवस्था जैसे महत्त्वपूर्ण मुद्दे पर आंदोलनों की भूमिका विकल्प नहीं खड़ा कर पाई है। उल्टे लालू सरकार का विरोध ही लालू के पक्ष में चाहे न गया हो लेकिन इसने आंदोलनों की उस नींव को कमजोर किया जो एक समय सीधे-सीधे राज्य को बहुसंख्यक जनता की मार्फत विरोध दर्शा कर चेतावनी दे रही थी। नरसंहारों के बीच माले का संकट यह है कि उसकी संघर्ष की स्थितियाँ भी सत्ता के लिए औजार बन रही हैं और जिस रूप में राज्य सत्ता प्रचार चाहती है उसी तर्ज पर माले भी अपने आंदोलन को दिखलाना चाहती है। अपनी जगह पार्टी यूनिटी और एमसीसी के आंदोलन और लिबरेशन की पहल के बीच यह फर्क बहुत साफ नजर आता है। यानी यह प्रक्रिया आंदोलन का ठहराव ज्यादा हो गई है, लेकिन आंदोलन के इस पक्ष से हटकर अगर संसदीय राजनीति के घेरे में इसका आकलन किया जाए तो जहानाबाद में जातीय हिंसा या वर्ग संघर्ष कुछ भी मायने नहीं रखता है। क्योंकि जिन आधारों पर संसदीय व्यवस्था खड़ी है उसमें लिबरेशन प्रमुख विनोद मिश्र का यह चिंतन खारिज होता है कि क्षेत्र की बहुसंख्यक जनता उनके साथ है और भाकपा की यह विचारधारा आधारहीन लगती है कि संसद की कमजोरियों का लाभ उठाकर संघर्ष को पुख्ता बनाना उनका काम है। जब सारी मारामारी वामपंथ प्रभावित क्षेत्र की सीट को अपने कब्जे में रखने के लिए है तो चुनाव के वक्त वोटों के वह समीकरण कहाँ जाएँगे, जो संघर्ष या आंदोलन की जगह सौदेबाजी को प्रेरित करते हैं? फिर बिहार की आर्थिक स्थिति जब इसकी इजाजत नहीं देती कि वर्ग विशेष या जाति प्रमुख अपने हिसाब से अपनी अर्थव्यवस्था विकसित करने की भी स्थिति में हो तो सौदेबाजी का खुला धंधा चुनाव जीतने में यहाँ क्यों नहीं पैदा होगा?

अगर भाकपा यह सोचती है कि लगातार वह इस सीट पर कब्जा करती आई है, इसलिए इस बार उसे ही इस सीट पर अपने उम्मीदवार को खड़ा करने का अधिकार मिलना चाहिए तो संसदीय लिहाज से यह सही है। वहीं कुछ वर्ष पहले ही संसदीय व्यवस्था में कूदा लिबरेशन भी अपनी जगह सही है कि उसके आंदोलन क्षेत्र में ही नरसंहार हुए हैं और बहुसंख्यक जनता उसके पक्ष में वोट डालेगी, तो यह भी सही है। लेकिन इस पूरी प्रक्रिया में आंदोलन किसी क्रांति या वर्ग संघर्ष से हटकर उसी संसदीय व्यवस्था का पाँवदान बन गया है, जिसके खिलाफ संघर्ष की शुरुआत हुई थी। इस सत्य को वामपंथी कब स्वीकारेंगे।

संसद से जुड़ता, जनता से कटता वामपंथ

भारत के अनुभव ने अभी तक इस सिद्धांत को गलत नहीं साबित किया है कि देश में समाजवाद केवल संघर्ष द्वारा ही लाया जा सकता है, इतना ही नहीं इसकी पुष्टि के लिए यह भी दिखाया है कि शांतिपूर्ण साधनों के जरिये इसे हासिल करने की सांख्यिकीय संभावनाएँ नगण्य रही हैं।

शुरुआती दौर से ही भारत का वाम आंदोलन संघर्ष के रास्ते ही समाजवाद के तथ्य को समझाता आया है, किंतु जैसे-जैसे वामपंथी घटकों में पुलिस, प्रशासन (नौकरशाही) या कानून के प्रति मेरा प्रेम उभरा है तथा संसदीय व्यवस्था में पहुँच कर इन्हीं आधारों के मार्फत जनता तक पहुँचने का सोच पैठा हुआ है वैसे-वैसे ही वे घटक भोथरे साबित होते गए हैं। यह दीगर बात है कि नक्सली आंदोलन जो कि क्रूर दमनात्मक कार्रवाइयों को झेलते हुए पिछले ढाई दशक से न सिर्फ टिका हुआ है वरन् लगातार विस्तृत होता जा रहा है, उसे महज आतंक का हिस्सा मान खारिज नहीं किया जा सकता।

एक ओर जहाँ सशस्त्र संघर्ष के ही मार्फत क्रांति या व्यवस्था परिवर्तन जैसे सोच वाले नक्सली आंदोलन ने जितना खुद का आत्मविश्लेषण किया है उतना कोई अन्य दल करने की हिम्मत नहीं करता, नक्सलियों के सिद्धांत और कार्य की समन्वयता तथा सैन्य, राजनीतिक एवं सांस्कृतिक मोर्चे पर एक साथ समन्वित प्रयास को नजरअंदाज नहीं किया जा सकता। दूसरी ओर वाम पक्ष के राष्ट्रीय दल भारतीय कम्युनिस्ट पार्टी ने अंतर्राष्ट्रीय स्तर के मुद्दों का समाधान करने के लिए जिस प्रकार भारतीय परिस्थिति एवं यहाँ के लोगों को नजरअंदाज करके खुद को रोशनी में रखने की कोशिश की है वह गौरतलब है।

भारतीय कम्युनिस्ट पार्टी के मुताबिक कांग्रेस अथवा भारत के दक्षिण पंथ की कोई भी पार्टी (भाजपा को छोड़कर) पूँजीपतियों के बीच साम्राज्यवाद विरोधी इजारेदार विरोधी प्रगतिशील ताकतों का प्रतिनिधित्व करती है और इसका गैर-पूँजीवादी विकास के लिए सवारी के तौर पर इस्तेमाल किया जा सकता है।

जबकि मार्क्सवादी कम्युनिस्ट पार्टी की सोच भाकपा से भिन्न होते हुए भी एक है। माकपा का मानना है कि सशस्त्र संघर्ष का आह्‌वान करने के लिए मौजूदा परिस्थिति परिपक्व नहीं है क्योंकि जनता अंदरूनी तौर पर इसके लिए तैयार नहीं है इस कारण जब तक मौजूदा कानूनी सुविधाएँ हासिल हैं इनका सर्वोत्तम संभावित

फायदा उठाना ही सर्वश्रेष्ठ राजनीति है। इस दौरान सत्ता पर कब्जा क़रने के आखिरी संघर्ष के लिए जनता को तैयार करने की नजर से जन आंदोलन और मजदूरों एवं किसानों को तैयार करते हुए तथा अधिकारी वर्ग के खिलाफ आंशिक संघर्षों (जो कभी-कभी हथियारबंद संघर्ष भी हो सकते हैं जैसे भूमि संघर्ष) को प्रोत्साहन दिया जा सकता है।

माकपा का सिद्धांत जनता के समक्ष खुद को ज्यादा परिपक्व रूप में रखने के उद्देश्य से अथवा संसदीय व्यवस्था में पनपे अपने विश्वास को उचित बताने के लिए बड़े कैनवास से कहता है कि शांतिपूर्ण साधनों से सत्ता पर कब्जा किए जाने की संभावना बिल्कुल नहीं है। उसकी मान्यता है कि संसदीय संस्थाएँ जो भारतीय शासक वर्ग के हाथों का औजार हैं उस समय तक अस्तित्त्व में रहेंगी जब तक वे पूँजीवादी वर्ग के लिए उपयोगी रहेंगी। जब शासक वर्ग इस निर्णय पर पहुँचेगा कि संसदीय संस्थाएँ उसके हितों के प्रतिकूल बैठती हैं तो वह उन्हें सत्ता के अधिक नम्र उत्पीड़नकारी ढाँचे में बदलने से नहीं हिचकेगा, इसके लिए जरूरी है कि बदलाव की परिस्थिति पैदा करने के लिए की जा रही कार्यवाही के अनुकूल ही शासक वर्ग एवं उसके औजारों का भी इस्तेमाल करे और उसे क्रांति के अवसर आने तक बनाए रखे।

यहाँ सी.पी.आइ. (एम.एल.) द्वारा माकपा पर नव वामपंथी या संशोधनवादी होने के आरोप को खारिज कर पार्टी (माकपा) कहती भी है कि संशोधनवादी जहाँ संसदीय राजनीति को अपने आप में अंतिम लक्ष्य और संसद को सभी गतिविधियों का केंद्र बना देते हैं, वहीं मार्क्सवादी संसद को क्रांति के हित साधन का मंच बनाते हैं। यही माकपा सशस्त्र संघर्ष को ही सही रूप मानने वाले एम.एल. ग्रुप की सबसे बड़ी कमजोरी मानती है कि ये ग्रुप इस बात में विश्वास करते हैं कि जनता अंदरूनी तौर पर सशस्त्र विद्रोह के लिए तैयार है। यही सी.पी.आइ. का भी मानना है कि यह एम.एल. ग्रुप का रोमानी सोच (कल्पना) है कि भारतीय सरकार का जनता में कोई आधार नहीं है। एम.एल. द्वारा मौजूदा हालात में सशस्त्र को ही संघर्ष के एकमात्र स्वरूप के तौर पर अपनाने से आर्थिक संघर्ष के राजनीतिक प्रचार की जरूरत भी कम कर दी गई।

मगर नक्सली संगठन माकपा को जहाँ संशोधनवादी मानते हैं, वहीं माकपा को नव संशोधनवादी बताते हैं। दूसरी ओर माकपा तथा माकपा की सोच के विपरीत पिछले दिनों नक्सली संगठनों के स्वरूप, चिंतन और काम की प्रकृति में अनेक परिवर्तन आए हैं। नक्सली संगठन माकपा अनेक खेमों में भी विभाजित हुआ है। अधिकतर गुट सैद्धांतिक रूप में व्यक्तिगत हिंसा का रास्ता त्याग चुके हैं मगर संसदीय चुनाव के द्वारा सत्ता पर कब्जे का भरोसा इन्हें अब भी नहीं है।

मगर संसदीय कार्यप्रणाली के मुख्य हथियार चुनाव का यह इस्तेमाल काफी

व्यापक स्तर पर कर रह हैं। जनता तक अपनी बात पहुँचाने की पद्धति गुप्त रूप में होने लगी है। मजदूर किसानों के दायरे से भी ऊपर उठे हैं और बुद्धिजीवियों तथा छात्रों के बीच भी अपने जनसंगठन का निर्माण कर रहे हैं। छात्रों में इंडियन स्टूडेंट एसोसिएशन, भारतीय नौजवान सभा तथा अखिल भारतीय क्रांतिकारी छात्र संघ के नाम से तो बुद्धिजीवियों के बीच प्रगतिशील शिक्षक मंच के नाम से जन संगठन बनाए गए हैं। नक्सलियों को भी इस तथ्य का अहसास हुआ है कि अब उनकी लड़ाई सामंतवाद से न होकर पूँजीवाद से है जो अर्द्धविकसित रूप में भारत में पनप चुका है। ऐसे में उसने किसानों के बीच 'किसान समिति' तथा औद्योगिक मजूदरों के बीच 'इफ्त' तथा बिहार में आदिवासियों के बीच 'झारखंड क्रांतिदल' के नाम से जनसंगठन तैयार किए हैं।

नक्सली लोकतंत्र की मूलधारा के भी थोड़े करीब आए हैं जो कि वाम आंदोलन के लिए घातक होगा तथा आंदोलन को भोथरा बनाएगा, इससे इनकार नहीं किया जा सकता। अभी तक हरिजन, दलितों तथा अन्य निचली जातियों को केंद्र में रखकर काम कर रहे नक्सली संगठन वोट की राजनीति के आधार पर अब मध्य जातियों से भी जुड़ने लगे हैं। इसका सबमें नकारात्मक पहलू मध्यबिहार में सामने आया है। आई.पी.एफ. यहाँ एक शक्तिशाली संगठन के रूप में उभरा है किंतु संसद में पहुँचने की इच्छा ने इसे इतना भोथरा बनाया कि मध्य जातियों से जुड़ने के लिए हरिजनों की उपेक्षा तक सामने आई।

सी.पी.आई. (एम.एल.) की चौथी कांग्रेस (जो कि 1989 के पहले महीने में हुई थी) में भी सशस्त्र क्रांति के लक्ष्य की प्राप्ति के लिए नगरों में खुले रूप में शक्ति संचय करना और विद्रोह संगठित करने के लिए उपयुक्त अवसर के इंतजार की बात कही गई। क्रांति में वर्तमान शासक के अंदर सशस्त्र शक्तियों में काम करने वाले आम सैनिकों और निचली कतारों के अफसरों के विद्रोह को संगठित करने की संभावना पर बल दिया जाना इस तथ्य का द्योतक है कि बदलाव सैनिक क्रांति के मार्फत भी किया जा सकता है जो काफी कम समय तक टिकेगा। तत्पश्चात् सर्वहारा के अधिनायक की बात कही गई। 'सोवियत सामाजिक साम्राज्यवाद' की उक्ति का भी निषेध किया गया। कांग्रेस की रिपोर्ट में स्वीकार किया गया कि किसी भी राष्ट्र के चरित्र का निर्धारण उसकी अपनी आर्थिक, राजनीतिक व्यवस्था के आधार पर ही किया जा सकता है। इस लिहाज से रूस के अंदर पूँजीवादी सिस्टम और साम्राज्यवादी वित्तीय पूँजी और इजारेदारियों के विकास की बात या तो महज कोरी कल्पना है या किसी घटना विशेष के सामान्यीकरण का नतीजा। रूस को समाजवादी रूस को देश करार देना तथा पेरेस्त्रोइका एवं ग्लासनोस्त कार्यक्रमों की प्रशंसा किया जाना भी नक्सली संगठन में बदलाव का द्योतक है।

भारतीय परिस्थिति का मूल्याँकन भी हुआ। पहले के तर्क मसलन सामंतवाद

और दलाल नौकरशाह पूँजीवाद की जगह भारत में मौजूदा सामंती अवशेषों, नौकरशाह पूँजी और साम्राज्यवादी शक्तियों की जटिल अंतःक्रिया का जिक्र किया गया।

चुनाव बहिष्कार को विशिष्ट स्थितियों में रखते हुए चुनाव में आज भागीदारी की नीति को स्वीकार करना एक बहुत बड़ा काम परिवर्तन रहा। 1967 में माकपा की ही तरह चुनाव में भागीदारी के पक्ष में तर्क दिए गए थे कि इसका उद्देश्य प्रतिक्रियावादी विधायिकाओं में ऐसे क्रांतिकारी ग्रुपों का निर्माण करना है, जो संसद के बाहर की जन कार्यवाहियों को संसद के अंदर के विरोध से जोड़कर क्रांतिकारी संघर्षों को नया आवेग दे सकें। जबकि पीपुल्स वार ग्रुप के सर्वेसर्वा सीतारमैया का मानना है कि संसदीय प्रक्रिया में हिस्सा लेने का मतलब है आप मौजूदा सरकार को मान्यता दे रहे हैं और फिर इससे अपनी माँगें हासिल करने के लिए संघर्ष कर रहे हैं जबकि कानू सान्याल का मानना है कि चुनाव में हिस्सा लेना एक तकनीकी सवाल है जहाँ संघर्ष आगे बढ़ता है वहाँ चुनाव में हिस्सा लेना चाहिय हालाँकि संसदीय प्रणाली मुक्ति का रास्ता नहीं है।

नक्सलियों द्वारा चुनाव लड़े जाने का फैसला दो तरह के विचारों को उछाल रहा है। पहला कि वामपंथ अब भारतीय राजनीति में सार्थक हस्तक्षेप करने की स्थिति में पहुँच चुका है तथा क्रांतिकारी जनवादी विकल्प अब केंद्रित राज्य सत्ता हासिल करने और इसके चरित्र को बदलने में भारतीय बुर्जुआजी के अंतर्विरोधों का बखूबी इस्तेमाल कर सकता है।

इसका दूसरा पक्ष चुनाव का विरोध करता है। उसके अनुसार 1964 में भाकपा से निकली माकपा और 1967 में माकपा से निकला एम.एल. ग्रुप और 1989 में एम.एल. के एक घटक के रूप में उभरा आई.पी.एफ. एक जैसा ही है यानी भारतीय वामपंथी इतिहास खुद को बार-बार दोहरा रहा है।

हालाँकि लोकसभा और विधानसभा में नक्सली नेताओं के पहुँचने से विधायी प्रक्रिया में निश्चित तौर पर चरित्रगत बदलाव आएगा इससे इनकार नहीं किया जा सकता मगर सवाल यह भी है कि आई.पी.एफ. समूचे नक्सलवाद का क्या सचमुच प्रतिनिधित्व करता है?

अगर अतीत को टटोलें तो यह साफ नजर आता है कि नक्सलवादियों द्वारा अर्द्ध शहरी क्षेत्रों में जहाँ-जहाँ पैठ जमाई गई वहाँ कभी समाजवादियों और कम्युनिस्टों के सघन कार्यक्षेत्र हुआ करते थे खासतौर से बिहार के चुनाव में भी यह तथ्य उभरा कि एम.एल. संगठनों के पक्ष में पड़े मत वामपंथ के हिस्से से हो गए। यानी वामपंथी राष्ट्रीय पार्टियाँ हों या नक्सलियों के संगठन ये ऊँची जातियों की जातीय एकता-मानसिकता न तोड़ पाए।

इस प्रकार वामपंथ के तमाम घटकों ने क्रांतिकारी आंदोलन के लिए अपेक्षित

समर्थक जनाधार के विस्तार के फौरी महत्त्व को कभी वजन ही नहीं दिया।

दूसरी ओर माकपा तथा भाकपा द्वारा दक्षिणपंथी पार्टियों के विरुद्ध सुस्पष्ट वैकल्पिक नीतियों के अभाव में वामपंथ हमेशा की तरह आज भी राजनीतिक मुख्यधारा के हाशिये की शक्ति ही बना हुआ है और ऐसे में वामपंथियों ने अगर किसी राज्य में सत्ता प्राप्त की भी है तो उसका प्रमुख कारण दक्षिणपंथी दलों द्वारा अपने अंदरूनी गुटबाजी से पैदा बिखराव रहा है। जनता के बीच अपना स्थायित्व न बना पाने की वजह से सत्ता भी सुरक्षित रही है केरल और त्रिपुरा इसके उदाहरण हैं। पश्चिम बंगाल में वामपंथियों के टिके रहने का कारण आंचलिकता का परचम लहराना भी है। केंद्र के खिलाफ आंचलिकता सबसे शक्तिशाली रूप में उभरी है।

माकपा अब तक अपने बीच एकता बनाए रखने का जो भ्रम बनाए हुए थी वह अब टूट रहा है। रूस में गोर्बाच्योव के क्रांतिकारी पुनर्गठन और उससे उभरे बवंडर ने पूरे यूरोप में जिस तरह के लोकतंत्र के पक्ष की हवा बनाई है उसने इस पक्ष पर विवाद खड़ा कर दिया है कि भाजपा के प्रति पार्टी का रुख कैसा हो। पार्टी के महासचिव नंबूदिरिपाद और पश्चिम बंगाल के मुख्यमंत्री ज्योति बसु तक के बीच इस मुद्दे को लेकर मतभेद हैं। पार्टी के अंदर एक नया वर्ग भी उभरा है जो अलग राजनीतिक आर्थिक विचारधारा रखता है। कुछ विक्षुब्ध एक तरफ पार्टी पर सुधारवादी संसदीय पद्धति अपनाने का आरोप लगा रहे हैं तो दूसरी तरफ कुछ पार्टी पद्धति को सही बताते हुए नेतृत्व को भ्रष्ट मान रहे हैं नेताओं के एक वर्ग पर बुर्जुआ सोच अख्तियार करने तथा नौकरशाह होने का आरोप लग रहा है। युवा कैडर में खासतौर से विद्रोह उभरा है। उनके अनुसार एक ओर जहाँ पूँजीवादियों से घृणा करने का पाठ पढ़ाया जाता है वहीं पार्टी के बड़े नेता बिड़ला, अंबानी, गोयनका और बहुराष्ट्रीय कंपनियों के मालिकों को उद्योग लगाने के लिए आमंत्रित करते हैं और केंद्र की तरफदारी करते हैं।

पार्टी द्वारा इस सत्य का उभरना एक बड़ी सफलता ही माना जाएगा कि बुजुर्गों के अधिपत्य को भेदने के लिए पार्टी संविधान में संशोधन करके एक पाँच सदस्यीय केंद्रिय सचिवालय बनाया गया है। हालाँकि यह पोलित ब्यूरो के निर्देशन और नियंत्रण के तहत ही कार्य करेगा, मगर इन पाँच सदस्यों के महत्त्व को इसी से जाना जा सकता है कि इसके सदस्य 35 वर्षीय सीताराम येचुरी विदेशी मामलों पर पार्टी दस्तावेज लिखा करते हैं। वैसे येचुरी जे.एन.यू. में वामपंथियों का एक सांगठनिक कौशल का परिचय दे चुके हैं। पार्टी के अंदर कितने विरोधाभास पल-बढ़ रहे हैं इसका अहसास इसी से लगाया जा सकता है कि पिछले साल के अंत में हुए सम्मेलन में करीब एक दर्जन संशोधन को मंजूरी दी गई। मगर सम्मेलन तक 79 संशोधन और राज्य इकाइयों के मार्फत केंद्रीय समिति तक करीब साढ़े तीन हजार

संशोधन पहुँचे थे। फिर यह पहला मौका था जब सम्मेलन में सोवियत संघ और चीन समेत दूसरी कम्युनिस्ट पार्टियों के प्रतिनिधि भी शामिल हुए थे। बी.टी. रणदिवे ने राजनीतिक प्रस्ताव का मसौदा पेश करते समय गोर्बाच्योब की नीतियों की प्रशंसा की जबकि कुछ पहले ही उन्होंने ग्लासनोस्त और पेरेस्त्रोइका के बारे में संदेह जाहिर किया था।

सांप्रदायिकता को लेकर भारतीय वाम पंथ (भाकपा, माकपा) पूरी तरह दिग्भ्रमित रहा इसको नकारा नहीं जा सकता। भारतीय परिस्थिति में जहाँ सर्वधर्म सद्भाव की बात फैलाई जाती है सही अर्थों में यह संभव है ही नहीं। जहाँ अस्सी प्रतिशत धर्म का वर्चस्व हो वहाँ एक पूँजीवादी समाज में कानूनन सभी नागरिकों की समानता की तर्ज पर सभी धर्मों की समानता वास्तविक जीवन में धर्मों की असमानता में बदल जाएगी। भारत के परंपरागत वामपंथ (भाकपा-माकपा) ने यह स्वीकार कर लिया है कि कुछ मुद्दों पर ढुलमुलपन और भटकावों के बावजूद भारत की विदेश नीति गुट निरपेक्षता शांति और साम्राज्यवाद विरोध रूस एवं अन्य समाजवादी देशों के साथ दोस्ती तथा उपनिवेशवाद नवउपनिवेशवाद और नस्लवाद के खिलाफ संघर्षशील जनगण के समर्थन पर आधारित है। दरअसल वामपंथ साम्राज्यवाद विरोध के समर्थन के नाम पर उनके अंधराष्ट्रवाद और क्षेत्रीय प्रभुत्ववाद का समर्थन करता रहा है। ऐसे में घरेलू नीतियों का विरोध संभव नहीं है। भाकपा द्वारा दक्षिणपंथी सत्तारूढ़ दल के तमाम आर्थिक- राजनीतिक उपायों का समर्थन इसी का नतीजा है।

भारतीय वामपंथ के हर सही स्तर के लिए आगामी वर्षों में यह एक चिंतन का विषय जरूर रहेगा कि जिस लोकतंत्र की हिमायत कर वह बार-बार टूटा या बिखरा है, उसने उसकी परिपक्वता का अहसास कराया है अथवा उसकी ढुलमुल नीतियों का? जिस देश में जनसंचार माध्यम कम्युनिस्टों के प्रति द्वेषपूर्ण हो, साक्षरता का दर्जा कम हो और जहाँ शासक पार्टी, धर्म, जात-पाँत, भाषा और इसी प्रकार के मुद्दों को लेकर वर्गों पर आधारित संघर्षों से ध्यान बँटाने के लिए इस्तेमाल कर सकती हो, वहाँ चुनाव लड़ने और उसकी पूरी प्रक्रिया में घुस कर संसद तक पहुँचने में लाल झंडे का रंग बदलेगा या नहीं।

चंद्रबाबू की मजबूरियाँ

एक झटके में भाजपा के साथ होने का तेलुगुदेशम या चंद्रबाबू नायडू का फैसला समता, अकाली या शिवसेना की तर्ज पर लिया गया नहीं है। भाजपा के साथ जुड़े दूसरे दलों का आधार जहाँ पूरी तरह संसदीय राजनीति के चुनावी आँकड़ों पर टिका है वहीं तेलुगुदेशम की स्थिति बिल्कुल अलग है। आंध्र में जिस तरह 1983 में पहली बार एनटीआर के तेलुगुदेशम ने कांग्रेस के वर्चस्व को तोड़ा और राज्य में दो ध्रुव बनाए उसके बाद यह लगभग तय हो गया कि अब आंध्र की राजनीति चुनावी आँकड़ों से ज्यादा सामाजिक, आर्थिक आधारों पर चलेगी और टिकेगी। चंद्रबाबू नायडू का वर्तमान संकट यही है कि जिस राजनीति के आधार पर वे सत्ता तक पहुँचे और सत्ता में टिके रहने के लिए जिस सामाजिक, आर्थिक समीकरण को मान्यता दी अब वही उनके लिए घातक साबित हो रहा है। विकास की व्याख्या, राज्य की जरूरत और संस्कृति से हटकर नायडू ने जिस रूप में की, उसका हश्र सिर्फ कृषि अर्थव्यवस्था के खत्म होने भर से नहीं हो रहा बल्कि औद्योगिक क्षेत्र में भी अराजक स्थिति है। सत्तर प्रतिशत जनसंख्या जिस राज्य में कृषि पर टिकी हो, वहाँ कृषि योग्य भूमि को औद्योगिक सेक्टर को सौंपने और जो थोड़ी बहुत खेती हो रही हो उसे सिंचाई व्यवस्था न दे पाने से विकास किस हद तक जारी रह सकता है यह आंध्र में साफ नजर आ रहा है। अब इसकी भरपाई के लिए बहुराष्ट्रीय कंपनियों और विश्व बैंक का सहारा नायडू तलाश रहे हैं। उसमें उनकी मजबूरी है कि केंद्र किसी भी रूप में रुकावट तो न ही बने बल्कि बहुराष्ट्रीय पूँजी को राज्य में आने में भरसक मदद दे।

जो खेती और भूमि आज आंध्र में खत्म होने की स्थिति में है, राज्य का अतीत इसका गवाह है कि यहाँ पूरी राजनीति ही कभी इसी खेती और भूमि पर टिकी थी। तेलंगाना आंदोलन और उसके बाद विनोबा भावे के नेतृत्व में कांग्रेस को काबिज नहीं होने दिया। विनोबा ने अपील की कि जमींदार रजामंदी से जमीन का 1/6 हिस्सा भूमिहीनों के लिए छोड़ दें। उनका लक्ष्य था पचास करोड़ एकड़, लेकिन दान में मिली सिर्फ तीस लाख एकड़ भूमि। वह भी बंजर या भूमि सुधार कानून के तहत आई हुई जमीन थी। यहाँ के किसान मजदूर उस वक्त भी कांग्रेस का विकल्प तलाश रहे थे जिसका एक परिणाम चुनाव में नजर आया। आंदोलन के बाद 1971 में तेलंगाना प्रजा समिति ने लोकसभा चुनाव में तेलंगाना की चौदह में से ग्यारह सीटों

पर कब्जा किया लेकिन प्रजा समिति पर भी भूपतियों का प्रभाव होने से यह धीरे-धीरे कांग्रेस के ही कब्जे में चली गई। इसी मुद्दे को एनटी रामराव ने उठाया और 1983 में विधासभा की दो-तिहाई सीटों पर कब्जा किया और 1984 में लोकसभा की बयालीस में से तीस सीटें जीतीं। लेकिन भूमि सुधार और खेती को वहाँ के किसानों-मजदूरों के अनुकूल करने की स्थिति में एनटीआर भी नहीं थे क्योंकि जिस सीढ़ी पर चलकर एनटीआर सत्ता तक पहुँचे वह राजनीति इसकी इजाजत नहीं देती थी। ऐसे में विकास का जो खाका एनटीआर ने खड़ा किया वह तटीय आंध्र की तरफ चला गया। चंद्रबाबू नायडू भी इसी तर्ज पर हैं, फर्क सिर्फ इतना है कि जो कांग्रेस और एनटीआर बहुसंख्यक किसान-मजदूरों को भी छिटपुट सुविधा मुहैया करवाकर साथ रखना चहते थे, नायडू की नीतियों में वे खारिज हो गए। इसका असर खेती पर भी पड़ा, जमीन पर भी और उद्योगों पर भी।

नायडू की नीतियों का हश्र पूरी सिंचाई व्यवस्था का ठप होना भी है। जिस कृष्णा और गोदावरी नदी से तेलंगाना और रायलसीमा की अधिसंख्य जमीन पर सिंचाई की जा सकती थी उसको नकारते हुए तटीय क्षेत्र में उद्योगों को लगाने पर जोर दिया गया। ऐसे में राज्य की तकरीबन पचास मध्य परियोजनाएँ और तेरह बड़ी परियोजनाएँ, जो सिंचाई से संबंधित हैं, आज की तारीख में भी लंबित पड़ी हैं। बाकायदा टैंक सिंचाई की योजना बनी जो सिर्फ कागज तक ही सीमित रह गई। महत्त्वपूर्ण है कि यह टैंक परियोजना पारंपरिक सिंचाई व्यवस्था को देखते हुए बनाई गई थी। सिर्फ तेलंगाना क्षेत्र में 1956-57 के दौरान जहाँ इस परियोजना से ग्यारह लाख एकड़ भूमि सींची जाती थी वहीं 1996-97 में घटकर पाँच लाख एकड़ पर पहुँच गई, जबकि पूरे राज्य में भूमि सिंचाई में करीब तैंतीस प्रतिशत की कमी आई। कृषि अर्थव्यवस्था को किस तरह नायडू सहित पूर्व की सरकारों ने खारिज किया इसका अंदाजा करीब एक दर्जन वैसी योजनाओं के आज तक पूरा न होने से भी सामने आता है जो पिछले तीन दशकों के दौरान कागज पर बनी पड़ी हैं। श्रीराम सागर परियोजना की मार्फत बाकायदा दो लाख एकड़ भूमि सींचने की व्यवस्था थी। इससे करीमनगर, नलगौंडा और वारांगल जिले की जरूरत पूरी होती, लेकिन सत्रह साल बाद भी यह परियोजना अधूरी है। इसी तरह अदिलाबाद के लिए बनाई गई प्राणहिता परियोजना बाईस साल बाद भी अधूरी है। कोयल सागर परियोजना और नेतामपाडू परियोजना भी सिर्फ कागज पर दर्ज है। और तो और, 1956 में बनी भीमा सिंचाई परियोजना और दो राज्यों के लिए 1959 की उच्चमपल्ली बहुमुखी संयुक्त परियोजना भी आज तक पूरी नहीं हो पाई हैं।

आंध्रप्रदेश की छत्तीस लाख एकड़ भूमि को सींचने के लिए बनी ऐसी दर्जनों परियोजनाएँ जिनकी लागत करीब सोलह हजार करोड़ की है पूरी तो नहीं हुई लेकिन इसका पैसा दूसरी ही जगह खर्च हो गया। जाहिर है कि यह धन सत्ता प्रभावित क्षेत्रों

में गया। विकास के सरकारी नजरिए ने राज्य को किस तरह आर्थिक तौर पर खोखला बनाया है यह खेती और भूमि के प्रति नकारात्मक रुख से तो साफ है ही। साथ ही पावर सेक्टर का भी खुलकर दुरुपयोग किया गया। राज्य में कुल छत्तीस लाख यूनिट बिजली की खपत होती है जिसमें से लगभग बाईस लाख यूनिट बिजली केंद्र की मदद से राज्य पैदा कर लेता है। बाकी लगभग चौदह लाख यूनिट की आवश्यकता ही आंध्र को रही है। लेकिन निजीकरण और बहुराष्ट्रीय कंपनियों से प्रेम या फिर पूँजी के राजनीतिक दुरुपयोग ने राज्य बिजली बोर्ड को आज की तारीख में दिवालिया बना दिया है। स्थिति यह है कि तकरीबन अस्सी फीसदी पावर सेक्टर निजी क्षेत्र के हाथ में पहुँच चुका है। जहाँ बिजली पैदा करने के लिए प्रति यूनिट 1.83 रुपया खर्च होता है वहीं सरकार निजी क्षेत्र को 2.70 रुपया प्रति यूनिट काउंटर गारंटी दे रही है। इसी तर्ज पर करीब चार बड़े पावर प्रोजेक्ट राज्य में आने वाले हैं। ऐसा भी नहीं है कि पावर प्रोजेक्ट खुद राज्य नहीं विकसित कर सकता है। जो भी खनिज संसाधन और पानी चाहिए वह सब आंध्र में ही मौजूद है।

यूँ इस पूरी प्रक्रिया में चंद्रबाबू नायडू ने औद्योगिक विकास को मुद्दा बनाया है। इसी आधार पर मलेशिया, सिंगापुर, हाँगकांग सहित आधा दर्जन देशों की बहुराष्ट्रीय कंपनियों को जाकर न्योता दिया कि वे आएँ और राज्य में उद्योग लगाएँ। उन्हें हर तरह की सुविधाएँ दी जाएँगी। इसके लिए विश्व बैंक से भी पूँजी की गुहार की गई। बहुराष्ट्रीय कंपनियों ने जो भी उद्योग लगाए उन्हें सस्ती कीमत पर खनिज संसाधन, बिजली, कोयला और सस्ता मानव श्रम उपलब्ध कराया गया। इस तरह तकरीबन सत्तर हजार करोड़ की सब्सिडी बहुराष्ट्रीय कंपनियों को दी गई। इसमें से छियालीस हजार करोड़ रुपए की सुविधा सिर्फ तटीय आंध्र में गई और तेलंगाना और रायलसीमा में बीस हजार करोड़ की सब्सिडी उद्योगों को मिली। जबकि इसी दौरान राज्य में करीब डेढ़ सौ छोटे उद्योग बीमार हो गए और अच्छे खासे रूप में चल रहे दो दर्जन बड़े उद्योग बंद हुए। एलायन ऑटो यूनिट, रिपब्लिकन फोर्ज कंपनी, मिर्याल गुंडा की चीनी फैक्टरी और गोदावरी खानी का खाद उद्योग बंद हो गया। अंतरग्राम सिरपुर सिरसिल्क मिल फायदे में होते हुए भी बंद हो गई और अब आजमजाही मिल बंद होने के कगार पर है। इन बंद होते उद्योगों से करीब अड़तीस लाख लोग प्रभावित हुए हैं।

जबकि इसी दौरान बड़े व्यापारियों और उद्योगपतियों ने 1996-97 के दौरान छह हजार करोड़ का सेल्स टैक्स नहीं दिया और इसे लेकर नायडू ने हड़कंप तो नहीं मचाया। उल्टा दो रुपये किलो चावल, सस्ती बिजली, शराब और महिलाओं के रोजगार की व्यवस्था खत्म की गई। कहा यह गया कि करोड़ों के राजस्व का घाटा रहा है और सरकार लोकप्रिय घोषणाओं पर नहीं चले। अब नायडू के सिर पर एक तरफ अट्ठारह हजार कर्ज का ऋण चुकाने का खतरा मँडरा रहा है तो दूसरी तरफ

राज्य के आधारभूत ढाँचे को मजबूती देने के लिए इतनी ही रकम की आवश्यकता है। फिर करीब एक दर्जन बहुराष्ट्रीय कंपनियाँ, जो नायडू की पहल पर हैदराबाद तक पहुँची हैं उन्हें भी हर तरह की सुविधा उपलब्ध करानी है। इस संकट से निजात नायडू अकेले नहीं पा सकते, इसे वे बाखूबी समझ रहे हैं। इसलिए अगर वे सहयोग करें अथवा उनकी हर घोषणा पर सहमति दें तो जो अधिसंरचना राज्य में नहीं है उसे वह बना सकते हैं। इसे नायडू भी मानते हैं और तेलुगुदेशम भी। हालाँकि केंद्र में जब तक संयुक्त मोर्चा की सरकार थी तब तक तो वह कम से कम वैचारिक संकट से बचे हुए थे लेकिन अब जबकि केंद्र में भाजपा है ऐसे में संकट के कई पैमाने उमर है। कारण बहुत साफ है–पहली बार आंध्र की राजनीति में तीन ध्रुव खुलकर सामने आ गये हैं।

आंध्र में प्रभाव कांग्रेस का ही रहा है और 1977 में भी जब पूरे देश में लहर कांग्रेस के खिलाफ चली तो भी उस वक्त आंध्र में कांग्रेस ने बयालीस में से इकतालीस सीटों पर कब्जा किया था। लेकिन एनटीआर ने तेलुगुदेशम बनाकर कांग्रेस को चुनौती दी और 1984 से लगातार किसी न किसी रूप में जनता को भी विकल्प मिलता रहा। महत्त्वपूर्ण है कि तेलंगाना वामपंथियों की जमीन रहा है और एक हद तक पूरे आंध्र को बंगाल और केरल के बाद वामपंथी अपना राज्य मानते हैं। फिर भाकपा या माकपा के अलावा संसदीय राजनीति से हटकर आंध्र में अति वामपंथी नक्सली आंदोलन भी सबसे ज्यादा मुखर है तो उसका असर भी इस तीसरे ध्रुव के रूप में बहुत साफ उभरेगा। फिर जो अल्पसंख्यक समुदाय कांग्रेस को छोड़कर तेलुगुदेशम के पक्ष में गया था। अब उसके वोटों का असर भी चुनाव में हटकर नजर आएगा क्योंकि राज्य की गुंडूर, कूडप्पा, कुर्नूल, नांदयाल, हैदराबाद, सिकंदराबाद, मेडक और निजामाबाद लोकसभा सीटें ऐसी हैं जहाँ मुस्लिम समुदाय पंद्रह फीसदी से ज्यादा है और जिसका एकमुश्त किसी तरफ भी झुकना परिणाम को बदल सकता है। यह स्थिति तेलुगुदेशम के हित में जाएगी, ऐसा कहना मुश्किल है। यह सभी क्षेत्र तेलंगाना में आते हैं और इस बार भी नायडू को जो बारह सीटें मिली हैं उनमें से आठ सीटें इसी तेलंगाना की हैं। ऐसे में तेलंगाना में अब नायडू को दोहरा संघर्ष करना पड़ेगा। एक तरफ संसदीय चुनाव के आँकड़ों की राजनीति तो दूसरी तरफ विकास का जो आधारभूत ढाँचा खड़ा किया जा रहा है उसे लेकर वामपंथी चिंतन से सीधा संघर्ष होगा।

बाजारू सत्ता में सिर्फ एक नाम है जयललिता

संसदीय राजनीति का खाका वर्तमान में जिस तर्ज पर खड़ा है उसमें यह सवाल बेमानी है कि लोकतंत्र का एक पहलू है 'सौदेबाजी'। पिछले पाँच सालों में सत्ता की बनती-बिगड़ती स्थितियों ने कहीं ज्यादा पुख्ता तौर पर यह सवाल भी खड़ा किया है कि राजनीति सिद्धांतहीन हो गयी है या फिर जिस तर्ज पर भारतीय राजनीति की शुरुआत हुई उसका स्वरूप अब पूरी तरह बदल गया है। जाहिर है कि ऐसे में राजनीति का आकलन इस तर्ज पर करना चाहिए कि गठबंधन की सत्ता सही है या गलत या फिर राजनीति है तो सोनिया-जयललिता का मेल भी तो 'राजनीति' ही है। दरअसल, इस तरह के आकलन को बदलकर ही संसदीय खाके को और सत्ता को समझा जा सकता है। संकट यही है संसदीय राजनीति के स्वरूप में बदलाव आने के बाद भी उसे संसदीय खाके में ही टटोला जा रहा है। जबकि हकीकत यह है अब सत्ता ने जिस तरह से अपने संस्थानों को खड़ा किया और जनता से हटकर खुद ही को इसमें केंद्रित किया उससे न सिर्फ मुद्दे बदल गये बल्कि सौदेबाजी का दायरा भी सिमटा है।

दरअसल, संसदीय राजनीति के अंतर्गत राजनीतिक दलों के ढाँचे और उसके समानांतर दबाव समूह के रूप में मौजूद दूसरे संगठन या फिर समाज का अपना ढाँचा और उसके अंतर्गत परिवार या व्यक्ति विशेष की सोच भी अंततः उसी राजनीति के तहत क्यों घुमड़ रही है जो राजनीति नहीं है, यह जानना जरूरी है। अगर राजनीतिक दलों और सामाजिक संगठनों के ढाँचे और उसकी कार्य प्रणाली से शुरुआत की जाए तो बात सीधे उभरती है कि राजनीतिक दलों का अपना स्वरूप कहीं न कहीं इस व्यवस्था की सोच के अनुरूप खड़ा है जो व्यवस्था कुछ खास आधारों को मान्यता दे रही है। जाहिर है जब व्यवस्था पूँजी को महत्त्व देगी या पूँजी के मार्फत स्थितियों को विकसित करने में, तो फिर राजनीतिक दलों की पहलकदमी भी कहीं न कहीं उसी पूँजी पर आश्रित होगी जो व्यवस्था के मापदंड हैं। अगर खुली अर्थव्यवस्था या औद्योगीकरण की पहली जरूरत मुनाफा है तो राजनीतिक दल के अंदर की उस सत्ता का महत्त्व भी सबसे ज्यादा होगा जहाँ से सबसे ज्यादा सौदेबाजी करने की स्थितियाँ पैदा होती हैं।

जाहिर है संसदीय राजनीति के इस मापदंड पर विरोधी दल खारिज होंगे और संसदीय चुनाव सिवाय सत्ता पाने के अलावा अन्य किसी भी स्थिति को मान्यता नहीं

देगा। ऐसे में अगर कोई राजनीतिक दल विरोधी की हैसियत से सत्ता की कार्यप्रणाली या उसकी नीतियों का विरोध करता भी है तो भी उसका कोई प्रभाव सिवाय विरोध के नहीं होगा। चूँकि चुनाव में सत्ता तक पहुँचने की मानसिकता सभी दलों में होती है और सत्ता के मार्फत पूँजी के विभिन्न आधारों से सौदेबाजी करने की सोच पहले से हावी रहती है। इसलिए यह भी संभव नहीं है कि कोई राजनीतिक दल इस मंशा के साथ चुनाव प्रणाली में हिस्सा ले कि वह जमीनी मुद्दों को संघर्ष के रूप में उभारेगा। जो पूँजी वर्तमान में केंद्र बनी हुई है वह जमीनी आधारों पर न तो टिकी है और न ही उसकी अपनी जरूरत जमीनी मुद्दों के समाधान तक पहुँचाने की है।

यही स्थिति राजनीतिक दलों की भी है। शायद इसलिए जब 1967 में गैरकांग्रेसवाद की लहर चलती है और कई राज्यों में कांग्रेस उखड़ती है तो भी गैर कांग्रेसीदलों की बनी सरकार उस सोच को सत्ता के मार्फत नहीं ढाल पाती जो सोच संघर्ष के दौरान उनमें भरी थी। अंततः सत्ता ही हावी होती है और यह सवाल खड़ा किया जाता है कि राजनीति दूषित हुई है या फिर नैतिकता खत्म हो रही है। हालाँकि 1977 की स्थिति अलग रही। मगर जिस सोच के आधार पर सत्ता पाने की सोच पैदा हुई और उस आधार को सत्ता ने अपने आपमें नहीं ढाला। इंदिरा' गाँधी को सत्ताच्युत करना विभिन्न वैचारिक धरातल पर टिके राजनीतिक दलों का एकसूत्री कार्यक्रम हो सकता था, लेकिन सत्ता में आने के बाद सारी अलग-अलग वैचारिक स्थितियाँ सत्ता को ही आधार भी बना बैठीं। यही वजह भी रही कि भारतीय अर्थव्यवस्था का कोई साफ चरित्र कभी न निकल सका। जिस भी तरह सत्ता बनी बिगड़ी उसी दिशा में अर्थव्यवथा को ढाल दिया गया।

भारतीय परिप्रेक्ष्य में यह स्थितियाँ इसलिए भी ज्यादा खतरनाक तरीके से सामने आयीं कि एक तरफ सामाजिक ढाँचा हर उस जगह से टूटा जहाँ उसका अपना कोई आधार नहीं था और मुनाफे की राजनीति ही 'अस्तित्त्व' के रूप में ही रही। विरोधाभास की इस स्थिति ने संसदीय राजनीति को कागजी तौर पर तो संसदीय रहने दिया लेकिन कार्यप्रणाली के मद्देनजर यह उस पूँजी के अनुकूल हो गयी जहाँ न्यूनतम के जरिये अधिकतम मुनाफा की सोच रही। यही मानसिकता चुनावों के जरिये भी खुले तौर पर सामने आयी और चुनावों में लाये जाने वाले मुद्दों को लेकर भी। एक हद तक नब्बे का दशक इस राजनीति के लिए एकदम नये प्रयोग वाला भी रहा क्योंकि मुक्त अर्थव्यवस्था/ उदारवाद या फिर बाजार अर्थव्यवस्था के हर आयाम को खुले तौर पर राजनीति ने अपनाया। मुद्दे किसी माल या उत्पाद की तरह चुनावी बोली में रहे तो उपभोक्ता जैसे ही वोटर भी नजर आये। बाकायदा पारंपरिक सामाजिक ढाँचा भी इसी दौर में पूरी तरह खारिज भी हुआ।

अगर पाँच साल 1990 से 95 तक नरसिंह राव कांग्रेस की सरकार के बिना बोले चलते रहे और अगले चार वर्षों में (1995-99) यह काल राजनीतिक सत्ता के

लिए आदर्श की स्थिति में मौजूद है तो इसका बड़ा कारण 'सौदेबाजी' के विकल्पों में कमी भी आना है। केंद्रीकृत की स्थिति में राजनीति भी आयी और सत्ता भी। फिर राजनीतिक खुद किसी दूसरे ब्रह्मांड का नहीं होता ऐसे में उसकी हर पहल का सामाजीकरण भी हुआ और बहुसंख्य तबके के लिए वो आदर्श तो नहीं लेकिन मुश्किलों के वक्त की जरूरत जरूर बना। फिर संसदीय सत्ता में चुनाव प्रणाली का जितना महत्त्व है उसमें राजनीति की जरूरत उसे (सामाजिक ढाँचे) अपने अनुकूल ढालती भी जा रही है। राजनीतिज्ञों ने भी इस नयी स्थिति में सबसे पहले संस्थानों को प्रभावित किया, ऐसे संस्थान जो नौकरशाही के मार्फत पुलिस प्रशासन या दूसरे विभागों के रूप में समाज को व्यवस्थित करने में लगे हैं। उनके घर जब इस मुनाफे वाली राजनीति की नीतियाँ लागू होनी शुरू हुईं तो हर स्तर पर पूँजी का खेल भी शुरू हुआ और अपने ही विकास के लिए बनायी गयी नीतियों में आत्मनिर्भरता खत्म होते हुए बहुसंख्य तबके ने देखा। लेकिन सवाल पूँजी पर निर्भर हो, उस राजनीति से मान्यता पाना भी रहा, जो कहीं न कहीं खुद पूँजीवादी व्यवस्था पर निर्भर हो गयी है। ऐसे में पारंपरिक सामाजिक ढाँचा भी टूटना शुरू हुआ और परिवार की नयी संरचना भी बनी। और तो और व्यक्ति विशेष द्वारा अपने चरित्र को खड़ा करने और उसके मार्फत परिवार या सामाजिक ढाँचे से जुड़ने की स्थितियों में भी परिवर्तन आया। व्यक्तिगत तौर पर किसी भी संस्थान से जुड़े किसी भी व्यक्ति की सोच तत्काल की राहत पर टिकी और उसके लिए संवेदना से लेकर प्रेम तक ताक पर रख पूँजी के अनुकूल ढालने की स्थितियाँ पैदा हुईं। तो संस्थानों से लेकर राजनीतिक दलों ने इससे लाभ कमाने की पहल की। वी.पी. का आरक्षण का नारा या कांशीराम का दलित-पिछड़ों के अधिकारों की बात भी जहाँ चुनावी बाजार में एक वक्त के बाद धूमिल हो गयी वहीं कांग्रेस को पछाड़ने के बावजूद भाजपा के लिए वो आधार मायने नहीं रख पाये जिनके आधार पर भाजपा, भाजपा है। यानी एक तरफ पूँजीवादी व्यवस्था ने तत्काल की राहत को सामान्यजन के अंदर भरा तो दूसरी तरफ विभिन्न वैचारिक स्थितियाँ संसदीय व्यवस्था में मौजूद भी हैं, यह स्थिति भी खारिज हुई। खास बात यह भी इस दौरान रही कि भ्रष्टाचार, अपराध, सौदेबाजी को बिल्कुल पारदर्शी तौर पर राजनीति ने अपनाया भी और उसे लोकतंत्र का नाम भी दिया।

यहाँ पर सवाल खड़ा हो सकता है कि क्या वाकई वैचारिक धरातल ढहे और सिर्फ सत्ता की सोच घटी हुई है? जबकि चुनाव और विरोध की स्थिति लगातार बनी रही है कि वहीं वैचारिक स्थितियाँ बची हैं और कभी नौकरशाही तो कभी औद्योगिक/व्यापारिक स्थितियाँ और कभी जनता के जमीनी मुद्दे के आधार पर खड़ी हो सामने आती हैं। सतही तौर पर इस तथ्य को जरूर मान्यता दी जा सकती है, लेकिन हकीकत यह भी है कि अगर शेषन, खैरनार या अरुण आरिफ व्यवस्था भोगते हुए व्यवस्था की विसंगतियों को उठा पाते हैं तो उसका लाभ भी व्यवस्था को ही

मिलता है। कारण, व्यवस्था के फेर में ढाँचागत परिवर्तन की जगह निकल भी नहीं सकती और बन भी नहीं सकती। ऐसे में बदलाव की स्थितियों पर बहस की गुंजाइश तो बनी रहती है, लेकिन बदलाव संभव नहीं हो पाता।

अगर गाँधी से लेकर वाजपेयी तक की सत्ता दृष्टि अलग-अलग तरह से मौजूद रही है तो तथ्य यह भी है कि सत्ता के अपने चरित्र में कोई फर्क कभी मौजूद नहीं रहा। इसलिए अगर यह सवाल आज की तारीख में खड़ा होता है कि भाजपा की सत्ता ने जिस तरह का असंसदीय माहौल गठबंधन के तौर पर दिखाया है उसमें सोनिया या कांग्रेस की पहल कोई सकारात्मक दिशा सत्ता में आने पर दे सकती है तो यह बेमानी है। एक हद तक यह मसला ठीक उसी तरह है जैसे चुनाव के वक्त तमाम राजनीतिक दल जिन मुद्दों को लाते हैं वो सरकार बनने के बाद कभी संसद में नहीं उठ पाते। दरअसल, बदलाव की इस प्रक्रिया में सिद्धांतहीन व्यवस्था की स्थिति तो आयी ही है, राजनीतिक दलों के राजनीतिक अस्तित्त्व पर भी संकट आया है। जबकि विरोध (परिवर्तन की चाहत) की स्थितियाँ पूँजीवादी संसदीय व्यवस्था को अभी भी उसी राजनीति के खाके में रखना चाहती है जो राजनीति तीन दशक पहले देश में रेंगती थी। नयी स्थितियों में तो उस आधारित संरचना में भी परिवर्तन आया है जो एक तरफ अभी भी बहुसंख्य जनता की जरूरत है, लेकिन दूसरी तरफ सत्ता उसे सतही संरचना मान रही है।

संकट की नयी स्थितियाँ इस रूप में ज्यादा घातक हैं कि अपनी आधारित संरचना को समझने के बावजूद बहुसंख्य जनता सत्ता द्वारा बनायी जा रही संरचना को ही अपना आधार मानने की मजबूरी भोग रही है। यह विरोधाभास अगर संघर्ष की स्थितियों को कमजोर कर रहा है तो दूसरी तरफ बहुसंख्य तबका और ऐसे सामाजिक संगठनों में भी अंतर्विरोध खड़ा कर रहा है, जो संसदीय व्यवस्था के खिलाफ खड़े हैं। वजह भी यही है कि किसी तरह का कोई प्रभाव न होने के बावजूद कभी सोनिया तो कभी समता-ममता या जयललिता ही संसदीय राजनीति की रीढ़ नजर आने लगती हैं और जनता गायब रहती है।

तुम्हारा मोदी, हमारा जोगी

आतंक और सत्ता एक-दूसरे का पर्याय या जरूरत बन जाएँ तो वहाँ लोकतंत्र का कोई मतलब नहीं रह जाएगा। जब लोकतंत्र की पीठ पर राजनीतिक आतंक की सत्ता सवार हो तो ये समझना बेमानी है कि फलाँ राजनीतिक दल तो आतंक फैला रहा है और फलाँ देश में सौहार्दपूर्ण वातावरण बनाना चाहता है। दरअसल इस प्रयोग में वे तंत्र सत्ता के लिए औजार बन जाते हैं जिन्हें अपनी जगह काम करना चाहिए। पुलिस प्रशासन वह तंत्र है जिसके सहारे किसी भी कार्रवाई को कानूनी जामा पहनाया जा सकता है। मामला अदालत की चौखट पर पहुँच जाए और तब न्याय मिल जाएगा इसको भी राज्य के किसी भी सत्ताधारी के प्रयोग के घेरे में समझा जा सकता है कि ऐसा सोचना कितना रोमानी है। सत्ता के आतंक का एक प्रयोग गुजरात में नरेन्द्र मोदी के जरिये समूचे देश ने देखा-समझा। उत्तर प्रदेश में मायावती का गोरखधंधा किस तरह से आतंक फैलाता रहा, यह अब समझा जा सकता है। लेकिन इसके समांतर केंद्र सरकार के आतंक पैदा करने वाले रुख को भी समझा जा सकता है, जो मायावती के सत्ता में रहते हुए उनके साथ गलबहियाँ डाले रही, मगर सत्ता से बाहर आते ही उन पर शिकंवा कस रही है। सत्ता का आतंक अपने-अपने घेरे में चलता है। इसका नायाब प्रयोग छत्तीसगढ़ में भी देखा जा सकता है।

छत्तीसगढ़ या कहें, अजित जोगी के सत्ता के तौर-तरीके उन पिछड़ों की त्रासदी भी है जिनके साथ राजनीति अब अपने अंदाज में खेलना चाहती है। जोगी अपनी अस्मिता आदिवासियों से जोड़ते हैं। वे खुद को ईसाई भी मानते हैं। राम की माता कौशल्या का मंदिर बनवाने के लिए रायपुर से 55 किमी. दूर आरंग में 36 एकड़ मुफ्त जमीन भी देते हैं। रामकथा कमेटी के चेयरमैन भी हैं। लेकिन छत्तीसगढ़ में कहीं भी जाइए तो जोगी की पहचान एक पूर्व कलेक्टर के रूप में हर राजनीतिक पहल को प्रशासनिक कार्य के तौर पर स्थापित करना भी है। नगरनार स्टील प्लांट के लिए चार गाँवों की जमीन हथियाई गई। 1974 की आदिवासी नीति में बाकायदा लिखा गया कि ग्राम सभा के परामर्श के बगैर जमीन ली ही नहीं जा सकती। आदिवासियों ने भूमि अधिग्रहण का विरोध किया। ग्रामसभा ने भी अनुमति नहीं दी तो कलेक्टर ने फर्जी दस्तावेज तैयार करा लिए।

मामला पकड़ में आया और अनुसूचित जाति-जनजाति आयोग ने आपत्ति की तो सरकार ने ऐलान किया कि आयोग सिर्फ सुझाव दे सकता है, फैसला राज्य को

करना है। इस प्लांट में जो जमीन हथियाई गई उसमें 80 फीसद कृषि योग्य भूमि थी। विरोध करने वालों में ज्यादातर आदिवासी हैं। महिलाओं ने भी विरोध किया। विरोध करने वालों के खिलाफ फर्जी आरोप गढ़े गए। चालीस महिलाओं समेत सवा सौ लोगों को तीन महीने तक जेल में बंद रखा गया। जब स्टील प्लांट की नींव पड़ गई तब जाकर सभी को रिहा किया गया। जिन नौकरशाहों का योगदान जोगी के पक्ष में रहा उन्हें तरक्की दे दी गई। बाल्को को भी आदिवासियों की अस्मिता से जोगी ने जोड़ा। ज्यादा कीमत में खरीदने का ऐलान भी किया लेकिन मामला जब हाथ से निकलना शुरू हुआ तो अदालत और केंद्र के रुख की दुहाई देते हुए आदिवासियों को नए सिरे से विकास से जोड़ने की बात नीति के तौर पर की। निजीकरण के लिए तत्काल कदम उठाने की पहल हुई। जिंदल स्टील और मोनेट इस्पात ग्रुप के साथ एक हजार करोड़ से ज्यादा का निवेश छत्तीसगढ़ में करने पर सहमति बनी। पावर प्लांट और स्टील प्लांट के लिए जमीन मुफ्त में देने की सिफारिश खुद राज्य सरकार ने की। यहाँ एक बात कागजों पर मौजूद नहीं है। जोगी ने मौखिक प्रचार कर कहा कि दोनों औद्योगिक ग्रुप अपने मुनाफे का चार फीसदी तक आदिवासियों के कल्याण में लगाएँगे। एक नौकरशाह ने आपत्ति जताई कि आदिवासियों का हक छीन कर मुट्ठी भर लोगों की सुविधा का कोई मतलब नहीं है। मुनाफे का कम से कम पचास फीसद हिस्सा तो क्षेत्र में लगना ही चाहिए। इस सुझाव के बाद उसे नौकरशाह को नक्सल प्रभावित क्षेत्र में भेज दिया गया।

पाँच साल पहले हीरे की खदानों की खुदाई का लाइसेंस एक दक्षिण अफ्रीकी कंपनी डी बियर्स को दिए जाने पर जोगी ने खासा हंगामा किया था। उस वक्त के मुख्यमंत्री दिग्विजय सिंह पर पचास करोड़ की घूसखोरी का आरोप भी लगाया। लेकिन मुख्यमंत्री बनने के बाद पहले भरत शाह की कंपनी उसके बाद दो विदेशी कंपनियों को यह कह कर हीरे की खदानों की उगाही का काम सौंप दिया कि आदिवासियों की स्थिति में सुधार होना चाहिए। ऐसे में उनकी जमीन दखल होना आवश्यक है। मगर क्षेत्र के आदिवासियों ने जोगी की इस नीति को समझा है। यही वजह रही कि मारिया आदिवासियों के सामने जोगी टिक नहीं पाए। दक्षिण बस्तर के दांतेवाड़ा इलाके में हीरानगर गाँव में जोगी की पहल पर नौकरशाह जब स्टील प्लांट के लिए जमीन तलाशने निकले तो इन आदिवासियों ने उन्हें मार भगाया। मावलीभाटा गाँव में भी ऐसा ही कुछ हुआ। बीते तीन साल में मारिया आदिवासियों ने कुल नौ जगहों पर प्लांट के लिए जमीन नहीं देने का ऐलान किया।

इस दौर में करीब छह सौ आदिवासियों के खिलाफ अलग-अलग मामले दर्ज किए गए। दो दर्जन आदिवासियों पर भी पोटा लगा है। यह विचित्र है कि आदिवासी-प्रेम सत्ता के अनुकूल न बैठने पर विरोध करने वाले आदिवासियों को नक्सली विचारधारा से जोड़ा गया। बस्तर के 29 गाँवों के तीन सौ आदिवासी परिवारों

को राज्य सरकार नक्सली करार दे चुकी है। इसका मजा भी सत्ता ने अपने तरीके से लिया। चूँकि आदिवासी गाँव और खुद आदिवासी नक्सली करार दिए गए तो राज्य सरकार ने तत्काल एक रिपोर्ट केंद्र को भेजी जिसमें नक्सली समस्या बढ़ने की बात कही गई। नक्सली संकट से निपटने के लिए केंद्र से 14 हजार करोड़ रुपए की माँग की गई। जो रिपोर्ट भेजी गई उसमें ऐसा कुछ भी नहीं था जिससे पता लगता था कि नक्सली संकट के बढ़ने की वजह क्या है। रिपोर्ट देखने पर साफ लगता है कि विचारधारा के तौर पर आदिवासियों को नक्सली प्रभावित कर रहे हैं। राज्य की नीतियाँ आदिवासियों के प्रतिकूल हैं। लेकिन इस पर खामोशी बरतते हुए इतना भर जिक्र है कि विकास को रोकने के लिए नक्सली आदिवासियों को उकसा रहे हैं। और इनमें मेधा पाटकर या बीडी शर्मा सरीखे कार्यकर्ता भी शामिल हैं।

यूँ महत्त्वपूर्ण यह भी है कि स्टील प्लांट के लिए जमीन पर कब्जा करने की पहल जब नौकरशाहों ने शुरू की तो बीडी शर्मा ने आदिवासियों को लेकर बनाई गई सरकार की नीति को ही अमल में लाने की बात कही। लेकिन राज्य सरकार ने तमाम नीतियों को खुले तौर पर दकियानूसी करार देकर अनुसूचित जाति-जनजाति आयोग की रूपरेखा भी बदलने की बात कही। जोगी इससे भी एक कदम आगे बढ़े और सरपंच तथा सरपंच प्रेसिडेंट के अधिकारों में कटौती कर विधायकों को ज्यादा अधिकार दिए गए। कलेक्टर की किसी भी पहल पर सरपंच कोई आपत्ति न करे इसके लिए सत्ता ने व्यवस्था की।

जोगी ने छत्तीसगढ़ में कलेक्टर को कितना शक्तिशाली बना दिया है इसका अंदाजा इससे भी लगाया जा सकता है कि राज्य में दो सचिवों ने दोबारा कलेक्टर बनना पसंद किया। रायपुर के कलेक्टर सीके खेतान और बिलासपुर के कलेक्टर आरपी मंडल दोनों सचिव पद छोड़ दोबारा कलेक्टर बन गए। दोनों मुख्यमंत्री के खास हैं। मजा यह भी है कि नौकरशाहों के जरिये राजनीति की सीख भी छत्तीसगढ़ में हर स्तर पर है। तीन प्रशासनिक और छह पुलिस अधिकारियों को पदोन्नति इसलिए मिली क्योंकि वे दूसरे दलों के नेता कार्यकर्ताओं को तोड़कर उन्हें कांग्रेस में शामिल करने रायपुर तक ले आए।

आतंक की राजनीति की बिसात पर राजा किसी भी प्यादे का इस्तेमाल करने से नहीं कतराता। जोगी आदिवासी नहीं हैं यह आपत्ति अनुसूचित जाति-जनजाति आयोग ने ही की थी। जोगी सत्ता में हैं और सत्ता के सामने किसी की क्या बिसात। जोगी ने अपने प्यादों से अपने ही खिलाफ अदालत में अपील करवाई। फिर हर सुनवाई के दिन दोनों पक्ष गलबहियाँ डाले घूमते रहे। अदालत ने फैसला जोगी के हक में यह कह कर दिया कि आरोप लगाने वाला गंभीर नहीं है। आखिरकार कमजोर कड़ी पकड़ में तब आई जब पता चला कि तहसीलदार के दस्तावेज को जोगी के आदिवासी होने का पुख्ता सबूत माना जा रहा है। उस समय यानी 1967 में पेंडरा

तहसील नहीं गाँव था। फिर तहसीलदार आया कहाँ से, यह तो कलेक्टर जाने। यह सारा कच्चा चिट्ठा उस समय के कलेक्टर सुशील त्रिवेदी के पास है। अब वे कुछ बोलें इससे पहले ही इस प्यादे को घोड़ा बना दिया गया। रिटायर होने के बाद वे सुशील त्रिवेदी राज्य के चुनाव आयुक्त बने हुए हैं।

दरअसल यह पूरी प्रक्रिया लोकतंत्र की एक ऐसी प्रयोगशाला है जहाँ संविधान के ऊपर राजनीतिक सत्ता है। बिना इसके सहारे संविधान का कोई खंभा नजर नहीं आता। जो आना चाहता है उसे कानूनी दायरे में खत्म कर बेमानी करार दिया जाता है। जाहिर है ऐसे में अब यह सवाल जरूरी है कि चुनाव के दौरान लोकतंत्र की रफ्तार क्या होगी।

संसद के भीतर और बाहर

महिलाओं का सवाल सिर्फ संसद से जोड़कर नहीं देखा जा सकता है और जिस स्थिति में भारतीय सामाजिक ढाँचा है उसमें सुधार के लिए सुधारवादी दृष्टिकोण भी नहीं अपनाया जा सकता। अब अगर यह सवाल खड़ा हो रहा है कि संसद में महिलाओं को तैंतीस फीसदी आरक्षण मिलना चाहिए और इससे समाज में भागीदारी बराबर की हो जाएगी तो इसका एक रूप राजनीतिक दलों के लोकसभा में हंगामे के बाद चौदह जुलाई को संसद के बाहर प्रदर्शन करती सांसद जयप्रदा के दमकते चेहरे और पंद्रह जुलाई को उसी संसद के बाहर अपनी आर्थिक बदहाली को रोते आंध्र, कर्नाटक और तमिलनाडु के मोर्चों से समझा जा सका है।

यूँ महिलाओं में सुधारवादी मुहिम का पहला स्वरूप 1927 में राष्ट्रीय स्तर के महिला संगठन 'आल इंडिया वूमेन कान्फ्रेंस' के रूप में नजर आया। इससे पहले यह ब्राह्ममिका समाज, आर्य नारी समाज जैसी क्षेत्रीय संस्थाओं पर टिका था। लेकिन राष्ट्रीय स्वरूप में आने के बाद इसने हिंदू पर्सनल लॉ को बदलने की माँग उठाई। 1943-44 में गाँधी की सलाह के विपरीत इस संगठन ने हिंदू कोड बिल के प्रचार में सक्रिय योगदान दिया और इसके सदस्य सरकार द्वारा नियुक्त राउ कमेटी के समक्ष गवाही के लिए भी पेश हुए। उस वक्त भारतीय राष्ट्रीय कांग्रेस ने इसका बहिष्कार किया। लेकिन वूमेंस कान्फ्रेस की उच्च जातीय उच्च वर्गीय उदारवादी नारी प्रवृत्ति तब बेनकाब हुई जब उन्हें रूढ़िवादी हिंदुओं द्वारा बिल के विरोध का सामना करना पड़ा। कांग्रेस की राजनीति का ढंग केवल बंद कमरों की सभाओं और प्रस्ताव पास कराने तक सीमित रहा। कभी भी लोगों को लामबंद करने या अल्पसंख्यक, नीची जाति की महिलाओं तक पहुँचने की कोशिश नहीं की गई।

यही स्थिति पुनरुत्थानवादियों के साथ रही। गाँधी ने स्थापित ढाँचे को थोड़े परिष्कृत रूप में अपनाया जिसमें रामराज्य के आदर्श रूप में भारत को और भारतीय नारी के आदर्श के रूप में सीता को सामने रखा। गाँधी के नेतृत्व में राष्ट्रीय आंदोलन महिलाओं को सार्वजनिक जिंदगी में लाने में कामयाब तो हो सका लेकिन उनमें ज्यादातर उच्चवर्गीय या मध्यवर्गीय महिलाएँ ही थीं। यानी गाँधी ने भी भारतीय हिंदू समाज में औरत की स्थिति में कोई वास्तविक बदलाव लाने के लिए कोई प्रेरणा नहीं दी। इसके ठीक विपरीत जाति विरोधी आंदोलन और कम्युनिस्टों द्वारा संचालित आंदोलनों में नीची जाति, मजदूर और किसानों को लामबंद जरूर किया गया।

महाराष्ट्र के ज्योति बा फुले का आंदोलन जाति व्यवस्था की पूरी संरचना के साथ-साथ पितृसत्ता व्यवस्था को ललकारने में कामयाब रहा। लेकिन यह सारी स्थिति संसदीय ढाँचे में आकर खत्म हो गई। वोट और सत्ता की मानसिकता ने अलग-अलग क्षेत्रों में जातिवाद को अलग-अलग तरीके से घेरा और सामाजिक ढाँचे को देखने समझने की ताकत भी इसी जातीय घेरे में सिमटी। जाहिर है यह हाल वामपंथियों का भी रहा। ऐसे में सुविधा या साझेदारी का सवाल अगर महिलाओं के साथ जुड़ा तो वह सत्ता के ही इर्दगिर्द घूमा। बावजूद इस अवस्था के महिलाओं की अपनी स्थिति संघर्ष को लेकर हमेशा आरक्षण की सोच से आगे ही रही और जब-जब आंदोलन या संघर्ष सड़क पर हुआ, महिलाओं का योगदान बराबरी या उससे ज्यादा का रहा। आजादी के ठीक बाद तेलंगाना और तेभागा के किसान संघर्ष में न सिर्फ महिलाएँ स्वतःस्फूर्त कूदीं बल्कि सरकार की दमनात्मक कार्रवाई में भी बराबरी की भुक्तभोगी रहीं। तकरीबन मारे गए पाँच सौं किसानों में से डेढ़ सौ से ज्यादा महिलाएँ थीं और संघर्ष का खुला विरोध कांग्रेस और जनसंघ ने किया था। जब सीधी लड़ाई राज्य के खिलाफ हुई और पूरी सेना से संघर्ष का सवाल आया तो फिर वामपंथियों ने भी संघर्ष से अपना हाथ खींच लिया। 1974 में जयप्रकाश नारायण द्वारा प्रेरित छात्र आंदोलन ने बड़ी संख्या में छात्राओं को लामबंद किया जिन्होंने साहसपूर्व सामाजिक बंधनों का मुकाबला किया। आपातकाल के बाद जनवादी अधिकारों के लिए हुए आंदोलन ने महिलाओं के मुद्दों को और बड़ा आधार दिया। औरतों की स्थिति और उत्पीड़न के प्रश्न पर भारत के मुख्य शहरों में बााकायदा अनौपचारिक नारी समूह बने जो सैद्धांतिक और आंदोलनकारी दोनों पहलुओं पर ध्यान रखते थे। महिला संगठनों के बनने की यह स्थिति छोटे शहरों में भी रही और यह सब स्वतःस्फूर्त थे। इनके पीछे कोई राजनीतिक दल नहीं था जो नेतृत्व की कमान थामे उन्हें लामबंद कर रहा था। भाकपा और माकपा अपनी संशोधनवादी राजनीति की वजह से जनसंघर्ष का साथ देने में सक्षम नहीं थीं। कांग्रेस और भाजपा ने महिलाओं के माध्यम से अपनी राजनीतिक स्थिति को ही मजबूत करने का काम किया और दुर्गावाहिनी इसी रूप में सामने भी आई।

जबकि वैसे सामाजिक मुद्दे जिनसे सीधे महिलाएँ आहत हुईं, उनमें राजनीतिक दलों की पहल के बगैर ही वे न सिर्फ सड़क पर उतरीं बल्कि अपनी पहल से उन्होंने राजनीतिक दलों को राह दिखाई और संसद को ही यह दिशा भी दी कि वह महिलाओं के अधिकार की रक्षा के लिए आगे आए। खुद संसद की पहल सिर्फ उसी जगह रही जहाँ संसदीय लोकतांत्रिक ढाँचा खतरे में पड़ता नजर आया। अपने मुद्दे पर महिलाओं का संघर्ष मथुरा बलात्कार मामले पर 1980 में शुरू हुआ और उससे बलात्कार संबंधी कानून में संशोधन के लिए भूमिका तैयार हुई। शुरू में यह आंदोलन सत्ता के खिलाफ था लेकिन बाद में माया त्यागी और रमीजा बी जैसे मुद्दों

ने यौन हिंसा को सामाजिक मुद्दा बनाया और एक समझ पैदा की। सड़क पर उतरी महिलाओं ने खुद ही स्पष्ट किया कि बलात्कार मात्र काम वासना या अनैतिकता का प्रश्न नहीं है बल्कि औरत के खिलाफ ताकत का इस्तेमाल है इसलिए उसने उत्पीड़न के कानूनों में बदलाव लाने की स्थिति पैदा की। विभिन्न पर्सनल कानूनों के तहत महिलाओं के साथ होने वाले अन्यायों का विश्लेषण और आलोचना जमकर हुई और इसी दौरान मध्यवर्ग की महिलाएँ भी सड़क पर उतरीं। यह अलग बात है कि इस पूरे संघर्ष में कभी भी यह सवाल खड़ा नहीं हुआ कि महिला की भागीदारी कितनी होनी चाहिए या जिस रूप में समाज चल रहा है उसमें सुविधा भी महिलाओं को मिलनी चाहिए या नहीं? बाकायदा जनसंगठनों की खुद ब खुद जमीन बनी, जिस स्थिति को ट्रेड यूनियन तक ले जाने की सोच भी पैदा हुई। अपने तौर पर यह पहल किसी राजनीतिक दल ने नहीं की कि महिला कामगार की संख्या जब समाज में तकरीबन आधी है तो ट्रेड यूनियन में उनकी भागीदारी भी होनी चाहिए। हालाँकि सिटू, इफ्टू ने कुछ पहल जरूर की मगर अतिवामपंथी संगठनों की पहल इस मामले में ज्यादा रही और महाराष्ट्र में तो 1988-92 के बीच विरोधी अतिवाम संगठन अखिल महाराष्ट्र कामगार यूनियन ने एक वक्त पूरे महाराष्ट्र के उद्योगों की मजदूर विरोधी नीतियों को लेकर चूलें तक हिलाईं। 1986 के बाद ग्रामीण महिलाओं के सक्रिय होने का कारण भी संसदीय धारा नहीं थी। बल्कि संसदीय विसंगतियों की वजह से जो आर्थिक नीतियाँ देश पर लादी जा रही थीं, उसका कुप्रभाव पहली बार 1986 से पड़ना शुरू हुआ और तबाह होते ग्रामीणों में पलायन शुरू हुआ और उस वक्त गाँव की महिलाएँ भी सक्रिय हुईं। वैसे संगठनों की मजबूरी थी कि वे अपनी माँगों के लिए महिलाओं का योगदान लें। चाहे शेतकरी संगठन हो, शेतकरी महिला आघाड़ी बनाना उसकी जरूरत बनी, टिकैत ने खेत की बात मनवाने के लिए पहले महिलाओं के दहेज जैसे मुद्दे उठाए जिससे महिलाएँ किसान यूनियन से जुड़ सकें। इसी प्रकार बिहार और आंध्रप्रदेश में किसानों और खेतिहर मजदूरों के संगठनों ने भी महिला मोर्चे की स्थापाना की। महत्त्वपूर्ण है कि महिलाओं को साथ लेने की सोच कहीं से भी राजनीतिक दलों में भगीदारी या सामाजिक ढाँचे को बराबर करने के लिए नहीं पैदा हुई बल्कि अपनी कमजोर होती राजनीतिक पैठ में महिलाएँ उनकी जरूरत थीं और राजनीतिक संगठन यह समझ रहे थे कि सड़क तक संघर्ष ले जाने के लिए जरूरी है महिलाएँ।

आंध्र और हरियाणा में महिलाओं की पहल शराबबंदी को लेकर उभरी और राजनीतिक दलों को बाद में उन मुद्दों को अपने साथ जोड़ना पड़ा। आंध्र में तो गाँव के गाँव महिलाओं को वामपंथियों और कांग्रेस ने अपना समर्थक बता दिया। फिर इस मुद्दे को तेलुगुदेशम सरकार के खिलाफ उठाया, वह गौरतलब है। शहरों से यह स्थिति गाँव की तरफ भी खिसकी है और गाँव में वर्ग संबंध बदलने और जातीय दीवार तोड़ने का हर प्रयत्न दमन से किया गया है। बिहार, उत्तर प्रदेश, ओडीशा और

मध्य प्रदेश में जहाँ महिलाओं को चारदीवारी के अंदर रखने का प्रयास या फिर पंचायत चुनावों की मार्फत बाहर निकालने की कोशिश का तरीका एक सा रहा है वहीं महाराष्ट्र, आंध्र, तमिलनाडु और कर्नाटक में अगर महिलाएँ स्वतःस्फूर्त मुद्दों को लेकर सड़क पर उतरीं तो उन्हें उनकी जरूरतों से घसीट सत्ता के तहत लाने का प्रयास भी जमकर हुआ है। यानी दोनों स्थितियों में महिलाओं के माध्यम से अपनी राजनीतिक स्थिति पुख्ता बनाने की सोच संसदीय ढाँचे में राजनीतिक दलों के साथ ज्यादा जुड़ी रही है।

अगर राजनीतिक दल महिलाओं की भागीदारी संसदीय ढाँचे में नहीं चाहते हैं तो यह समझना जरूरी है कि संसद अभी भी जनता का प्रतिनिधित्व कितना करती है। दरअसल वह कहीं न कहीं कुछ ऐसे अधिकार समेटे हुए हैं जिनके माध्यम से वह समाज के ढाँचे से अलग है, ऊपर है। अगर संसद के वर्तमान खाके के तहत महिलाओं की स्थिति का आँकलन किया जाए तो वह बेहद साफ है कि शिक्षित मध्यवर्गीय महिलाएँ ही संसदीय ढाँचे के अनुकूल हैं। दूसरा कोई वर्ग पुरुषों की भागीदारी में शामिल नहीं है। बड़ा कारण यह भी है कि संसदीय व्यवस्था का स्वरूप जिस तरह बाजार पर जा टिका है और मुनाफा न्यूनतम जरूरत बन गई है उसमें दूसरे किसी तबके की महिलाएँ फिट बैठती भी नहीं हैं। संसद ने महिलाओं के लिए क्या कदम उठाए हैं यह महिला आयोग की स्थापना के रूप में अगर समझा जा सकता है, तो समाज के दूसरे खाके में नारी पुलिस दल, स्त्री के विषयों पर शोध के लिए विभिन्न संस्थानों को खुलकर धन देना, नारी समर्थक उद्यमों को राहत और सहायता देना जिससे वह सत्ता के नियंत्रण और निगरानी में रहे और नारी संबंधित मुद्दों पर कानून बनाना या उसमें संशोधन करना तक ही सीमित है। संसद में अगर महिलाओं को राजनीतिक गलियारे में लाने की खातिर पंचायत, जिला परिषद और पालिकाओं में आरक्षण लागू किया गया तो इसका बड़ा अर्थ अपनी बाजार व्यवस्था के कमजोर पक्षों को मजबूत बनाने की स्थिति भी है। अगर यह बात सामने आए कि संसद का रवैया खुले तौर पर गैरजनवादी है तो लोकतांत्रिक ढाँचे का यह स्वरूप खारिज हो सकता है जो बहुसंख्य जनता को वोटर के नाम पर समेटे हुए है और दुनिया को पैगाम देता है कि भारत सबसे बड़ा लोकतंत्र है। अगर इस खाके में महिलाओं को नहीं लाया जाता तो लोकतांत्रिक व्यवस्था पर आज नहीं तो कल प्रश्न उठ सकता है। जाहिर है ऐसे में वर्गों को तोड़ने की प्रक्रिया संसद की पहली जरूरत है। यानी समाज से महिला एक समुदाय के रूप में मौजूद है, यह स्थिति भी खत्म होती है और वर्ग के आधार पर स्थिति को समझने का मौका भी समाप्त होता है। सब कुछ संसदीय सत्ता के खाके में सिमटता है और उसी के अनुकूल सामाजिक ढाँचे का भी निर्धारण होता है। साथ ही महिलाओं के सही राजनीतिकरण को और दोस्त-दुश्मन की पहचान को भी रोकता है। ऐसी सोच केवल महिलाओं को निहत्था बनाकर उनकी संघर्ष क्षमता के विकास को रोकती है।

राजनीति के नाम पर सत्ता का बाजारीकरण

अगली ससदी में भी संसदीय व्यवस्था का यही खाका रहेगा जो बीसवीं सदी में है, ऐसा कहना अब बचकाना लग सकता है कारण, अपने पचास साल की यात्रा में राजनीति जिस 'शक्तिपुंज' के रूप में विभिन्न आधारों पर हावी रही, उसमें अब परिवर्तन साफतौर पर आने लगा है न सिर्फ वर्ग चरित्र ही नहीं बल्कि आर्थिक, सामाजिक, सांस्कृतिक स्वरूप भी बदल रहे हैं। पूर्व में जहाँ परिवर्तन की सोच क्रांति के मार्फत मापी जाती रही और माओ की बाली मं यह कहा गया है कि 'सत्ता बंदूक की नली से निकलती है' में भी परिवर्तन आ गया ह। पूँजी के साम्राज्यवादी दृष्टिकोण न हर उस स्तर को अपने कब्जे में ले लिया है जो कहीं न कहीं परिवर्तन की सोच पाले हुए है। किसान-मजदूर का अब वह स्वरूप जीवित नहीं रह गया जो पिछले चार दशकों में लगातार भारतीय राजनीति में रेंगता रहा। कारण, कृषि और उद्योगों की परिभाषा भी बदली। साथ ही मुनाफे की जो सोच ज्यादा से ज्यादा उत्पाद पैदा कर देने की स्थिति में पैदा हुई उसने कहीं कर्मचारी तो कहीं अधिकारी वर्ग में मजदूर-किसान को तब्दील कर दिया। इन बदलती परिस्थितियों में पहली बार यह तथ्य भी उभरे हैं कि कल तक जिन संस्थानों के आधार समाज में टटाल जाते थ, अब उन आधारों का समाज से कोई लेना-देना नहीं है। जो पूंजी समाज से बाँधे हुए थी, अब वह समाज को अपने ऊपर आश्रित करने की स्थितियाँ पैदा कर रही है। कहा जाए तो पूँजी अपने तरीके से राज्य का शोषण करने की स्थिति में पहली बार खुलकर सामने आई है जिससे संसदीय राजनीति भी अछूती नहीं रह गई है। हर पाँच साल बाद चुनाव के जरिये जनता को संसद से जोड़ने की जो स्थिति पदा होती रही अब वह महत्त्वहीन सी लगने लगी है।

न्यायपालिका, कार्यपालिका आर विधायिका से हटकर परिवर्तन की शुरुआत का आकलन राजनीति से ही किया जाए तो परिवर्तन किया जाए तो प्रतिनिधित्व दन क नाम पर जनता से उपजी राजनीति पर कई प्रश्न चिन्ह सीधे लगेंगे। हर पाँच साल बाद चुनाव और चुनाव के बाद संसदीय सत्ता के मार्फत देश का जो आर्थिक ढाँचा अभी खींचा जाता रहा है उसमें व्यापक परिवर्तन आया। एक तरफ चुनाव के वक्त जनता के न्यूनतम मुद्दे यानी रोजमर्रा की जरूरत पूरी न कर पाने वाली स्थितियों को उठाकर चुनाव लड़ना औश्र दूसरी तरफ जीत के बाद संसद के गलियारे से पूरे देश का एक ऐसा आर्थिक ढाँचा खींचना जो न्यूनतम जरूरत को अनदेखा

करके खड़ा हो सकता हे यह सब कितने अरसे तक संसदीय ढाँचे को टिकाए रखेगा? चुनावों की त्रासदी यही है कि सामंती सोच के तहत कृषि-उद्योग का विकास किस रूप में होता रहा है, अभी भी चुनावों के दौरान जीतने के लिए उन्हीं मुद्दों को तमाम राजनीतिक दल व राजनीतिज्ञ औजार बनाते हैं। वहीं संसदीय ढाँचा वर्तमान स्थिति में इसकी इजाजत नहीं देता है कि अंतर्राष्ट्रीय अर्थव्यवस्था का जो स्वरूप पूर विश्व में घुमड़ रहा है उससे हटकर उन्हीं अवस्थाओं को अपनाया जाए जो अवस्था चुनाव के दौरान रेंगती है। इस विभाजन के बीच की जमीन इतनी चौड़ी है कि संसद सीधे अब जनता को न तो न्यूनतम जरूरतों को पूरा कर पाने की स्थिति में है और न ही नीतियों-निर्देशों के माध्यम से अपने अनुकूल बना पान में। यहीं से 'शक्तिपुंज' की स्थिति में परिवर्तन आया। कहा जाए तो नई विश्व अर्थव्यवस्था जिस तरह सिर्फ ज्यादा उत्पादन की मार्फत बड़ा बाजार और मुनाफा टटोलती है और किसी एक पर आश्रित नहीं रहती, ठीक उसी तरह बाजार में समाहित भारतीय सामाजिक स्वरूप भी छिन्न-भिन्न हुआ है। बाजार खुद अपने आप में इतने बड़े वर्ग के रूप में सामने आया जहाँ वह उस वर्ग चरित्र को खत्म कर रहा है जो कहीं न कहीं संघर्ष की स्थितियों के मार्फत परिवर्तन की राह दिखलाती आई है। ऐसा नहीं है कि वर्ग चरित्र इस तरह खत्म हुआ है कि वह समाजवादी दृष्टिकोण लिए सामने आए बल्कि शोषण के पैमान पर परिवर्तन इस तरह लाया गया है जहाँ किसी एक वर्ग द्वारा किसी दूसरे वर्ग पर शोषण किया जाना सामने न आए बल्कि बाजार अर्थव्यवस्था का एक व्यापक स्वरूप उभरे।

महत्त्वपूर्ण यह है कि बजार अर्थव्यवस्था का यह स्वरूप राजनीति के मार्फत ही अपने अनुकूल स्थितियों को खड़ा भी कर रहा है आर राजनीति को खारिज भी कर रहा है। पुलिस प्रशासन या नौकरशाही अब उस तरह राजनीति की आवश्यकता नहीं रह गई है जिस तरह पहले थी। और तो और नौकरशाही जिस शिक्षा या संस्कृति के बलबूते पर पनपी अब उसमें भी परिवर्तन यही बाजार अर्थव्यवस्था ला रही है। कहा जाए तो जो 'क्लीन' तबका भारतीय राजनीति और भारतीय सामाजिक स्थितियों के लिहाज से कल तक प्रशासनिक तौर पर समाधान देने या राज्य के साथ हो समाधान देने की दिशा में पहल करता रहा अब वह भी इसी बाजार व्यवस्था के तहत प्रबंधन (मैनेजमेंट) अथवा उद्योगों की तरफ भाग रहा है। दूसरे या तीसरे दर्जे का छात्र सिविल सर्विस के माध्यम से नौकरी चाहता है। कारण बहुत साफ है आर्थिक तौर पर जो मुनाफा (तनख्वाह) मैंनेजमेंट या उद्योगों को लगाने से हो सकता है वह आइ.ए.एस. देने वाला राज्यबंगाल और महाराष्ट्र आज मैंनेजमेंट की प्राथमिकता दे रहा है। यही स्थिति तमिलनाडू और केरल की भी हो गई है।वहाँ आर्थिक रूप से पिछड़े राज्य बिहार, उड़ीसा और उत्तरप्रदेश सेससबसे ज्यादा आई. ए.एस. निकल रहे हैं। संभवतः इसका विकसित रूप यह भी है कि एक समय

राजनीति के मार्फत बाजार व्यवस्था के अनुकूल काम करने की अवस्था ज्यादा मुनाफा दे दे। काम कराने का स्वरूप 'दलाली' का भी हो सकता है। यानी जब सारी स्थितियाँ पूँजी पर टिकेंगी तो जिस जगह ज्यादा पूँजी होगी या इसकी संभावना होगी उस जगह हमारा 'क्लीन' तबका टिकेगा ही। यह 'क्लीन' अगर आई.ए.एस. की नौकरी छोड़कर मैंनेजमेंट में जा रहा है तो कई जगहों पर यही 'क्लीन' राजनीति या मैंनेजमेंट को त्याग कर दलाली भी कर रहा है। सिर्फ कांग्रेस भाजपा ही नहीं बल्कि राष्ट्रीय दल के कभी बौद्धिक नेता रहे आज साउथ या नार्थ ब्लॉक में अथवा योजना आयोग के गलियारे में किसी पूँजीपति की दलाली करते नजर आ जाएँगे। कारण बहुत साफ है जिस सरलता से बाजार अर्थव्यवस्था पूँजी को पैदा कर रही है और उसकी मात्रा जितनी ज्यादा है वह खुद-ब-खुद कहीं पर राजनीति और कहीं पर दूसरे संस्थानों को भी खारिज कर पाने की अवस्था में है। यह उस बाजार अर्थव्यवस्था की ही देन है जहाँ राजनीति के मार्फत अपने अनुकूल स्थितियों को खड़ा करने के साथ-साथ राजनीति को भी पूँजी पर टिकाया जा रहा है। यह अलग बात है कि संसदीय राजनीति अभी पूरी तरह पूँजी पर निर्भर नहीं हुई है लेकिन चुनाव के तरीके और चुनाव के बाद सत्ता में आने की पहल का अंतर यह दर्शा रहा है कि सत्ता अपने तौर पर जनतांत्रिक आधार पर नहीं खड़ी है। यहाँ 'क्लीन' तबके को लेकर भी यह सवाल खड़ा हो सकता है कि आखिर 'क्लीन' तबका इस वर्ग को कैसे मान लिया जाए जो तमाम विसंगति भरी अर्थव्यवस्था में प्रमुख निभा रहा है। जाहिर है क्लीन तबके का यहाँ मतलब उस शिक्षा के अनुकूल होना है जो शिक्षा कहीं न कहीं उस व्यवस्था को ही खड़ा करने में मदद कर रही है जो व्यवस्थापूँजी पर निर्भर है, बाजार और मुनाफे पर टिकी है।

दरअसल, संसदीय राजनीति इस अवस्था में कमजोर भी हुई और उससे जुड़े संस्थान भी खत्म हुए हैं। कल तक औद्योगीकरण के समानांतर ट्रेड यूनियन भी चलती रही। इसी ट्रेउ यूनियन के समांतर राजनीतिक दल भी अपना प्रौपगेंडा करते रहे और कहीं न कहीं यह महसूस होता रहा है कि मजदूर और सत्ता के बीच कोई लीक है जिसमें मजदूरों के कदम जिसमें मजदूरों के कदम सत्ता परिवर्तन में सहायक हो सकते हैं। और तो और उद्योगों में लगने वाली पूँजी उद्योगों से निकलन वाला उत्पाद और विभिन्न वर्गों में बिकने वाला माल भी कहीं न कहीं सामाजिक स्थितियों को जानता समझता रहा है। इस वजह से औद्योगीकरण सामाजिक रूप में ही खड़ा हुआ। लेकिन वर्तमान अवस्था बिल्कुल अलग है। किसी उद्योग को खड़ा करने में आज जिस जमीन की जरूरत पड़ती है उस जमीन के मालिकों को हर्जाने के तौर परबड़ी पूँजी देकर बेदखल किया जाता है यानी जमीन के मालिक उद्योगों के लगते ही या तो मजदूर में तब्दील होने या फिर मुनाफे बेरोजगार उपभोक्ता में। चूँकि बाजार अर्थव्यवस्था ने सीमा तोड़ी है इस वजह से उद्योगों में लगने वाली पूँजी अब ज्यादातर

किसी दूसरे देश बाजार से मिले मुनाफे से पैदा की गई होती और उसका कोई सरोकार उस जमीन से नहीं होता या उस मजदूर से नहीं होता जिस जमीन पर उद्योग बैठाया जाता है। ऐसे में उद्योगों में बनने वाला उत्पाद भी इसकी आवश्यकता नहीं समझता कि किस वर्ग के लिए वह बना रहा है। बेहतर उदाहरण कलीसगढ़ में लगे उद्योग हैं। यहाँ के किसी भी उद्योग में ऐसा कोई उत्पाद नहीं होता है जो कलीसगढ़ की बहुसंख्यक जनता की न्यूनतम जरूरतें भी पूरी कर पाता हो। इसके बावजूद सत्ता ने प्राकृतिक संसाधनों का उपयोग करने की खुली छूट उद्योगों को दी है। सस्ते दर पर मजदूर उपलब्ध हैं। हाँ, राजनीति को उससे यह लाभ जरूर मिला है कि चुनाव के वक्त क्षेत्र की जनता इन्हीं उद्योगों द्वारा राजनीतिक मार्फत नहीं आती है। 1991 में 10 करोड़ तो 1996 में बीस करोड़ से ज्यादा की उगाही चुनाव के वक्त राजनीतिक दलों ने उस इलाके के उद्योगपतियों से की। फिर इसी पूँजी का बंदरबाट वोटरों के बीच दलों ने किया। यही स्थिति 1998 के आम चुनाव और विधानसभा चुनाव में भी खुलकर सामने आई लेकिन आज की तारीख में भी कलीसगढ़ के अस्सी फीसदी उद्योगों में मजदूरों को न्यूनतम वेतन नहीं मिलता और नब्बे फीसदी मजदूर कन्ट्रेक्ट पर काम करते हैं।

बावजूद इसके संसदीय चुनावी राजनीति हमेशा बदलाव और बेहतर समाज का नारा यहाँ हर चुनाव में लगाती है। ताजा परिवर्तन यही है कि ट्रेड यूनियन अब चुनाव में राजनीतिक दलों से मिलने वाले धन को मजदूरों के बोनस के तौर पर मानते हैं और यूनियनों की सौदेबाजी भी उद्योगपतियों और राजनीतिक दलों तक वोटर और राजनीतिज्ञों के बीच सी तर्ज पर होती है। जाहिर है यह प्राप्तियाँ सिर्फ पूँजी के आदान-प्रदान तक सीमित नहीं रहती बल्कि कल्याणकारी राज्य की उस अवधारणा को भी खत्म करती है जिसमें राज्य का कोई दायित्व भी जनता को लेकर होता है। संकट की स्थिति इस मायने में ज्यादा बड़ी है कि संसदीय खाका जिन आधारों पर खड़ा हुआ अब जरूरत सिर्फ अस्तित्त्व को लेकर ही खड़ी है। ऐसे में हर स्थिति में संसदीय राजनीति की सारी ऊर्जा संघर्ष को खत्म कर संकट को बढ़ाने में ही लगी है जिससे उँगली संकटों को लेकर उठे न कि संसदीय ढाँचे पर।

मुद्दे

राष्ट्रीय बहस का आधार क्या हो?

आदिवासी ईसाई बनाए जा रहे हैं या हिंदू, यह कोई आज का मुद्दा नहीं है बल्कि आदिवासी बहुल इलाकों में अपने-अपने तौर पर ईसाई संगठनों और राष्ट्रीय स्वयं सेवक संघ (आर.एस.एस.) की कोशिश अरसे से रही है। लेकिन ईसाई या हिंदू संगठन मौजूदा स्थितियों में अपने अनुकूल वातावरण तैयार करने की जो जद्दोजहद कर रहे हैं, उसमें अब यह सवाल नए रूप में उभरा है कि आखिर उनकी कोशिश का मतलब क्या? खासतौर से गुजरात में दोनों संगठनों की पहल का जो हिंसात्मक नजारा सामने आया, उसमें यह बात भी साथ-साथ उठी है कि क्या ईसाइयों की पहल कहीं हिंदूवादी संगठनों के अस्तित्त्व पर सवाल खड़ा कर रही है या फिर अपनी जगह भारतीय समाज जिस तरह विखंडित हो रहा है, उसमें हिंदुत्व को सहेजना संघ जैसे संगठन के लिए मुश्किल होता जा रहा है। मुद्दा यह नहीं है कि आदिवासियों का धर्म परिवर्तन कराकर उन्हें अभी तक मिशनरी ईसाई बनाने में जुटे रहे और अब हिंदूवादी संगठन इसे राजनीति के घेरे में लाना चाहते हैं। अगर गुजरात की स्थितियों पर गौर करें तो सतही तौर पर यह तस्वीर बेहद साफ उभरती है कि हिंसा के जरिये हिंदूवादी संगठनों ने जिस तरह का आतंक फैलाया, उसमें अल्पसंख्यकों के सामने अस्तित्त्व का सवाल खड़ा हो गया है। लेकिन गुजरात की स्थिति खासतौर से आदिवासी बहुल इलाके की स्थिति से बहुत साफ है कि वहाँ चाहे वह ईसाई हो या हिंदू या फिर मुसलमान, बहुसंख्यक तबके का जीवन रोजमर्रा की न्यूनतम जरूरतों को जुगाड़ने में ही गुजर जाता है। यानी सिर्फ दो जून की रोटी मुहैया होती रहे यह सवाल उनके लिए सबसे बड़ा है। गुजरात के बादोली, डांग, सूरत के करीब जिन दो दर्जन गाँवों में हिंदू संगठनों ने अल्पसंख्यक समुदाय पर हमला किया, वहाँ के 90 फीसदी लोग पूरी तरह मजदूरी पर जिंदा हैं। यानी काम करेंगे तो शाम को रोटी मिलेगी। सिर्फ दस फीसदी लोगों के पास ही इतनी संपत्ति है कि वे बिना काम किए बाजार अर्थव्यवस्था के अर्थशास्त्र में अपनी संपत्ति दुगनी-चौगुनी कर सकते हैं। हिंदूवादी संगठनों के लिए इन इलाकों में परेशानी का सबब यह है कि जो संपत्तिवान लोग यहाँ मौजूद हैं उनमें 90 फीसदी अल्पसंख्यक यानी मुसलमान या ईसाई हैं। यानी सीधे इनके खिलाफ कोई सीधी पहल संभव नहीं है। क्योंकि सामाजिक और राजनीतिक दोनों स्थितियाँ जिस तरह पूँजी के अर्थशास्त्र पर टिकी हैं उसमें संपत्तिवाद तबका अपने तौर पर राजनीतिक स्थितियों को भी अपने अनुकूल अभी

तक करता रहा है। यही वजह है कि इस इलाके में कोई उद्योग, मिल या उत्पादन की किसी भी जगह पर मजदूरों को अभी तक न्यूनतम मजदूरी भी नहीं मिलती है। फिर वन क्षेत्र होने से वन अधिकारियों का शोषण भी खुलकर यहाँ के आदिवासियों के खिलाफ होता आया है। अस्सी के दशक और 90 की शुरुआत में यहाँ आदिवासियों को एकजुट कर शोषण के खिलाफ संघर्ष भी चलाया गया लेकिन वन अधिकारियों और स्थानीय राजनेताओं समेत पुलिस प्रशासन की मिलीभगत से आंदोलन कैसे दबाया गया और इस पूरे संघर्ष को खत्म करने में हिंदूओं समेत संपत्तिवान अल्पसंख्यकों का भी योगदान बिल्कुल बराबरी का कैसे रहा, यह आज भी इरफान इंजीनियर के शरीर पर लगे चोटों के निशान को देख जाना जा सकता है। करीब दस सालों तक इरफान इंजीनियर ने यहाँ आदिवासियों के बीच काम किया और पहली लड़ाई सिर्फ न्यूनतम मजदूरी और जंगलगाँव में रहने वाले आदिवासियों के अधिकारों को लेकर लड़ी। उस दौरान इलाके में ईसाई मिशनरीज पहुँच चुकी थी। शिक्षा-दीक्षा का काम हो रहा था। लेकिन कभी किसी मिशनरीज ने आंदोलन चला रहे लोगों का साथ नहीं दिया। न ही वह मुसलमान संपत्तिवान तबका साथ आया, जिसकी जमीन पर अधिकतर उद्योग और मिलें यहाँ काम कर रही हैं। और तो और इस पूरे दौर में किसी हिंदूवादी संगठन ने यह सवाल उठाना उचित नहीं समझा कि इन आदिवासियों को, जो पीढ़ियों से यहाँ रह रहे हैं, उन्हें न्यूनतम मजदूरी तो उपलब्ध कराई जानी चाहिए।

पहली बार आदिवासियों को लेकर 1992 में सवाल खड़ा हुआ, जब राष्ट्रीय स्वयंसेवक संघ ने संसदीय चुनाव की थ्योरी में सत्ता तक पहुँचने के लिए वोटरों को अपने साथ खड़ा करने की रणनीति बनाई। इससे पहले सामाजिक स्थिति और राजनीतिक स्थिति को लेकर संघ का नजरिया दोतरफा था। उसका साफ मानना था कि राजनीतिक स्थितियाँ बिल्कुल अलग हैं और सामाजिक आत्मशुद्धिकरण का नजरिया बिल्कुल दूसरा है। यानी संघ का एक खेमा अगर राजनीति कर रहा है तो उसके समानांतर सामाजिक बदलाव का चिंतन दूसरा खेमा चलाएगा। मगर अयोध्या के आतंक ने जिस तरह मुस्लिमों को तोड़ा और संसदीय राजनीति में पहली बार संघ ने अपने अस्तित्त्व को महसूस किया उसमें सवाल यह भी खड़ा हुआ कि राजनीतिक और सामाजिक स्थितियों को अगर मिला दिया जाए तो राजनीति खुद-ब-खुद सामाजिक स्थितियों के पीछे आ जाएगी। ऐसे में अल्पसंख्यक समुदाय को तोड़ने के लिए कारण सामाजिक और धार्मिक बनाए गए लेकिन उसका मुनाफा राजनीति को मिला। सिर्फ हिंदूवादी संगठन ही नहीं बल्कि मिशनरीज और धनी मुसलमानों ने भी हिंसक घटनाओं के दायरे में राजनीति और पूँजी के अर्थशास्त्र को तो पूरी तरह छुपा लिया, मगर सामाजिक और धार्मिक उन्माद को उभारा। यहाँ जिन आधारों को मुद्दा बनाया गया और उसकी मार्फत जो भी हिंसा हुई, गौरतलब है।

सूरत से 35 किलोमीटर दूर बारदोली के एक गाँव में 22 जून 1998 को हनीफ ने एक जैन लड़की वर्षा से शादी कर ली। विहिप और बजरंग दल ने कहा, यह लड़कियों को फँसाकर मुसलमान बनाने की साजिश है। मामला उछला। हनीफ को प्रिवेंशन और एंटी सोशल एक्टिविटीज एक्ट के तहत जेल में बंद कर दिया गया। लड़की को विहिप ने अपने कब्जे में कर लिया। फिर जो हंगामा मचा उसमें मुस्लिमों की संपत्ति लूटी गई। 200 परिवारों को गाँव छोड़ना पड़ा। पुलिस प्रशासन ने भी हिंदू संगठनों का साथ किस रूप में दिया, इसका उदाहरण है इस इलाके के कांग्रेसी सांसद चित्तूभाई गामित का पत्र। अल्पसंख्यक आयोग को दिए पत्र में चित्तूभाई ने बताया कि डिस्ट्रिक्ट मजिस्ट्रेट आर.एम. शाह और डिप्टी सुपरिंटेंडेंट ऑफ पुलिस वघेला ने न सिर्फ हिंदू संगठनों को खुलेआम हथियारों के साथ आतंक फैलाने दिया, बल्कि जिन मस्जिदों पर पुलिस ने कब्जा कर रखा था, उन मस्जिदों में से भी पथराव हुआ। 23 जून 1998 को रंधीकपुर और संजेली गाँव में भी इसी तरह दो आदिवासी लड़कियों कांता और नंदा का मामला उठाया गया। हंगामा मचा और 60 मुसलमान परिवारों को गाँव छोड़कर 32 किलोमीटर दूर देवगढ़ बारिया में अस्थायी पनाह लेने के लिए मजबूर होना पड़ा। 26 जुलाई 1998 को विनटैक्स मिल में काम करने वाले सभी अल्पसंख्यकों को इतना आतंकित किया गया कि वे नौकरी छोड़कर भाग गए। अंततः भागे हुए 18 लोगों की जगह हिंदूवादी संगठनों ने अपने लोगों को नौकरी दिलवाई। छह जुलाई 1998 को अहमदाबाद के कपड़वंज में एक ईसाई सैम्यूल की मौत हो गई। भाजपा-विहिप के लोगों ने उसके ताबूत को कब्रिस्तान से निकालकर मैथोडिस्ट चर्च के सामने रख दिया। इलाके में आतंक और सनसनी फैली। बाद में ताबूत को तो दफना दिया गया, मगर चर्च जाने वालों के घरों पर इस तरीके से हमले किए गए कि कुछ ने जाना बंद कर दिया था फिर जो भी जाता, छुप-छुपाकर जाता। 16 जुलाई 1998 को सूरत के आदिवासी बहुल क्षेत्र जंखवा में शांतिनिकेतन हाईस्कूल पर यह कहकर हमला हुआ कि यहाँ भ्रष्टाचार और सैक्स कांड का बोलबाला है। मामला बिगड़ा, अंततः स्कूल की जमीन के एक बड़े हिस्से पर स्थानीय विहिप नेता और पेशे से दुकानदार दिनेश सूरती ने कब्जा कर लिया। हालाँकि यह स्कूल का मामला इस मामले में आदर्श है क्योंकि हमले की बात इसके मिशनरीज होने और इसकी गड़बड़ियों को लेकर उठाई गई जबकि इस स्कूल की हकीकत यह है कि यहाँ पढ़ने वाले 700 छात्रों में से कुल 300 छात्र ईसाई हैं। कुल 21 शिक्षकों में से 14 हिंदू शिक्षक हैं और पूरे इलाके के आदिवासी छात्र अब यहाँ पढ़ने आते हैं। स्कूल खुलने के बाद से इलाके में न तो घटिया सामान महँगे दामों पर कोई खरीदता है और न ही कोई मनमाना ब्याज देता है। इस तरह के हमले और हिंसा पीपलवाड़ा, वेसरा, भरोदा, लिमखेड़ा, बारिया, देवगढ़ और गोदरा जैसे दर्जनों गाँव में भी पिछले साल खुलकर हुए। खास बात यह है कि बाकायदा आर्थिक और

सामाजिक तौर पर अल्पसंख्यक समुदाय का बहिष्कार किया जाए, इसके भी नए-नए तरीके निकाले गए। चूँकि पूरे इलाके में परिवहन के नाम पर सिर्फ रिक्शा और ऑटोरिक्शा चलता है। इसलिए 'ओम' नाम से स्टिकर निकाला गया और ऐलान किया गया कि जो इस स्टिकर को चिपकाएगा, गाड़ी उसी की चलेगी या फिर लोग उसी गाड़ी में बैठेंगे।

गुजरात के इन इलाकों में जिस तरह हिंसा हुई और हो रही है या फिर सात-आठ साल पहले तक अपने अधिकारों को लेकर चलाए जा रहे आदिवासियों के आंदोलन को जिस तरह दबाया गया, कुचला गया। इन दोनों स्थितियों में फर्क क्या है? राजनीतिक घेरे में प्रधानमंत्री की तर्ज पर यह राष्ट्रीय बहस हो सकती है कि मामला धर्मांतरण का है या फिर अल्पसंख्यकों की विचारधारा के तहत संघ के चिंतन पर चोट की जा सकती है। खासतौर से गोलवलकर के उन विचारों की जिसमें उन्होंने हिंदुत्व के लिए मुसलमान, ईसाई या कम्युनिस्टों को खत्म करने की बात कही। अलग-अलग धार्मिक और सामाजिक कारण अलग-अलग खेमों के जरिये उठाए जा सकते है, जिसके घेरे में गुजरात की हिंसा की बात आ जाए। लेकिन क्या यह संभव है कि सिर्फ धर्मांतरण या फिर हिंदूवादी चिंता के तहत ही यह सारी हिंसा हो रही है? लोगों को घर, गाँव छोड़ने के लिए मजबूर किया जा रहा है। अगर यह आधार है तो सवाल शहरों की मिशनरियों पर भी खड़े हो सकते हैं और जिन मिशनरी स्कूलों में सवर्ण पढ़ने जाते हैं, वहाँ की स्थितियों की दिशा भी इससे दिखाई जा सकती है। मगर इस हिंसा का फलक इतना छोटा है? जाहिर तौर पर संसदीय राजनीति और बाजार अर्थव्यवस्था जिस तरीके से पूरे सामाजिक ढांचे को हिला रही है और अब अपने तरीके ढालने में जुटी है, उसमें इस तरह की हिंसा को लेकर बहस संसदीय राजनीति के तरीके और बाजार पर करनी होगी। कोई मना नहीं करता कि मिशनरी, स्कूल, अस्पताल या कल्याणकारी योजनाएँ न करें। कोई इससे भी नहीं रोकता कि हिंदूवादी संगठन पूजा पाठ या मंत्र-तंत्र या फिर आश्रम खोलकर भजन मंडलियों के जरिये आत्मशुद्धिकरण न करें। यह प्रक्रिया अगर बाजार से जुड़ती है, जहाँ मुनाफा टिका है और यह मुनाफा कहीं-न-कहीं, किसी-न-किसी रूप में संसदीय राजनीति के लिए ऑक्सीजन का काम कर रहा है तो उलझनें बढ़ेंगी ही।

गुजरात के आदिवासी बहुल इलाके इस मामले में एक प्रयोगशाला के समान हैं क्योंकि धार्मिक या सामाजिक आधार से हटकर अपने अस्तित्त्व को लेकर संघर्ष करने वालों का राजनीतिकरण कैसे हुआ और पूरी प्रक्रिया में उन तत्त्वों को दरकिनार किया गया, जो धीरे-धीरे विकसित हो राजनीति के घेरे में आए हैं। पूरे इलाके में आंदोलन खत्म हुआ और अब वहाँ स्वयंसेवी संगठन यानी एनजीओ के कार्यकर्ता काम कर रहे हैं। उन्हें पगार मिलती है सामाजिक कार्य करने की। यानी सब कुछ नौकरी के तौर पर उभरकर आया है। ऐसे में गुजरात का यह हिस जिन आधारों पर

टिका है, यहाँ की जो संस्कृति है और जंगल गाँव में आदिवासी जो जीवन जीते हैं वे सब बाजार व्यवस्था के दायरे में खारिज हैं। मजा यह है कि गुजरात के इन गाँवों में जो बदलाव हिंसा की मार्फत हो रहे हैं, उससे कहीं ज्यादा घातक तौर पर बदलाव संसदीय राजनीति मूक हिंसा के जरिये कर रही है और इस पर राष्ट्रीय बहस नहीं हो सकती।

बाँध से पहले ही विस्थापन

मध्यप्रदेश के सिवनी और महाराष्ट्र के भंडारा जिले के बीच से गुजरती वैनगंगा इस पूरे इलाके के लिए जीवनदायिनी मानी जाती है। गोदावरी नदी में मिलने से पहले वैनगंगा मध्यप्रदेश, महाराष्ट्र और आंध्रप्रदेश में करीब 717 किलोमीटर दूरी तय करती है और विदर्भ सहित तेलंगाना का करीब 31 फीसदी हिस्सा सींचती है। इसके भरोसे करीब तीन लाख किसान परिवार और साढ़े पाँच लाख मजदूर अपनी रोजी-रोटी चलाते हैं। लेकिन भंडारा और सिवनी के बीच इंदिरा सागर परियोजना के तहत बन रहे गोसीखुर्द बाँध ने जहाँ साढ़े आठ लाख किसान-मजदूर परिवारों को भविष्य को लेकर आशंकित कर दिया है वहीं महाराष्ट्र के 200 और मध्यप्रदेश के 125 गाँवों को अपनी जद में भी ले लिया है। पिछले चार साल में इन इलाकों के तीस हजार लोग अपने अस्तित्त्व के लिए सत्याग्रह छेड़े हुए हैं। पुलिस-प्रशासन और अधिकारी तबका अब यह सवाल उठाने लगा है कि बाँध की डूब में आने वाले इन सवा तीन सौ गाँवों की उपयोगिता ही क्या है। अपनी रिपोर्ट में परियोजना अधिकारियों ने जो तथ्य रखे हैं, उनके मुताबिक बाँध बनने के बाद जो लोग विस्थापित होंगे, जो जमीन डूबेगी, जो प्राकृतिक संसाधन बर्बाद होंगे, उनकी तुलना में करीब दस गुना ज्यादा लाभ होगा। यह सब कैसे होगा, इसका लेखाजोखा अपने आप में नायाब है।

इस परियोजना की नींव 1982 में पड़ी थी जिसके तहत कुल दो सौ गाँव इससे प्रभावित होने वाले थे। ऐसे लोगों की संख्या 81,623 और डूब की खेती योग्य भूमि 82,258 हैक्टेयर बताई गई। इससे करीब दस गुना ज्यादा भूमि बाँध के जरिये सींचने की बात कही गई। इस सब पर कुल खर्च तीन सौ बहत्तर करोड़ रुपये आँका गया। विस्थापित होने वाले लोगों से पाँच गुना ज्यादा लोगों को रोजगार और स्वावलंबन की बात विशेष तौर पर दर्ज की गई। लेकिन परियोजना से जुड़े अधिकारी तबके समेत स्थानीय नेताओं के इस बाँध के खर्चे में विशेष रुचि दिखाने की वजह से 1995 तक बाँध का काम सिवाय 'लकीर' खींचे जाने के कुछ हुआ ही नहीं। फिर सरकार ने एक निगरानी समिति बनाई। इसकी रिपोर्ट और भी दिलचस्प थी। इसमें न सिर्फ प्रभावित भूमि कम कर दी गई, बल्कि विस्थापित होने वाले लोगों की संख्या भी घटाकर इससे होने वाले लाभ को पंद्रह गुना ज्यादा दिखाया गया। 1982 में जहाँ 81,632 लोगों के विस्थापित होने की बात थी, वहाँ 1995 में यह घटकर 67,287 हो गई। डूब की खेती योग्य भूमि भी घटकर 42,258 हैक्टेयर हो गई। यानी तेरह साल में 40 हजार हैक्टेयर भूमि डूब में आने से बच गई। और तो और यह भी

साबित किया गया कि बाँध बनने से पूरे इलाके की 42 फीसदी भूमि सींची जा सकेगी जो 1982 में सिर्फ 30 फीसदी थी। लेकिन गोसीखुर्द बाँध पर आने वाला खर्च इस पूरी प्रक्रिया में छह गुना बढ़ गया। 1982 में जहाँ बाँध को 372 करोड़ रुपये में पूरा होना था, वहीं 1995 में यह खर्च 2091 करोड़ रुपये आँका गया।

परियोजना समिति का कहना है कि 2000 तक बाँध बन जाएगा और इसकी डूब में सिर्फ 22,258 हैक्टेयर भूमि ही आएगी। खास बात यह है कि 1982 में मुआवजे और पुनर्वास का खर्च 88 करोड़ रुपये बताया गया जो 1995 में बढ़कर 170 करोड़ हो गया। बाँध वाले इलाके में अभी तक काम सिर्फ सौ करोड़ के करीब का हुआ है, लेकिन कागज पर नौ सौ करोड़ दिखाया गया है। चूँकि बाँध का काम 1982 से चल रहा है और धीरे-धीरे स्थानीय किसानों की जमीन और घरों को घेरे में लाया जा रहा है, इसलिए सरकार और परियोजना अधिकारी अभी तक किसी को विस्थापित नहीं मानते, न ही जमीन की रकम आज की स्थिति के अनुसार देने के लिए राजी हैं। अधिकारियों के मुताबिक, चूंकि 1982 में ही बाँध बनाना तय हुआ था, सो मुआवजा भी उसी वक्त के आधार पर दिया जाएगा। इस तरह सौ गाँवों की दस हजार हैक्टेयर भूमि पर कब्जे के बावजूद 1997 तक सिर्फ एक करोड़ रुपये ही खर्च हुआ बताया गया, हालाँकि कागजी तौर पर पुनर्वास और मुआवजे पर छह करोड़ रुपये खर्च दिखाया गया है। इसका अर्थ है कि बाँध के नाम पर पैसे की बंदरबाँट बड़े पैमाने पर हुई है।

गौरतलब है कि विभिन्न गाँवों के राजनीतिक दलों से जुड़े लोगों और वन अधिकारियों की मिलीभगत से आदिवासियों की जमीन दोहरे स्तर पर हड़पी गई। हजारों हैक्टेयर भूमि, जिस पर आदिवासी खेती करते आ रहे थे, अचानक वन विभाग की बताकर वन अधिकारियों ने अपने कब्जे में ले ली। तहसील स्तर पर कर्मचारियों ने ग्रामीणों की जमीन बेहद कम कीमत में कागज पर अपने हिस्से में कर ली। पाथरी और फातुयरी गाँव के लोगों को वन काटने वाली पेपर मिल ने काम देना बंद कर दिया क्योंकि वन अधिकारियों ने पेपर मिलों से 'सौदेबाजी' में यह शर्त रखी है कि विस्थापितों को मिल वाले काम न दें। सौदेबाजी का हिसाब सीधा है—जब जमीन न रहेगी और काम नहीं मिलेगा तो विस्थापन बाँध बनने से पहले ही हो जाएगा। इसी आधार पर 1995 में बनी निगरानी समिति ने अपनी रिपोर्ट में विस्थापितों की संख्या करीब बीस हजार से कम कर दी।

लेकिन इस चालबाजी को वहाँ के कुछ दलित युवकों ने समझा और गोसीखुर्द प्रकल्प संघर्ष समिति का गठन किया। मोर्चा दलित युवकों ने संभाला। पहले गाँववासी अपने-अपने गाँवों में जमा होकर ही विरोध करते रहे। धीरे-धीरे सभी गाँवों के बीच आपसी संवाद शुरू हुआ और बाँध की उपयोगिता पर सवाल उठाए गए। गोसीखुर्द प्रकल्प संघर्ष समिति ने सत्याग्रह जैसे प्रयोग किए जिसके बाद प्रशासन

को सरकार से यह भी मांग करनी पड़ी कि प्रभावित गाँवों में सीआरपीएफ नियुक्त की जाए क्योंकि पुलिस का ताल्लुक किसी न किसी स्थानीय इलाके से हो जाता है और आंदोलन के वक्त वह नरम पड़ जाती है। समिति में पुनर्वास और मुआवजों को लेकर सीधा संघर्ष छेड़ दिया। समिति से जुड़े मोहन कोठेकर का कहना है कि जिस तरह बाँध के पैसे की बंदरबाँट नेता-ठेकेदार-अधिकारियों में हुई है, वैसी स्थिति में अभी बाँध बनने तक कम से कम दो सरकारें राज्य में बनेंगी।

अंबेडकर की आड़ में राजनीतिक खेल

संविधान में किसी तरह का बदलाव या खिलवाड़ अंबेडकर की दृष्टि को आहत करेगा। इससे दलितों-पिछड़ों के मसीहा अंबेडकर के विचारों पर सवालिया निशान भी लगेंगे।

आरक्षण के जरिये पिछड़े तबके के हर समुदाय का सही प्रतिनिधित्व हुआ या हो रहा है यह सोचना ठीक इसी तरह है जैसे मंडल को लेकर वी.पी. सिंह का अब मानना है कि जीती हुई लड़ाई दोबारा नहीं लड़ी जा सकती। दरअसल पिछड़े तबके को लेकर जिस तर्ज पर सत्ता की राजनीति 1989 के बाद से विकसित हुई उसी तेजी से सामाजिक ढाँचा नहीं बदला है। हकीकत यह भी है कि मंडलवाद ने राजनीति में ही सक्रियता दी और उसे एक नया आयाम भी दिया। क्योंकि इस तथ्य को सभी जानते समझते हैं कि लोकतंत्र में बहुसंख्यक तबके को जिस तरह झुका दिया जाए उसके अनुकूल लकीर खींची जा सकती है और संसदीय ढाँचे में एकानुकूलित स्थिति भी बनाई बिगाड़ी जा सकती है। ऐसे में अगर कांग्रेस और भाजपा जैसे दलों में दलित पिछड़ा तबका हावी न भी हुआ हो मगर इसकी राजनीति ने जोर पकड़ा है तो वह मंडल की ही सफलता है। मगर इस राजनीति का कोई भी अंश सही मापन भी प्रतिनिधित्व के दायरे में खरा नहीं उतरा है। बावजूद इसके अंबेडकर से लेकर सामाजिक न्याय की जो थ्योरी अब राजनीतिक दल परोस रहे हैं वो गौरतलब है ताजा राजनीति संविधान समीक्षा को लेकर है। संविधान समीक्षा को लेकर पहले स्तर पर हुई राजनीति के जरिये 'संघ और तानाशाही' प्रवृत्ति की बात उछाली गई। यह भी सही है कि बीजेपी एनडीए सरकार ने भी जिस तर्ज पर संविधान समीक्षा की बात उठाई उससे 'गुप्त एजेंडा' लाने का ही सवाल उठा। बहरहाल दूसरे स्तर की राजनीति इस समीक्षा को लेकर ज्यादा मजेदार है। कांग्रेस के मुताबिक चूँकि संविधान में किसी तरह का बदलाव या खिलवाड़ अंबेडकर को आहत करने वाला होगा। जाहिर है इससे दलित-पिछड़ों के बीच मसीहा के तौर पर पूजे जाने वाले अंबेडकर पर भी उँगली उठेगी। ऐसा हुआ तो निम्न वर्ग की भावना आहत होगी। और एक बड़ा वोट बैंक भाजपा के खिलाफ खड़ा नजर आएगा। यूँ अंबेडकर को लेकर उस तरह की राजनीति पिछले आम चुनाव में भी उभरी थी। जब शरद पवार ने सोनिया गाँधी के

नेतृत्व पर विदेशी महिला कहकर उँगली उठाई थी और संविधान में बदलाव की बात की थी। जिसके तहत संविधान में इस बात को जोड़ने पर जोर दिया गया कि कोई 'विदेशी' प्रधानमंत्री जैसा सर्वोच्च पद नहीं सँभाल सकता। इसकी व्यवस्था हो। मगर महाराष्ट्र में शरद पवार की एनसीपी का साथ दे रहे आरपीआई ने ही यह बात खड़ी कर दी कि अगर एनसीपी संविधान में परिवर्तन की बात कहेगी तो रिपब्लिकन (आरपीआई) उसका साथ नहीं देगी क्योंकि उससे अंबेडकर का अनादर होगा।

दरअसल पिछड़ों की राजनीति करने या उन्हें राजनीतिक वोट बैंक पर एकजुट रखने के ये तरीके अर्से से विभिन्न राजनीतिक दलों ने अपनाये हैं। खास बात यह है कि इस राजनीति के घेरे में अंबेडकर और सामाजिक न्याय का खेल भी खुल कर हुआ है। यहाँ तक कि जिस मंडल कमीशन की रिपोर्ट को लागू करवा कर वी.पी. सिंह ने खुद को अगुआ बनाया और अंबेडकर की थ्योरी को ढाँचे से जोड़ने की बात कही उसका एक अंश भी अंबेडकर की विचारधारा के तबके में सही नहीं बैठता। उस मामले में अंबेडकर के जाति व्यवस्था का नाश करने संबंधी एक प्रसिद्ध लेख 'एनिहिलेशन ऑफ कास्ट' के जरिये समझा जा सकता है। उन्होंने इस लेख में आज के राजनेताओं की तर्ज पर जाति व्यवस्था की परिभाषा नहीं गढ़ी बल्कि कहा कि जाति व्यवस्था श्रम विभाजन पर आधारित नहीं है वह श्रमिकों के विभाजन पर आधारित है। मसला साफ है जो श्रमिकों को विभाजिति कर रहा है। वह ऐसी समाज व्यवस्था चाह रहा है जो जाति के ही इर्द-गिर्द घूमे। मगर डॉ. अंबेडकर का चिंतन एक ऐसी समाज व्यवस्था को बरकरार रखने की जद्दोजहद करता है जो जाति से भिन्न समाज व्यवस्था को किन्हीं अन्य आधारों पर खड़ा करना चाहती है। यहाँ चिंतन जाति व्यवस्था के जरिये उस भिन्न आधार को सुरक्षित भी कर रहा है जिन आधारों पर वाकई समाज खड़ा है। यानी वर्ग की समझ। अंबेडकर के लिए श्रम और श्रमिक जाति के केंद्र में तो आता है मगर वो उनके चिंतन का आधार नहीं बन पाता। उन्होंने जिक्र भी किया कि जाति आद्य या प्राथमिक नहीं है इससे पहले इसकी अगर खोज की जाए और ऐसा किया जाना चाहिए तो यकीनन जो चीज मिलेगी वह होगी वर्ग। दरअसल वर्ग को लेकर उन्होंने माना भी कि समाज विभाजन की बुनियाद में श्रम आधारित वर्ग विभाजन ही है। इस श्रम विभाजन की अवस्था और इसके जरिये शोषण को प्रक्रिया का सुदीर्घता और निश्चियात्मकता प्रदान करने के लिए एक वैचारिक अवदान का ही काम करती थी जाति व्यवस्था। यही वजह है कि पिछड़ी जातियों को लेकर उन्होंने जो सवाल उठाए वो समाज व्यवस्था से ऊपर रहे। व्यवस्था के अंतर्गत समाधान या प्रतिनिधित्व की जो बात वी.पी. सरीखे नेता अभी तक उठाते हैं और सुविधा की बात आरक्षण के जरिये कहते हैं अंबेडकर की अपनी थ्योरी उससे बिल्कुल हटकर थी। आरक्षण तो आगे बढ़ने का कोई रास्ता नहीं है ऐसा अंबेडकर ने कई मौकों पर साफ किया। जस्टिस पार्टी की करारी हार के बाद

बंबई में आरक्षण को लेकर गजब का विश्लेषण किया। पार्टी की हार का विश्लेषण करते हुए उन्होंने कहा कि पहली बात हमें जो सोचनी चाहिए कि हमने इस ब्राह्मणवादी व्यवस्था को इस हिंदूवाद को ध्वस्त करने के लिए कितने विस्तृत कार्यक्रम किए। उस संदर्भ में खुद को रखते हुए कहा कि आरक्षण एक निहायत संकीर्ण राजनीतिक कतिपय है जो इतने तक अपने को सीमित रखता है वह आगे नहीं जा सकता। एक हद तक उस वक्त में भी जिस तरह कांग्रेस और दूसरे राजनीतिक दल संविधान के जरिये कुछ राजनीतिक सफलता पाने में सफल रहे थे उन पर भी अंबेडकर ने अपनी हार के बावजूद कटाक्ष किया। उस दौर में भी कांग्रेस जनसंघ ने आरक्षण के जरिये दलित मुक्ति की बात कही। मगर अंबेडकर ने इसे एक चिंता और खतरा ही बताया। इतना ही नहीं यह भी कहा कि जिन कार्यकर्ताओं को आरक्षण का लाभ मिल रहा है वह अपने समुदाय और समाज को भूले जा रहा है जिससे वे आए हैं। आरक्षण को लेकर 'एनिहिलेशन ऑफ कास्ट' में अंबेडकर ने दलित पिछड़े तबकों से सीधा सवाल भी किया आरक्षण के बाद अपने समुदाय को भूल जाना केवल अकृतज्ञ होने के नाते होता है? या इसमें कुछ ऐसा परिवर्तन हो जाता है कि वह भूल नहीं जाता बल्कि वह चाहता नहीं उसे याद करना। कहीं उसका कर्म तो नहीं बदल जाता है। इसलिए जाति उसके लिए महत्त्वूपर्ण नहीं होती, वर्ग महत्त्वूपर्ण होता है। हालाँकि कई सामाजिक चिंतकों ने उसकी व्याख्या स्मृतिलोप के आधार पर की है और स्मृति जीवंतता का भाव दर्शाकर इसका समाधान भी खोजना चाहा है। उनके मतानुसार भारत के सामाजिक प्रशिक्षण का एक ऐतिहासिक स्वरूप संस्कृतिकरण है और दलितों के संदर्भ में यह प्रक्रिया जब क्रियाशील होगी तो इसे स्मृतिलोप कहा जाएगा यानी अपने दलित मूल को भूल जाना इसकी जाति विचलित कर देने वाली स्मृतियों से मुक्त हो जाने, अतीत के संत्रास को सायास भुला देने के रूप में जन्म लेगी। इस लिहाज से आरक्षण का लाभ पाए लोग अपने समुदाय और अपने समाज को भूल जाते हैं। लेकिन अंबेडकर न इस थ्योरी को सीधे खारिज ही किया और कहा–'यह स्मृतिलोप नहीं डि-क्लास होना हो सकता है। यानी आरक्षण या सत्ता वर्ग सुविधा पाकर आप दलित से पेटीबुर्जुआ या मध्यमवर्ग बनते हैं।' दरअसल वर्तमान में जाति को जिस तरह सामाजिक इकाई के तौर पर परोसा जाता है अंबेडकर इसे भी सही नहीं मानते। उनका साफ मानना था कि वर्ग की भाषा में जाति की बात भी मौजूद रहेगी और अलग से जाति का घेरा बनाने का मतलब है कहीं समुदायों को घेर देना। यही वजह भी थी कि जातिबंधन तोड़ने के लिए उन्होंने सामंती स्थितियों पर उँगली उठाई। उन्होंने जाति व्यवस्था को तोड़ने के लिए जो आधार विकसित किए वह सामंती व्यवस्था के मर्म पर ही चोट करते हैं। आरक्षण, धर्मपरिवर्तन या अंतर्जातीय विवाह के समानांतर अंबेडकर ने सामंती खाके को भी समझा इसी वजह से भू-संपत्ति पर आधारित व्यवस्था पर भी चोट की। उत्पादन

प्रणाली और श्रम की मजदूरी का प्रचलित रूप अनाज का बँटवारा आज भी चालू है। अंबेडकर ने उसी वक्त इन स्थितियों को तोड़ने की दिशा में कदम उठाए। मगर उस दौर में भी और आज भी राजनीतिक दलों ने इस मर्म को नहीं छुआ। उत्तर प्रदेश में तो बसपा जैसी राजनीतिक पार्टी भी सत्ता में आई मगर उ.प्र. में जेवरा प्रथा आज भी चलती है। जो जाति व्यवस्था को बरकरार रखने में खासा योगदान देती है। अंबेडकर के मुताबिक जिस तरह जाति व्यवस्था को बरकरार रखने के लिए आरक्षण की थ्योरी को राजनीतिक दलों ने अपनाया। ठीक उसी तरह बाजार अर्थव्यवस्था के समानांतर सामंती खाके को बनाए रख कर मिश्रित अर्थव्यवस्था की बात कही गई। गाँवों में या ग्रामीण परिवेश में (शहर भी) संपत्ति के बंटवारे की प्रक्रिया को जिस तरह पेशे से जोड़ा गया और पेशे को जातियों के आधार पर बाँटने की या व्याख्या करने की जो सोच बनी उससे न सिर्फ जातियों का समाजीकरण हुआ बल्कि भू-संपत्ति की व्यवस्था को भी बरकरार रखने में मदद मिली। एक हद तक वर्तमान परिवेश में इन परिस्थितियों पर गौर करें तो राजनीतिक दलों की भूमि-सुधार को लेकर की गई पहल जाति व्यवस्था बनाए रखने में महत्त्वपूर्ण नजर आएगी।

दरअसल अंबेडकर के जरिये पिछड़े-दलित के छलने का खेल या सत्ता की राजनीति को जिलाए रखने की थ्योरी जिस तरह संसदीय तबके में अपनाई गई है उसमें एक बात तो साफ हुई है कि पिछड़ों के समानांतर आई जातियों में भी अतार्किक तौर पर पिछड़े समुदाय में तनाव तो था ही और उसे भी नए तरीके से भुलाने का प्रयास शुरू हुआ है। यह प्रयास ठीक उसी तर्ज पर है जिस तर्ज पर कभी पिछड़ों को लुभाया गया। मगर इस पूरी प्रक्रिया में व्यवस्था को तोड़ने की कोई पहल कभी नहीं हुई। इसका नायाब स्वरूप रामविलास पासवान और शरद यादव जैसे सरीखे नेताओं का बीजेपी के साथ जाने से समझा जा सकता है। हालाँकि इसके अंतर्विरोध को भी समझना होगा चूँकि नब्बे के दशक की तुलना में राजनीतिक परिदृश्य तेजी से बदला है। मंडल ताकतों का उस समय का उत्थान धीरे-धीरे उनके दरकिनार होने में बदला। वी.पी. की ही लाइन को समझें तो उनका खुद मानना है कि एक लड़ाई एक बार ही लड़ी जाती है। जनता दल बँटी तो उसका नेतृत्व उदारीकरण में विश्वास रखने वाले ने हथिया लिया या मंडल को पुनर्जीवित करने वाले नेता किनारे कर दिए। प्रभुत्वशाली वेंक्कलिंगा समुदाय से आने वाले देवगौड़ा को प्रधानमंत्री बना दिया गया। और यह नेतृत्व सवर्ण गरीबों को आरक्षण देने की बात करता है लेकिन हरिजनों, आदिवासियों और पिछड़ों के लिए ज्यादा रैडिकल कार्यक्रम बनाने में कोई रुचि नहीं दिखाते। भारत में यह सारी थ्योरी पिछड़े-तबकों को आगे बढ़ाने की जगह जाति से बाहर कर वर्ग के दायरे में समेटने की ही कोशिश है और (हर जनता दल की राजनीति पर बँटे हुए धड़ों के मद्देनजर) आधार बनी हुई है कि वोट बैंक किस रूप में उनके अनुकूल रहे। सपा और बीएसपी जैसे दलों को

भी उनसे हटकर नहीं परखा जा सकता। मसलन उत्तर प्रदेश और बिहार में पिछड़ों के बीच ऐसे कुलंकों के खिलाफ दलितों और पिछड़े गरीबों की रैडिकल गोलबंदी जैसी कोई बात उनकी कार्यवाही में शामिल नहीं है इसीलिए उनकी कार्य स्वतंत्र राजनीतिक लाइन नहीं है और चुनाव में महज चंद सीटों की खातिर वे उत्पीड़ित वर्ग और जाति के हितों को न्योछावर कर देते हैं। जाहिर तौर पर ऐसी राजनीति और राजनीतिक दलों को दलित-पिछड़ों से जोड़कर नहीं देखा जा सकता है। खासतौर से मंडल आयोग की सिफारिशों को जिस तरह सामाजिक न्याय का जामा पहनाने की कोशिश राजनीतिक दलों ने की और इसके बावजूद सरकारी नौकरियों में अगड़ी जाति का प्रतिनिधित्व कितना है यह गौरतलब है। जनसंख्या का 25.5 फीसदी होने के बावजूद केंद्रीय मंत्रालय और विभागों में इनकी संख्या 78.34 फीसदी है। जबकि आदिवासी जाति-जनजाति और पिछड़ी जाति के 4.83 फीसदी है। क्लास वन में अगड़ी जाति की संख्या 90 फीसदी से ज्यादा है बाकी में आदिवासी जाति-जनजाति और पिछड़ी जाति का प्रतिनिधित्व है। मतलब साफ है कि पूरी जनसंख्या के 52 फीसदी पिछड़ी जाति के किसी भी तरह के प्रतिनिधित्व का कोई समाधान 'मंडल' के तहत संभव नहीं है। बावजूद इसके राजनीति अगर सामाजिक न्याय का सवाल आरक्षण या अंबेडकर की भावना आहत होने के इर्द-गिर्द घुमड़ती है तो इस हकीकत को भी समझने की जरूरत है कि आखिर चल रही सामाजिक व्यवस्था का ढाँचा किन आधारों पर खड़ा है और पिछड़ी जाति के विकास के नाम पर तोड़ा किसे जा रहा है।

दलितों के साथ राजनीति का सलूक

महाराष्ट्र की राजनीति में अल्पसंख्यक समुदाय के बाद अब अगला निशाना पिछड़ों और दलितों पर लगाया जा रहा है। इस राजनीति पर ध्यान दें तो पता चलता है कि लोकतंत्र के ढाँचे को बनाए रखने के लिए बेहद क्रूर तरीके से अलोकतांत्रिक स्थितियाँ खड़ी की जा रही हैं। चुनावी राजनीति अनुकूल रहे, इसके वोटरों को रिझाने के तौर-तरीके भी बदल गए हैं। अब सत्ताधारी यानी भाजपा और शिवसेना सीधे आतंक की राजनीति अपना रहे हैं। इसके तौर तरीकों का नजारा खासतौर से विदर्भ में खुलकर हो रहा है। वर्धा, अमरावती, चंद्रपुर, बुलढ़ाना और अकोला से लेकर नागपुर शहर तक की दलित बस्तियों में आतंक का आलम यह है कि किसी पिछड़े या दलित के साथ कोई हादसा हो भी जाए तो आरोपियों के खिलाफ कोई कार्यवाई नहीं होती। मगर दलितों पर अलग-अलग कलमें, जरूर लगा दी जाती हैं। अब इन्हें इस बात का मजा चखाया जा रहा है कि उन्होंने पिछले चुनावों में शिवसेना-भाजपा के पक्ष में वोट क्यों नहीं दिए।

जो संस्थान अपनी जगह संवैधानिक हैं और सांगठनिक तौर पर संसदीय ढाँचे के होने तक का एहसास करा रहे हैं वे भी सत्ता के निर्देश पर कितने निरंकुश हो सकते हैं, इसका अंदाजा विदर्भ (महाराष्ट्र) में दलित और पिछड़े तबकों के खिलाफ चल रही अमानवीय हरकतों से लगाया जा सकता है। ठीक डेढ़ साल पहले कुछ शरारती तत्त्वों ने 11 जुलाई, 1997 को मुंबई के घाटकोप उपनगर में रमाबाई कालोनी में बाबा साहब अंबेडकर की प्रतिमा पर जूते-चप्पलों का हार पहनाने का अपराध किया। इसका विरोध देशभर में हुआ। विदर्भ में भी दलितों और नवबौद्धों ने 14 और 15 जुलाई 1997 को सड़क पर उतरकर विरोध जताने का आह्वान किया। नागपुर, अमरावती, वर्धा, चंद्रपुर, आमला समेत अन्य पाँच जिलों में दलित इस मुद्दे पर एकजुट हुए कि अंबेडकर का अपमान कहीं न कहीं उनकी अस्मिता पर भी चोट है।

ऐसे में 1995 में भाजपा और शिवसेना की सरकार के सत्ता में आने के बाद सिर्फ विदर्भ के दलितों और पिछड़ों के खिलाफ दो साल के भीतर पाँच हजार से ज्यादा ज्यादती की घटनाएँ हुईं। महिलाओं के साथ बलात्कार, छेड़छाड़, मारपीट, घर और फसल की आगजनी की कई घटनाएँ दर्ज कराई गईं। दलितों को न्यूनतम मजदूरी तक से हाथ धोना पड़ा। सिर्फ नागपुर, अमरावती और वर्धा में इस दौरान अलग-अलग कारणों से 300 से ज्यादा दलितों की मौतें हुईं। अपने तौर पर महाराष्ट्र

सरकार ने कहीं कोई कार्रवाई नहीं की, जिससे इन्हें राहत मिले। यहाँ तक कि मुआवजा भी नहीं दिया गया। 1997 में दलित मजदूर किसानों की आत्महत्या की कई घटनाएँ हुईं और अमरावती में पिछड़ा बहुल इलाके में लगातार पाँचवें साल कुपोषण से मरने वालों की संख्या पाँच सौ पार कर गई। महत्त्वपूर्ण यह है कि इन तमाम घटनाओं की जानकारी राज्य के गृहमंत्रालय को भेजी तो गई लेकिन जिन थानों से रिपोर्ट निकली और अलग-अलग जिलों के पालक मंत्रियों ने इन रिपोर्टों पर जो अपनी टिप्पणी की, वह इन सबके लिए प्राकृतिक स्थितियों को ही जिम्मेदार बताती रही। लेकिन 14 और 15 जुलाई 1997 को विदर्भ के हर जिले में दलितों के खिलाफ भाजपा और शिववेना के लोगों समेत पुलिस-प्रशासन ने भी खुला हमला किया। पूरी कार्रवाई में छह लोग मारे गये, सैकड़ों गंभीर रूप से घायल हो गए। करोड़ों की संपत्ति जलाकर राख कर दी गई। वर्धा के कारंजा घाटगे में रमाबाई पाटिल को तो बलुतेदार खादी सहकारी संस्था से बाहर घसीटकर बुरी तरह पीटा गया। फिर पुलिस थाने में उसके साथ कुकर्म किए गए। सरेआम शहर में घुमाया गया और रमाबाई के ऊपर ही हत्या का मामला दर्ज कर जेल में बंद कर दिया गया। सिर्फ उन्हीं दलित बौद्धों के खिलाफ ऐसी कार्रवाई नहीं हुई, जो विरोध मोर्चा निकाल रहे थे। बल्कि जो भी सड़क पर जिस भी रूप में नजर आया उसे मारा-पीटा गया। अस्पताल में जब नर्स संभरकर ने रमाबाई पाटिल की सहायता की तो उसके सरकारी निवास में लूटपाट कर आग लगा दी गई। इसकी रिपोर्ट वर्धा पुलिस स्टेशन में दर्ज कराई गई।

इस मामले पर सरकार कोई कार्रवाई करे या फिर मानवाधिकार आयोग की नजर में यह सब कुछ आए, इसके लिए इन इलाकों के दलित नेताओं ने अन्याय, अत्याचार पीड़ित बौद्ध पुनर्वसन तथा संरक्षण समिति बनाई। भुक्तभोगियों को खाना, घर और वस्त्रों की व्यवस्था कराई। इस सबकी जानकारी भारतीय जन मानवाधिकार आयोग को दी गई ताकि वह अपनी तरफ से कुछ करे और इस मामले को देश के सामने उसके सही रूप में लाए। भारतीय जन मानवाधिकार आयोग ने भी जाँच के लिए मुंबई उच्च न्यायालय के सेवानिवृत्त न्यायमूर्ति वीयू वाहणे को भेजा। इस दो सदस्यीय टीम ने बाकायदा वर्धा की जेल में आकर रमाबाई पाटिल का बयान लिया। इसके अलावा अमरावती के तहसील मोर्शई के मौआ शिवखेड़ में और अमरावती शहर तथा नागपुर शहर में अलग-अलग बैठक कर दलित बौद्धों से उस दिन की स्थितियों के बारे में पूछा। हालाँकि जिस-जिस दिन जाँच समिति के दोनों सदस्य जहाँ-जहाँ बैठे, उस-उस दिन भी शिवसेना और भाजपा के कार्यकर्ताओं समेत पुलिस ने भी दलित बहुल बस्तियों में भरपूर आतंक फैलाया ताकि कोई दलित जाँच समिति के सामने जाने की हिम्मत न कर सके। इसकी शिकायत नागपुर के इंदौरा और पाँचपावली के लोगों समेत अमरावती और वर्धा के लोगों ने भी जाँच समिति से की।

जाँच समिति ने इस पर कड़ी आपत्ति की और अपनी रिपोर्ट में पुलिस प्रशासन और सरकार सभी को चेताया भी। जाँच समिति ने माँग की कि भारत सरकार एक ऐसा आयोग बनाए जिसके सदस्य उच्च न्यायालय के सेवारत न्यायाधीश हों और उसी आयोग से इस पूरी प्रक्रिया में पुलिस, प्रशासन और सरकार की जो भूमिका रही, उसकी जाँच सीबीआई से हो। दोषियों पर मुकदमे दायर किए जाएँ। जिनके जल्द से जल्द निपटारे के लिए विशेष अदालत बनाई जाए और भुक्तभोगियों को तत्काल मुआवजा दिया जाए।

ज़नवरी 1998 में भारतीय जन मानवाधिकार आयोग की सिफारिशों समेत यह रिपोर्ट सरकार के सामने रखी गई। इस पर कोई कार्रवाई महाराष्ट्र सरकार ने नहीं की। इस पर देश भर के समाजवादी, जनवादी आंदोलनकारियों ने इस मुद्दे को राष्ट्रीय जनपंचायत में उठाया। दिल्ली में हुई इस जनपंचायत में बाकायदा देश भर के मुख्य आंदोलनकारियों समेत वरिष्ठ पत्रकार, प्रोफेसर, न्यायाधीश तक मौजूद थे जहाँ इन सभी ने रमाबाई पाटिल के केस को केंद्र में रखकर पूरे मुद्दे पर चर्चा की। लंबी बहस के बाद जनपंचायत ने माना कि विदर्भ में दलित बौद्धों के साथ जो कुछ भी हुआ और हो रहा है, वह स्वतंत्र भारत के लिए शर्मनाक है। इसे बेहद अमानवीय और वीभत्स बताते हुए पूरी घटना के लिए राज्य सरकार को जिम्मेदार ठहराया गया। यह माना गया कि दलित अभी भी सुरक्षित नहीं हैं। बाकायदा कुछ सिफारिशें केंद्र में की गई जिनमें पुलिस, प्रशासन की भूमिका पर उँगली उठाई गई और यह सवाल खड़ा किया गया कि जिस तरह सत्ताधारी दल के अनुकूल काम करने की प्रवृत्ति पुलिस और प्रशासन के भीतर है, उसमें अगर कोई वर्ग विशेष सत्ताधारी दल के लिए वोटर नहीं है तो उसकी हैसियत या उसका अस्तित्त्व राज्य में क्या होगा? बहुत सारी माँगों के समांतर यह माँग भी की गई कि जिन इलाकों में दस फीसदी या उससे ज्यादा दलित बौद्ध रहते हैं, उस इलाके के पुलिस थाने का थानेदार बौद्ध या पिछड़े वर्ग का होना चाहिए।

राष्ट्रीय तौर पर जनपंचायत के तमाम दिशा निर्देश के तीन महीने के बाद यानी घटना के डेढ़ साल बाद भी विदर्भ के दलित-पिछड़ों की स्थिति में कोई अंतर नहीं आया। दोषियों के खिलाफ, किसी तरह की कोई कार्रवाई भी नहीं हुई। एक तरह से सारी कसरत बेकार गई। बाकायदा राष्ट्रीय जनपंचायत ने अपनी कार्रवाई के बाद दोबारा उसी संगठन (अन्याय अत्याचार पीड़ित बौद्ध पुनर्वसन व संरक्षण समिति) को यह कहा कि वह देखे कि, रमाबाई के मुकदमे में क्या हो रहा है और आगे क्या करना चाहिए। विदर्भ के दलित-पिछड़ों के खिलाफ डेढ़ साल पहले जो कुछ भी हुआ, उस पर सरकार या व्यवस्था का कोई सकारात्मक रुख नजर नहीं आया। उलटे मामला दोबारा विदर्भ में ही भेज दिया गया। यानी किसी मामले की सुनवाई अगर नीचे से होते-होते सुप्रीम कोर्ट पहुँचे और सुप्रीम कोर्ट दोबारा मामले को निचली

अदालत में भेज दे, कुछ ऐसा हादसा विदर्भ के पिछड़े और दलित आंदोलनकारियों के साथ हुआ।

स्थिति अब कैसे सुधर सकती है, इसका कोई जवाब कम से कम विदर्भ के दलित आंदोलनकारियों के पास तो नहीं है। क्योंकि जुलाई 97 की घटना के बाद से पूरे विदर्भ में दलितों पर होने वाले हमलों या शोषण के चार हजार मामले थानों में दर्ज हैं। जबकि समिति के अनुसार बिना दर्ज मामलों की संख्या दुगुनी है। ऐसे में अब बहुसंख्यक दलित वर्ग और उनके संरक्षण में जुटे दलित समाजसेवियों के लिए सबसे बड़ा सवाल यही है कि क्या संसदीय चुनाव प्रणाली उनके हितों या उनके अस्तित्त्व की रक्षा में सक्षम हो पा रही है? अगर नहीं तो उनके लिए इसकी क्या उपयोगिता है? सरकार पर दबाव बनाने वाले आंदोलन जब अपने तौर पर किसी प्रकार का निदान दे पाने की स्थिति में नहीं हैं तो उनकी भूमिका क्या होनी चाहिए। पिछले चार सालों के दौरान उनके सामने सबसे बड़ा सवाल रोजगार के रूप में ही आया है, जो न्यूनतम जरूरतों से जुड़ा रहा है, जिसे हर हमले के बाद नए सिरे से हासिल कर पाना उनके लिए मुश्किल हो जाता है। ऐसे में अब चुनावी रणनीति से हटकर विदर्भ के दलित खुद को सामाजिक तौर पर इस रूप में संगठित कर रहे हैं कि उनके रोजगार की गुंजाइश तो हर स्थिति में बनी रही, साथ ही उनके वोट बैंक को लेकर संसदीय राजनीति में सौदेबाजी भर हो कर न रह जाए।

लेकिन विदर्भ के दलितों की त्रासदी यह है कि दलित राजनीति अब पूरी तरह संसदीय दायरे में ही समाधान चाह रही है। अगर शिवसेना एक तरफ खड़ी है तो दूसरी तरफ रिपब्लिकन पार्टी भी दलितों के अंदर के वर्ग चरित्र को समझते हुए राजनीति कर रही है। यही वजह है कि रिपब्लिकन पार्टी कांग्रेस की झोली में है। मगर खतरा सिर्फ इतना तक नहीं है। नई राजनीति की ताजा स्थितियाँ बिल्कुल नए रूप में सामने आई हैं। यानी शिवसेना आतंक फैलाए और उसके गठबंधन की सहयोगी भाजपा उदारवादी चेहरा दिखाए। इसी राजनीति के तहत शिवसेना जहाँ पहली बार अपने वोटरों की लिस्ट इस तर्ज पर बना रही है कि किस जिले का कौन सा तबका उनके साथ चुनाव में खड़ा होगा उसे अलग कर दूसरे तबके को सीधे अलग-अलग सरकारी माध्यमों से धमकी दी जाए, वहीं भाजपा अपने वोटरों तक पहुँचने के लिए पिछड़े क्षेत्रों में स्वदेशी विकास का खाका तैयार कर रही है। पिछले हफ्ते औरंगाबाद में भाजपा की राज्य कार्यकारिणी की बैठक का अंत भी इसी राजनीतिक सोच पर हुआ जिसमें यह माना गया कि अगर दलित और पिछड़ों के आगे-पीछे यानी दोनों तरफ शिवसेना या भाजपा खड़ी नजर आए तो सत्ता बरकरार रखी जा सकती है। यानी दलित एक समुदाय के रूप में इस राजनीति के सरोकार का हिस्सा नहीं हैं। वे बस एक वोट बैंक की तरह हैं जिन्हें डरा-धमका कर, या फुसलाकर अपने साथ लाना है।

अकेला पड़ता कश्मीरी

रुबैया सईद के अपहरण के बाद आतंकवादियों की रिहाई गलत कदम था। हिजबुल मुजाहिद्दीन के चेयरमैन सैयद सलःहुद्दीन जब घाटी छोड़ कर जा रहे थे उस वक्त वे सरकार से बात करना चाहते थे लेकिन उनसे बात करने की जगह फारुक अब्दुल्ला को अहमियत दी गई। उनसे उस वक्त बात न करना भी गलत निर्णय था। जब सरकार ने के.सी. पंत को बातचीत के लिए घाटी भेजा और शब्बीर शाह खुलकर सामने आए तो एकाएक केंद्र सरकार का खामोशी अख्तियार कर लेना भी गलत था। अब हिजबुल ने संघर्ष विराम का ऐलान किया तब केंद्र की पहल सिर्फ हाथ मिलाने तक ही सीमित रही। वह एक कदम भी अपनी तरफ से आगे न बढ़ पाई। मुख्यमंत्री से लेकर अलगाववादी संगठन और आम कश्मीरी घाटी की सड़कों पर चलते-फिरते शांति का सवाल खड़ा करते हुए भी इस तरह के मुद्द उठाने से नहीं कतराते। यानी राज्य के मुख्यमंत्री तक मानते हैं कि अतीत में ऐसी बहुत सारी घटनाएँ गलतियों की वजह से हुईं जो नहीं होनी चाहिए थीं। दरअसल घाटी का नया संकट अंतर्विरोध का है। शांति की बात करने वालों की सत्ता की छाया में क्या कुछ हो रहा है, जो बातचीत पर जोर दे रहे हैं, उनकी हिंसा थमने का नाम क्यों नहीं ले रही, जो आजादी का सवाल उठाकर बँदूक की नोक पर घाटी में सब कुछ अपने अनुकूल चाहते हैं उनके पीछे कौन खड़ा है। यानी जो जहाँ मौजूद है वहीं उसकी जमीन इतनी पोपली क्यों है कि कोई भी उस पर शक करे या उँगली उठा दे।

इस कड़ी का सबसे पेचीदा सच यही है कि केंद्र सरकार जिसके कंधों के सहारे घाटी में शांति की बात कर रही है वह खुद निशाने पर है। मुख्यमंत्री मुफ्ती मोहम्मद सईद की सत्ता तक पहुँचने की व्यूह रचना और सत्ता में रहते हुए भी शहीद कहलाने का चिंतन घाटी का सबसे बड़ा सच है। सईद से अब सवाल होने लगे हैं कि चुनाव से पहले और चुनाव के बाद उन्हें लेकर आतंकवादियों के रुख में परिवर्तन क्यों हो रहा है। सत्ता हाथ में होते हुए भी मानवाधिकार हनन और आजादी का सवाल खड़ा करने वाले कश्मीरी उनके निशाने पर क्यों हैं। बावजूद सबके सईद सड़क पर बढ़ती आवाजाही को ही शांति बहाली की तरफ बढ़ता कदम क्यों बताना चाह रहे हैं। आखिर वे घाटी में लगातार बहते खून की तरफ से आँख मूँद कर राष्ट्रपति-प्रधानमंत्री-मुख्यमंत्रियों की यात्रा के जरिये अपने होने को सही क्यों ठहरा रहे हैं। यहाँ सईद का सच जानना जरूरी हैं। चुनाव के वक्त सईद का रुख

आतंकवादियों को लेकर नरम रहा। आजादी की बात करने वालों को सेना या कहें सरकार की बँदूक तले जायज ठहराया। अलगाववादियों के संघर्ष को भी मान्यता देने की बात खुलकर कही जिसमें हुर्रियत भी शामिल है। इसका असर भी साफ दिखाई दिया। चुनावी हिंसा में 800 लोग मारे गए। इसमे 100 राजनीतिक कार्यकर्ता थे। लेकिन पीडीपी यानी सईद की पार्टी के सिर्फ तीन कार्यकर्ता मारे गए। सत्ता मिलने के बाद दस महीनों में 1350 लोग घाटी में सेना-प्रशासन की गोली के शिकार हुए। 87 लोग लापता हो गए। हिरासत में मौतों का सिलसिला बढ़ा तो सईद की बेटी महबूबा सईद, जो पीडीपी की अध्यक्ष भी हैं, ने ही सरकार पर मानवाधिकार हनन का आरोप लगाया। मुफ्ती का तर्क रहा कि बिजली-पानी की सुविधा और सड़कों पर रात दस बजे तक लोगों की आवाजाही को घाटी की नई हकीकत मानें। खून तो बहता रहा है बहता रहेगा।

घाटी का नया संकट यही है कि भरोसा कोई किस पर करे। कौन सा रास्ता चुने। किस रास्ते को सही करार दे। क्या एक लकीर के आगे दूसरी लकीर खिंचने भर से काम चल जाएगा या समाधान या शांति बहाली के सोच को मान्यता मिल जाएगी। जो सरकार है उसके पास बीस फीसद से कम सीटें हैं और उससे भी कम लोगों के वोट। इसके बावजूद चुनाव इस बात का प्रतीक है कि रास्ता सही है और सरकार बार-बार इसे दोहराती है। कश्मीरियों की सही नुमाइंदगी हुर्रियत कान्फ्रेंस कर रही है और वह बँट रही है। खुद केंद्र ने बार-बार बँदूक की बात उठा कर कश्मीर का रास्ता उन गलियों से गुजारा है जिधर आम कश्मीरी नहीं जाता। नीतियाँ कितनी ऊबड़-खाबड़ सतह पर सीधी लकीर बनाने की कोशिश कर रही हैं इसके संकेत साफ हैं। जिसके पास सत्ता है या जो सत्ता भोग रहा है उससे हटकर कोई राजनीतिक दल या कोई संगठन नहीं कहता कि कश्मीर भारत का हिस्सा है चाहे वह नेशनल कान्फ्रेस ही क्यों न हो। कान्फ्रेंस के नेता उमर अब्दुल्ला पिछले गुरुवार जब गाँधरबल में एक आम सभा को संबोधित करने पहुँचे तो लोगों की भीड़ देख चौंके। चुनाव के दौरान उनकी सभा में एक हजार लोग भी नहीं होते थे लेकिन दस महीने बाद संख्या बीस गुनी हो गई। ऐसे में पंद्रह से बीस हजार की भीड़ देख उमर भी यह कहने से नहीं हिचके कि कश्मीर किसका है यह तय करने वाले वे लोग हैं जो खुद कश्मीरी नहीं हैं। ठीक यही बात मुफ्ती सत्ता में आने से पहले कहते थे और तब उमर या कहें फारुक अब्दुल्ला ऐसी बात कहने वालों को भारत विरोधी या पाकिस्तानी कहने से नहीं कतराते थे।

अब सत्ता पलटी है तो जबान भी उलटी है। अब यही बात मुफ्ती कहते हैं। संकट इतने भर का नहीं है। जिन आतंकवादियों ने चुनाव से पहले मुफ्ती को हमराज बनाया क्योंकि हर घर के आगे जाकर जिस तरह मुफ्ती परिवार ने आँसू बहाए और सरकार को कोसा, अब उन्हीं के निशाने पर मुफ्ती हैं। पीडीपी के कार्यकर्ता मारे जा

रहे हैं। कश्मीरी भरोसा किस पर करें। हुर्रियत के नए चेयरमैन मौलवी अब्बास अंसारी कश्मीर को भारत का हिस्सा नहीं मानते। उनका मानना है कि घाटी में जो खून बह रहा है उसमें ज्यादा गोलियाँ सेना की हैं। वे केंद्र से वार्ता की बात भी करते हैं और कश्मीरियों को यह हक देने का सवाल भी खड़ा करते हैं कि 1948 के संयुक्त राष्ट्र प्रस्ताव के तहत यह तय करने का अधिकार मिलना चाहिए कि कश्मीरी चाहते क्या हैं। बीच में गाहे-बगाहे मध्यस्थता की बात भी समाधान के लिए मंजूर है। मंडेला या ईरान की मध्यस्थता ठीक है। वहीं शब्बीर शाह सरीखे नेता मानते हैं कि दिल्ली-इस्लामाबाद दरबार की शतरंज में कश्मीरियों को प्यादा बना कर दोनों देशों का खेल जारी है। यों महत्त्वपूर्ण यह भी है कि शब्बीर सरीखे नेताओं के लिए इस बिसात पर दिल्ली सरकार नई जगह भी बना रही है। कश्मीर के विकास के सवाल को केंद्र सरकार प्राथमिकता दे रही है और विभिन्न कमेटियाँ बना कर कश्मीरियों की नुमाइंदगी करने वाले हर शख्स को उसमें जोड़ा जा रहा है। खुद शब्बीर शाह पिछले हफ्ते लाख विरोध के बावजूद योजना आयोग की एक ऐसी ही बैठक में शामिल होने दिल्ली पहुँचे जो कश्मीर में विकास की नई रेखा खींचना चाहती है।

दरअसल यह समूची प्रक्रिया नेताओं के लिए तो आक्सीजन का काम कर सकती है और उन्हें उनका अस्तित्त्व बनाए रखने में मदद भी दे रही है लेकिन जो आम कश्मीरी कभी न कभी किसी न किसी रूप में किसी भी संगठन, पार्टी या नेता से जुड़ा रहा, पहली बार वह खुद को ठगा महसूस कर रहा है। पिछले चौदह सालों में उसे सिर्फ गोली से बचना था या गोली खानी थी। आतंकवादियों की तरफ खड़े होकर वह आजादी के सपने बुनता रहा था फिर सेना और आतंकवादियों के खिलाफ खड़ा होने का दर्द झेलता रहा। घाटी में ऐसा मौका अब आया है जब कश्मीरियों को इसकी थाह ही नहीं लग रही कि उनकी अपनी जमीन कौन-सी है। या फिर किन आधारों पर खड़े होकर वे अपनी बात कहें। यह अंतर्विरोध लाल चौक पर खड़े होकर भी महसूस किया जा सकता है कि वहाँ मुफ्ती सरकार बनने के बाद लोगों की आवाजाही बढ़ गई है। पहले जहाँ शाम ढलते ही खामोशी समूचे इलाके में पसर जाती थी वहीं अब अँधेरा घिरने के बाद भी लोगों की चहल-पहल बनी रहती है। इसके बावजूद बीते दस महीनों में मरने वालों की संख्या में भी इजाफा हुआ है। आंदोलन का जो स्वरूप पहले सामूहिक नजर आता था वह अब एकाकी विरोध पर आ टिका है।

कहा जा सकता है कि नई शांति पहल ने कश्मीरियों को भीतर से कहीं तोड़ा भी है, जो सरकार और सेना के लिए फायदेमंद साबित हुआ है। पिछले दिनों सुरक्षाकर्मियों ने, श्रीनगर में आठ मकानों के मालिक अलग-अलग हैं, इनके मकानों में आतंकवादी कैसे आए या फिर सुरक्षाकर्मियों ने जिन्हें आतंकवादी माना उन्हें वहाँ के लोग आम कश्मीरी ही मानते हैं तो इसकी सुनवाई कौन करेगा कि सही कौन

है। जवाब किसी के पास नहीं है। हालाँकि शहर के मकान जो विस्फोट से उड़ाए गए, वहाँ रहने वाले अब भी सवाल करते हैं कि जिनके साथ वे सालों से रहते आ रहे हैं वे अचानक आतंकवादी कैसे हो गए। सरकार ने इसकी कोई व्यवस्था नहीं की है कि सेना जिन्हें आतंकवादी करार देती है या सुरक्षाकर्मी जिन मकानों को आतंकवादियों की पनाहगाह मान कर ध्वस्त कर देते हैं उसकी भरपाई कौन करेगा। दरअसल कश्मीरियों का नया संकट कहीं ज्यादा गंभीर है। शांति बहाली के नाम पर घाटी में जो हवा सत्ता बहा रही है, जो अंतर्राष्ट्रीय दबाव शांति बहाली के लिए भारत-पाकिस्तान पर है उसे दोनों देश आतंक के चश्मे से देख रहे हैं। जिस तर्ज पर आजादी का सवाल खड़ा करने वाले अपनों के बीच आतंकवादी करार दिए जा रहे हैं, ऐसे में घाटी की तस्वीर आम लोगों के लिए कई मायनों में अचानक खतरनाक तरीके से बदल रही है।

मुश्किल उन कश्मीरियों की ज्यादा है जो सुरक्षाकर्मियों की नजर वाले इलाके में रहते हैं या फिर जिनके घर का कोई सदस्य नौकरी-पेशा या फिर पढ़ाई के लिए बाहर है। सिर्फ श्रीनगर में सोलह परिवारों के लोग हर दिन थाने या बैरकों के चक्कर इसलिए लगाते हैं क्योंकि उनके बेटों को दूसरे राज्य की पुलिस आतंकवादी मानती है। चार छात्र मारे भी जा चुके हैं। इन मारे गए बच्चों के माता-पिता के मुताबिक मारने के बाद उन्हें जानकारी दी गई कि वे आतंकवादी संगठन लश्कर-ए-तैयबा से जुड़े थे। और जब सुरक्षाकर्मी यह संदेश लेकर उन तक पहुचे उसके बाद से उनके पड़ोसी उनके साथ खड़े होना तो दूर, सामान्य बातचीत से भी कतराते हैं। यह भागीदारी यहाँ तक कम हुई है कि दुख में शरीक होने से भी पड़ोसी कतराने लगे हैं। पहले ऐसा बिल्कुल नहीं था। घाटी में ऐसे मुद्दे खड़े होने पर लोग सड़कों पर निकल आते थे। कुछ संगठन भी साथ खड़े होते थे जिससे सरकार पर यह दबाव बनता था कि जहाँ गलत हो रहा है उस पर लगाम कसने की जरूरत है। मगर नई स्थितियों ने जीवन की जटिलताओ को बिल्कुल नये तरीके से खड़ा किया है। कश्मीरियों का मानना है कि इसकी बड़ी वजह समूचे देश में बन रही अमानवीय स्थितियाँ हैं जहाँ राज्य खुद जन अधिकारों का हनन कर आतंक की स्थिति पैदा कर रहा है। ऐसे में मुस्लिम समुदाय जिस तरह शक के घेरे में लाया जा रहा है और हर घटना विशेष को लेकर एक समुदाय पर आक्षेप लगाए जा रहे हैं उसका असर भी दोहरा हुआ है।

हर स्थिति को आतंकवाद के दायरे में समेटने की पहल और उससे निपटने के लिए हुई कार्रवाई पर सुरक्षाकर्मियों की पीठ थपथपाने का काम कश्मीर में सरकार कर रही है। दूसरी तरफ केंद्र सरकार सुरक्षाकर्मियों की कार्रवाई को मुफ्ती की मरहम नीति (हीलिंग टच) के खिलाफ देखती है। एक तरफ जहाँ राज्य सरकार की नीतियाँ हीलिंग टच के नाम पर उनकी भावनाओं से खेल रही हैं वहीं केंद्र की समझ है कि

हीलिंग टच कानून से खिलवाड़ है। ऐसे में किसी भी तरह की सुरक्षाकर्मियों की कार्रवाई आम कश्मीरियों के खिलाफ चली जाती है। और यह एक वक्त के बाद आम कश्मीरियों के ही खिलाफ कार्रवाई की जमीन तैयार करती है। नई स्थिति में घाटी का संकट यह नहीं है कि सुरक्षाकर्मी, राज्य सरकार या केंद्र की नीतियाँ उसके अनुकूल नहीं बैठ रहीं बल्कि सबसे बड़ा संकट यह है कि विरोध करने की स्थितियाँ इतनी बदल गई हैं कि हक की बात कहने के विरोध को भी आतंकवाद का ही एक हिस्सा बना दिया गया है। ऐसे में हर कोई धीरे-धीरे खुद को अकेला ही खड़ा पा रहा है और सामूहिक संकट के बावजूद अकेला होता भी जा रहा है। जाहिर है ऐसे में रुबैया सईद के अपहरण के चौदह साल बाद जब राज्य का मुख्यमंत्री आतंकवादियों को छोड़ना गलत मान कर पल्ला झाड़ ले तो समझना होगा कि कश्मीर के इतिहास के कई पन्ने अभी कोरे हैं जहाँ वर्तमान की त्रासदी को भविष्य में क्रूरता करार देकर पल्ला झाड़ने में किसी भी शासक को कितनी देर लगेगी।

मानवाधिकारों की लड़ाई के अंतर्विरोध

वर्तमान में मानवाधिकारों को लेकर जिस तरह विकास का सवाल खड़ा किया जा रहा है और मानवाधिकारों के मूल्यों के तहत हर स्थिति को आँका जा रहा है, असल में उसकी स्थिति क्या है? लोकतांत्रिक मूल्यों का विकास, सामाजिक जागरूकता, सामाजिक न्याय और संसदीय अखंडता का प्रश्न भी आज मानवाधिकार के मूल्यों पर आ टिका है। यानी देश के विकास का आधार है नागरिकों का विकास, जो तभी संभव है, जब उन्हें उनके अधिकारों का उपयोग करने की छूट हो। लेकिन हकीकत कुछ और है। एक तरफ संविधान नागरिकों को मिलने वाले अधिकारों पर किसी प्रकार का बंधन नहीं स्वीकारने की बात करता है, दूसरी तरफ रोजमर्रा की पहल इसका एहसास कराती है कि हर स्तर पर नागरिकों को उनके अधिकारों से वंचित किया जा रहा है। जाहिर है यह अंतर्विरोध हर उस संस्थान के साथ भी रहेगा जो व्यवस्था की उपज हो और व्यवस्था को कायम रखते हुए विसंगतियों को दरकिनार करने का काम कर रहा हो। राष्ट्रीय मानवाधिकार आयोग के अंतर्विरोध भी इसी तरह के हैं। लगातार सामाजिक विसंगतियों पर अँगुली उठाते हुए राज्य को उसके कर्तव्यबोध से परिचित कराना और समाधान के लिए यह जानते हुए भी राज्य को ही कहना कि विसंगतियाँ राज्य के अंतर्विरोध की उपज हैं।

राष्ट्रीय मानवाधिकार आयोग की ताजा प्रतिक्रिया भ्रूण हत्या को लेकर है। आयोग के अध्यक्ष रंगनाथ मिश्र के अनुसार स्त्री-भ्रूण हत्या पर पाबंदी लगनी चाहिए। उनके अनुसार अजन्मी बच्ची के मानवाधिकारों की रक्षा हर कीमत पर होनी चाहिए। आयोग ने इससे पहले जन्मे बच्चों के मानवाधिकारों की रक्षा पर भी अपनी प्रतिक्रिया जाहिर की थी। ओडीशा के कालाहाँडी क्षेत्र में भूख और बीमारी से हुए बच्चों की मौत का जिम्मेदार राज्य कोठहराते हुए हर्जाना देने की बात कही। इसी तरह हिरासत में मौत या हत्या से लेकर पर्यावरण संकट तक केसवाल को मानवाधिकार से जोड़कर आयोग अपनी प्रतिक्रिया लगातार देता रहा है। अच्छा लग सकता है कि व्यवस्था की विसंगतियाँ ही व्यवस्था परिवर्तन की दिशा में अंततः खड़ी होंगी और मानवाधिकार आयोग अपने तौर पर यह कार्य बखूबी कर रहा है लेकिन यह अच्छा लगना या मानवाधिकार आयोग की पहल कितनी खतरनाक भी है और समाज को ज्यादा जड़ अवस्था में ले जाने वाली है, इसे कौन समझेगा? यहाँ यह सवाल उठाना बेमानी है कि स्त्री-भ्रूण हत्या के पीछे दहेज जैसी विसंगति अथवा

कुपोषण से मरने वाले बच्चों का कारण असमान विकास का चिंतन तथा हिरासत में होती मौत की जिम्मेदार पुलिस-प्रशासन है और इन सबके पीछे वह लोकतांत्रिक व्यवस्था ही है जो विकास की ऐसी स्थिति को जन्म दे रही है जिसमें हर मनुष्य को अपना संकट दूसरे मनुष्य की उपस्थिति ही लगे और राष्ट्रीय मानवाधिकार आयोग इन सबसे वाकिफ नहीं है।

मुद्दा तो यह है कि राष्ट्रीय मानवाधिकार आयोग हर घटना के पीछे की विसंगतियों से वाकिफ है लेकिन विसंगतियों पर वह अँगुली उठाने में सक्षम नहीं है। उसके अधिकार क्षेत्र की सीमा दरअसल विसंगतियों से उपजी जिस घटना पर प्रतिक्रिया जाहिर करने तक की है वहीं से विसंगति पैदा करने वाले संस्थानों की सीमा शुरू होती है। यह अंतर्विरोध सिर्फ व्यवस्था या राज्य तक सीमित है या रहेगा, ऐसा भी नहीं है। संकट यह है कि यह अंतर्विरोध घटनाओं को जरूरत और विसंगतियों की आदत में तब्दील कर रहा है। साथ ही सत्ता अथवा व्यवस्था द्वारा राष्ट्रीय मानवाधिकार आयोग जैसी संस्थाओं की मार्फत उन संगठनों को लेकर भी भ्रम पैदा करना है जो जनता के बीच से उपज कर बहुसंख्यक वर्ग के लिए काम कर सकता है, कि लोकतांत्रिक संसदीय व्यवस्था में मानवाधिकार जैसे संस्थान की उत्पत्ति साजिश के तहत नहीं बल्कि जनता के प्रति भी संसदीय व्यवस्था का कर्तव्य है, उसे कायम करने की जरूरत के मद्देनजर हुई है। अगर ऐसा भी है तो भी आयोग के अधिकार क्षेत्र और मामलों को निपटाने की प्रक्रिया पर गौर करना जरूरी है। साथ ही किसी एक घटना पर आयोग और संगठन की पहल कैसे अलग-अलग हो जाती है, उसे समझते हुए मानवाधिकार की अमानवीयता को भी जाना जा सकता है। उससे राज्य के अंतर्विरोध और आयोग की खानापूर्ति का तरीका भी उभरता है।

नागपुर सेंट्रल जेल में 21 अगस्त 1995 को एक टाडा आरोपी बालाजी उर्फ राजनू दसरू मितलामी की मौत हो गई। इस घटना की जानकारी आयोग तक नहीं पहुँची। तत्काल तो दूर घटना के दस महीने बाद भी आयोग सरकारी तौर पर इससे अनभिज्ञ है कि किसी टाडा आरोपी की मौत हिरासत में हुई भी। आयोग के एक वरिष्ठ अधिकारी के अनुसार आयोग सीधे घटना के बारे में जानकारी नहीं लेता बल्कि राज्य सरकारें जानकारी भेजती हैं उन्हीं को अपने हिसाब-किताब में दर्ज करता है अथवा किसी संगठन या व्यक्ति द्वारा जानकारी मिलने पर राज्य सरकार से पूछताछ करता है। जाहिर है नौकरशाही अपने तरीके से काम करते हुए भी घटना के बारे में सारी जानकारी हासिल करने में एक साल भी लगा सकती है। महत्त्वपूर्ण है आयोग को इस घटना की न सिर्फ तत्काल जानकारी बल्कि संगठन ने विस्तार के साथ रपट भी दी। कार्रवाई कुछ नहीं हुई जबकि नागपुर में पिछले साल ही सामाजिक-राजनीतिक संगठनों व मानवाधिकार कार्यकलापों को लेकर बनी 'टाडा अत्याचार विरोधी संघर्ष समिति' ने हिरासत में हुई बालाजी की मौत की जाँच की, और कुछ ऐसे मुद्दों को

उभारा जिससे मानवाधिकार की रक्षा के लिए बनी संस्थाओं पर ही प्रश्नचिह्न लग जाता है। जैसे सिर्फ बालाजी ही नहीं नागपुर से सटी अमरावती जेल में भी दो टाडा आरोपी (सितंबर 1994) मरे। भाँगेरी भीमराव सोयाम नाम एक क ा टाडा आरोपी नागपुर जेल में पागल हो गया। करीब दस अन्य टाडा आरोपी अर्धविक्षिपत्त्त अवस्था में पहुँच चुके हैं। जेल अधिकारी उसे सामान्य घटना मानते हैं। नागपुर के तत्त्कालीन डीआईजी (बंदी) के अनुसार चूँकि अधिकतर टाडा आरोपी आदिवासी हैं और उन्हें जंगलों में खुले रहने की आदत है ऐसे में जेल के अंदर उनकी मौत या पागलपन कोई आश्चर्यजनक स्थिति नहीं है। यों उक्त समिति ने उन तमाम पहलुओं को उभारा जो तथ्यों के साथ यह बताते हैं कि राज्य सरकार की पहल कितनी नकारात्मक रही। ऐसे में आयोग का चरित्र क्या रहेगा जब नकारात्मक रवैया अख्तियार करने वाली राज्य सरकार ही उसकी प्रतिक्रिया का आधार हो। महत्त्वपूर्ण है कि 1994-95 में हिरासत में हुई मौतों की जानकारी रपट के रूप में आयोग ने छापी भी, लेकिन उसमें महाराष्ट्र की सिर्फ दो घटनाओं का जिक्र है, तथा टाडा आरोपी की मौतों की कोई सूचना नहीं है।

जबकि अखबारों की सिर्फ खबरें ही बताती हैं कि महाराष्ट्र में 1994-95 के दौरान हिरासत में सत्ताईस मौतें हुईं।

अब सवाल है रोजमर्रा की स्थिति को भोगता नागरिक मानवाधिकार आयोग जैसे संस्थान से जब अपने अधिकारों के बारे में सुनता-समझता है तो पहले उसे अच्छा लगता है, फिर परिणाम 'शून्य' आने पर उसे मानवाधिकार हनन करने वालों और उसकी रक्षा की बात करने वालों में कोई अंतर नजर नहीं आता, दोनों एक दूसरे के पूरक नजर आते हैं। सत्ताधारी राजनीतिक व्यवस्था के लिए उन्हें पूरक भी बनाते हैं लेकिन व्यापक परिप्रेक्ष्य में इसका परिणाम तब और ज्यादा दुखद निकलना शुरू होता है जब जनता के बीच से निकले मानवाधिकार संगठनों को लेकर भी मानवाधिकार आयोग का रुख एक-सा रहता है। और अपनी उपस्थिति दर्ज कराने भर की स्थिति के लिए संगठनों को महत्त्व देता है। उसका एक असर यह भी होता है कि रक्षक के भक्षक बनाने पर उसे रोकने वाला कोई नहीं होता और आयोग की पहल स्थानीय स्तर पर संगठनों को भी महत्त्वहीन बना देती है। पुलिस-प्रशासन की खलनायक वाली भूमिका को लेकर फिर जब आयोग, अदालत या सरकारी-गैरसरकारी संस्थान लताड़ते भी हैं तो भी कुछ नहीं होता और अत्याचारों की फेहरिस्त लगातार लंबी ही होती जाती है। जाहिर है इसके बावजूद गैरसरकारी मानवाधिकार संगठन ही मानवाधिकार हनन के खिलाफ कुछ सकारात्मक करते हैं। लेकिन उनका भी यह संकट है कि बिना राष्ट्रीय मानवाधिकार आयोग की सहमति से राज्य पर कुछ भी दबाव नहीं पड़ता। यानी विसंगतियों की मार्फत ही विसंगति का समाधान चाहने के अलावा कोई विकल्प भी नहीं बचता है।

आंध्रप्रदेश में पुलिस की ज्यादती को लेकर आंधप्रदेश मानवाधिकार संगठन के दबाव में आयोग की पहल गौर करने लायक है। वहाँ की स्थिति का आयोग ने बाकायदा जाकर आकलन किया। आयोग के अंदर अदालत बैठी। पुलिसकर्मियों को दोषी पाया गया। भुक्तभोगियों को राहत दी गई। सुधार के लिए कुछ कदम भी उठाए गए। यह सब लागू करने के लिए राज्य को निर्देश दिया गया। यानी जिस राज्य सरकार की व्यवस्था ने घटनाओं को जन्म दिया उसी सरकार को भरपाई भी करनी पड़ी और उसे ही सुधार की कार्रवाई करने को भी कहा गया। जाहिर है इसे सरकारी माध्यमों द्वारा खूब प्रचार-प्रसार मिला। बाहरी क्षेत्र में नागरिकों ने महसूस किया कि आयोग अपना काम बखूबी करता है। लेकिन एसीपीएलसी के सचिव बालगोपाल के अनुसार आयोग के समक्ष जितने केस रखे गए उसमें से पच्चीस प्रतिशत से भी कम केसों पर कार्रवाई हुई।

कहा जा सकता है कुछ सफलता तो संगठन ने आयोग की मार्फत दी। लेकिन भुक्तभोगियों के बीच इसका प्रभाव भी उलटा ही हुआ। कारण किसी भी केस में पुलिस-प्रशासन के आरोपियों को सजा देते हुए यह व्यवस्था नहीं की जिससे भविष्य में ऐसा कुछ दुबारा न हो। उलटे पुलिस-प्रशासन के अधिकारियों को बदला लेने का मौका भी मिला और आयोग की पहल के बाद वहाँ (तेलंगाना) हुए इनकाउंटरों की संख्या बताती है कि झूठी मुठभेड़ के नाम पर हत्या का सिलसिला क्यों और कैसे चल निकला। इसका उपाय भी आयोग के पास नहीं है।

राष्ट्रीय मानवाधिकार आयोग का संकट यह भी है कि उसकी हर पहल (शून्य और सकरात्मक) संघर्ष की स्थितियों को खत्म कर रही है और विसंगतियों से अभ्यस्त होने का संदेश दे रही है।

टाडा में फँसे सैकड़ों आदिवासियों की त्रासदी

सरकार द्वारा आतंकवाद और विध्वंसक गतिविधि निरोधक कानून (टाडा) की अवधि न बढ़ाने के फैसले ने हालाँकि इस तथ्य को उजागर किया कि 'टाडा' की आड़ में हजारों निर्देशों पर न सिर्फ अमानुषिक अत्याचार हुए बल्कि पुलिस-प्रशासन सहित राजनीति ने अपना स्वार्थ सिद्ध करने के लिए भी इसका उपयोग किया। लेकिन 23 मई को पिछले दस साल से लागू 'टाडा' की अवधि समाप्त होने के सवा महीने बाद राजनीतिक विसंगतियों के बीच जिस तरह 'टाडा' की विशेष अदालतें उलझ गई हैं उसमें आरोपियों को ज्यादा त्रासदी भोगनी पड़ रही है। विशेषकर विदर्भ के आदिवासियों की स्थिति सर्वाधिक भयावह है। 23 मई से पहले इन आदिवासियों को लेकर विशेष अदालतें कोई हरकत भी करती थीं लेकिन अब वह भी रुक गई है। एक-दो नहीं विदर्भ के चंद्रपुर, गढ़चिरोली और भंडारा जिले के हजारों आदिवासी 'टाडा' के तहत जेल में बंद हैं। तकरीबन पाँच सौ आदिवासियों के केस विशेष अदालत तक पहुँचे हैं, अन्य आदिवासी या तो आर्थिक रूप से सक्षम नहीं हैं कि वे अपनी बात वकील या किसी अन्य माध्यम से कोर्ट तक पहुँचा सकें या फिर अधिकतर आदिवासी ऐसे हैं जो जानते तक नहीं हैं कि कोर्ट भी कोई चीज होती है और पुलिस-प्रशासन का उन पर लगाया गया 'टाडा' उन्हें भविष्य में मुक्ति भी दिला सकता है। सामाजिक संगठनों के मार्फत या फिर कुछ वकिलों की पहल से जितने भी आदिवासियों के मामले कोर्ट के समक्ष पहुँचे हैं उनमें से शायद ही इक्का-दुक्का ऐसे आदिवासी होंगे जिन्हें देखकर यह कहा जा सके कि पुलिस ने जो आरोप उन पर लगाए हैं वे सही हैं। छह बरस के लड़के से लेकर अस्सी साल के बुजुर्ग और सोलह बरस की लड़की से लेकर पचपन साल की महिला आदिवासी 'टाडा' के तहत जेल में बंद हैं।

यूँ विदर्भ में 'टाडा' को लेकर पुलिस-प्रशासन की हरकत किस रूप में रही है इस पर विशेष कोर्ट का जारी किया गया आदेश गौरतलब है। इस आदेश में बाकायदा पब्लिक प्रासिक्यूटर डोंगरे ने कहा था कि 'टाडा' के मामले में कोर्ट के समक्ष जो भी आरोप आते हैं उसमें न तो कोई केस डायरी होती है न ही जमानत पर छोड़ने अथवा न छोड़ने संबंधी कोई आग्रह पत्र, सिर्फ आरोपी पर लगाई गई धारा लिखी होती है और उसमें 'टाडा' का विशेष उल्लेख होता है। ऐसे में 'टाडा' के लिए बनी विशेष कोर्ट के समक्ष यह समस्या पैदा होती है कि वह क्या करे? इसलिए

पुलिस महानिदेशक, नक्सली अभियान से संबंधित आईजीपी तथा डीआईजी तत्काल पहल करें और जून 93 के प्रथम सप्ताह में सुनवाई के दौरान कोर्ट में उपस्थित रहकर स्थिति को समझें। इसके बाद 1994 के अंतिम माह में विशेष न्यायाधीश सुभाष कुलकर्णी की पहलकदमी ने इस स्थिति को और ज्यादा स्पष्ट किया कि पुलिस की पहल 'टाडा' को लेकर ज्यादा समय तक लोगों को बंदी बनाए रखने भर की है। ऐसे में विशेष न्यायालय किस प्रकार का निर्णय दे। राज्य का प्रतिनिधित्व करने की वजह से पब्लिक प्रासिक्यूटर पुलिस-प्रशासन की विसंगतियों को कानूनी तरीके से रोकता है और एक खास सीमा तक जब कोई उपाय नहीं बचता तो जिला न्यायाधीश के समक्ष 'टाडा' के आरोपियों को जमानत देने के अलावा कोई रास्ता नहीं बचता। इस वजह से मई तक बड़ी संख्या में 'टाडा' के आरोपियों को जमानत दी गई। लेकिन 23 मई के बाद से जमानत भी विशेष कोर्ट दे पाने में अक्षम है क्योंकि 'टाडा'आरोपियों को किस रूप में लेता है, इस पर सरकार का कोई नजरिया स्पष्ट नहीं है और कानून खत्म होने के बाद न्यायालय किस रूप में काम करे इस पर कोई निर्देश अभी तक इन्हें प्राप्त नहीं हुए हैं। जाहिर है इस त्रासदी को वे आदिवासी भोग रहे हैं जो जानते ही नहीं कि उन पर जो आरोप है वह है क्या?

नागपुर से तकरीबन 275 किमी. दूर गढ़चिरोली की स्थिति यह है कि हर गाँव के 90 प्रतिशत ग्राम आदिवासी किसी शब्द से परिचित हों या न हों लेकिन 'टाडा' से परिचित जरूर हैं। अधिकतर गाँव जो घने जंगलों के बीच में बसे हैं उसमें किसी भी झोंपड़ी में झाँक कर महसूस किया जा सकता है कि किसी का बेटा गायब है, किसी का पति लापता है, तो किसी के माँ-बाप। पुलिस थाने और जेल के रजिस्टरों में प्रत्येक के नाम के साथ दर्जनों आपराधिक धाराएँ लगी हुई हैं जबकि किसी आदिवासी से पूछने पर वह मासूमियत के साथ किसी भी अपराध के संदर्भ में किसी प्रकार की कोई जानकारी होने से साफ इनकार करता है। वहाँ पुलिस फाइल में बाकायदा दर्ज है कि आरोपी ने स्वीकारा है कि वह अपराध (जो धाराएँ उस पर लगाई गई हैं उसके अनुसार) में शामिल था।

महत्त्वपूर्ण यह है कि गढ़चिरोली में पुलिस 'टाडा' को आदिवासियों के खिलाफ पहले हथियार के रूप में इस्तेमाल करती रही, यह अलग बात है कि सरकार का निर्देश रहा कि 'टाडा' अंतिम हथियार के रूप में इस्तेमाल किया जाना चाहिए। मामला पेड़ का हो या लकड़ी चुनने का या फिर नक्सलियों को खाना खिलाने का, अगर पुलिस की नजर किसी पर भी पड़ती तो 'टाडा' लगा दिया जाता रहा। 'टाडा' के अंतर्गत पुरुषों या युवकों की संख्या 60 प्रतिशत है, वहीं महिलाएँ व लड़कियाँ भी तकरीबन 40 प्रतिशत 'टाडा' की मार झेलते हुए विभिन्न जेलों में बंद हैं। सामूहिक रूप से या कहें गाँव पर 'टाडा' लगाने की स्थितियाँ भी पैदा होती रहीं। विशेषकर नक्सलियों के पुलिस पर हमला करने के बाद घटनास्थल के अगल-बगल

के गाँव की दुर्गति सबसे ज्यादा होती है। उस समय यह नहीं देखा जाता कि जिन पर 'टाडा' लगाया जा रहा है वह हिंसक कार्रवाई कर पाने में शारीरिक तौर पर सक्षम है या नहीं।

गरीब ब्राह्मणों को किस तरह 'टाडा' के तहत जेल में डाला जाता है, वह पुराडा थाना में दर्ज अपराध संख्या 19/12 को देख समझा जा सकता है। इसमें 25 मजदूरों को नक्सलियों की लड़ाई गई जीप को गड्ढे से निकलवाने पुलिस ले गई लेकिन घटनास्थल पर जीप निकलवाने के बाद उन पर 'टाडा' धारा 3, 4 लगाकर जेल में ठूँस दिया गया। मजेदार बात यह है कि सभी रोजगार गारंटी योजना के तहत सरकारी काम पर थे। तकरीबन छह महीने बाद उसमें से 7 मजदूर छूटे, बाद में 10 और छूटे, 8 अभी जेल में हैं। यहाँ सर्वाधिक त्रासदीपूर्ण स्थिति जंगल गाँव में रहने वाले आदिवासियों की है जो भोजन की तलाश में जंगलों में जाते हैं और लकड़ियाँ बटोरते हैं। वन अधिकारी या पुलिस की चपेट में आने पर इनसे फाइन भी लिया जाता है और अपराधी भी करार दिया जाता है। पुलिस उन पर भी 'टाडा' का इस्तेमाल करती है।

ऐसा भी नहीं है कि 'टाडा' एक बार जिस पर लग गया बस एक ही बार तक सीमित हो गया। अपने अनुकूल स्थितियों को बनाने के लिए पुलिस एक ही आदमी को कई केसों में डालती रही। यानी पुलिस को अगर यह महसूस होता है कि 'टाडा' का कोई आरोपी उनकी विसंगतियों के कारण छूट रहा है तो वह उसे किसी दूसरे केस के अंतर्गत गिरफ्तार कर पुनः 'टाडा' लगा देती। यह सब बेहद शातिर तरीके से किया गया। गढ़चिरोली जिले के कमलापुर गाँव के 28 वर्षीय भूमैया साडवेली अरगेला के ऊपर आठ केस दर्ज हैं।

अगर कोई आरोपी किसी एक अपराध में पकड़ा गया तो पहले-पहल उस पर 'टाडा' लगाकर पुलिस छह महीने की फुर्सत पा जाती। छह महीने तक किसी प्रकार की केस डायरी तैयार नहीं की जाती, न ही कोर्ट के समक्ष कुछ भी पेश किया जाता है जिससे यह साबित हो कि आखिर क्यों 'टाडा' लगाया गया। ऐसे में अपने तौर पर पब्लिक प्रासिक्यूटर (पीपी) राज्य का प्रतिनिधित्व करने की वजह से कानूनी कार्रवाई करता रहा। छह महीने बीतने पर जब पुलिस की तरफ से कोई पहल नहीं होती तो पीपी अपने तौर पर जिला न्यायाधीश के समक्ष अर्जी देता रहा जिसमें दो महीने का वक्त माँगा गया होता, कार्रवाई पूरी करने के लिए जाहिर है जब छह महीने में पुलिस कुछ नहीं कर पाई तो दो महीने का और वक्त लिया गया, इस तरह कुल मिलाकर इस साल में आरोपी की कोई खोज-खबर नहीं ली जाती, न ही उससे यह पूछा जाता कि उन पर जो आरोप लगाए गए वे सही हैं या नहीं, अथवा वह अपने तौर पर कोर्ट के समक्ष क्या सफाई पेश करना चाहता है, किसी भी स्थिति को मान्यता नहीं दी जाती। एक साल बीतने के बाद अगर यह बात सामने आती है

कि आरोपी के खिलाफ कोई मामला नहीं है और उसे छोड़ा जाना चाहिए तो फिर पुलिस उसे नए केस में फँसाती। इसके लिए किसी दूसरे आरोपी द्वारा बयान लिया जाता है, न्यायालय के समक्ष पेश कर पुनः नए तरीके से 'टाडा' की त्रासदी झेलने को मजबूर किया जाता रहा।

महत्त्चूपर्ण यह है कि जिस नए आरोपी से पुराने आरोपी के संदर्भ में अपराध कुबूलवाने की बात की जाती है वह सिर्फ कागज में दर्ज होती है और 'टाडा' के तहत न्यायालय भी इसे न्याय मानता है।

हालाँकि कागज पर बाकायदा यह छपा हुआ रहता है कि जो बातें लिखी हुई हैं उसे आरोपी ने अपनी इच्छा से कहा है और उसे दोबारा पढ़कर सुनाया गया है, उसके बाद ही आरोपी ने हस्ताक्षर किए हैं। इस तरह एक-एक आरोपी को नए-नए अपराधों के साथ जोड़ते हुए लंबे समय तक कैद में रखने की प्रक्रिया शुरू होती।

इसी तरह शैलेष वाकड़े और भीमराव कलेलकर को पुलिस ने कई बार गिरफ्तार किया। महत्त्वपूर्ण यह है कि पुलिस जेल के परिसर में भी इन्हें गिरफ्तार कर लेती है और गिरफ्तारी के बाद विशेष कोर्ट के समक्ष इन्हें पुलिस कस्टडी में रखने की माँग करती है। जाहिर है नए केस और 'टाडा' के मद्देनजर न्यायालय भी पुलिस का ही साथ देती है और किसी पुराने मुकदमें से मुक्त होने के बाद 'टाडा' का आरोपी नए तरीके से पुनः 'टाडा' में फँसता।

संकट सिर्फ नए अपराधों से जोड़कर लंबे समय तक पुलिस द्वारा अपनी हदों में आदिवासियों को रखने भर का नहीं है, न्यायिक तौर पर ऐसे में यह मासूम आदिवासी जब चार-चार अपराधों के दंड को भोग लेते हैं और बाद में न्यायालय यह कहता है कि इनके खिलाफ कोई आरोप साबित नहीं होता इसलिए इन्हें जमानत दी जा सकती है तो उस वक्त संकट जमानतदार का पैदा होता है। यूँ पहले पाँच हजार जमानत की बात रहती थी, ऐसे में आदिवासी अपनी जमीन या जो भी संपत्ति हो उसे बेचकर एक दूसरे की जमानत भर देते थे लेकिन 'टाडा' लगने के बाद जमानत भी पचास हजार तक की बात होती है, ऐसे में ज्यादातर जमानतदार नहीं मिलता। जिन पर अधिक अपराध दर्ज होते हैं उन्हें तो जमानतदार लेने में इतनी कठिनाई होती है कि अंततः आदिवासी जेल में ही रह जाता है। तकरीबन हाल-फिलहाल में दो दर्जन आदिवासी ऐसे हैं जो जमानतदार न मिलने की वजह से जेल में बंद हैं।

गढ़चिरोली के साथ सबसे बड़ी त्रासदी एक्शन प्लान को लेकर भी रही है। क्षेत्र नक्सली प्रभावित है इस वजह से विकास को लेकर और नक्सलियों को खत्म करने के नाम पर करोड़ों का एक्शन प्लान हमेशा पुलिस के लिए बनाया गया है। निदान कुछ भी हुआ या नहीं लेकिन आदिवासियों के लिए यह संकट के रूप में सामने आया। क्षेत्र में पहला एक्शन प्लान महाराष्ट्र सरकार ने 1988 के शुरू में

बनाया, फलस्वरूप 1988 में नक्सलियों के नाम पर क्षेत्र के 75 आदिवासियों को पकड़ा, जिनमें अधिकतर युवा पकड़े गए और उन्हें नक्सली समर्थक करार दिया गया।

सुकड़ी गाँव में नक्सलियों की हरकत तेज हुई तो पुलिस भी हरकत में आई और वहाँ आदिवासियों को मारा-पीटा गया। 1989 में वहाँ गोली भी चली, उसके बाद करीब 23 आदिवासियों पर 'टाडा' लगा दिया गया। आदिवासियों पर यह आरोप था कि उन्होंने पुलिस के खिलाफ हिंसक कार्रवाई की है और लगातार नक्सलियों की मदद कर रहे हैं। यह स्थिति गढ़चिरोली के हर गाँव में हुई जो घने जंगलों के बीच में जंगलवन के नाम से बरकरार है। अपने तौर पर आदिवासी जंगलों में रहते हुए न्यूनतम भोजन जुटाने के लिए कंद मूल निकालते हैं, अगर पुलिस का ध्यान इस तरफ जाता है और इस क्षेत्र में अगर नक्सली सक्रिय हों तो आदिवासियों पर बारूदी सुरंग बिछाने का आरोप लग जाता है। यानी सीधे 'टाडा' के तहत उन्हें पहले थाने और फिर जेल में हमेशा-हमेशा के लिए बंद होना पड़ता। यूँ आतंक फैलाने के लिए हाल फिलहाल में पुलिस ने 'टाडा' के समानांतर नया रुख भी अख्तियार किया है, जिसके तहत अधिकारिक तौर पर 'टाडा' नहीं लगाया जाता लेकिन आदिवासी को पकड़ा जाता है उसे बताया जाता है कि उसके खिलाफ 'टाडा' लगाया गया है, लेकिन यह पुलिस की मेहरबानी है कि उसे जेल नहीं भेजा जा रहा है, इस वजह से हर रोज थाने में हाजिरी दे और जिस वक्त क्षेत्र में किसी नक्सली संगठन का कोई कार्यक्रम होता है या किसी राजनीतिज्ञ की पहल क्षेत्र में होती है तो वह खुद-ब-खुद थाने में आकर खुद को बंद करा ले। होता भी यही है हर राजनीतिज्ञ या मानवाधिकार संगठन की पहल जब इस क्षेत्र में होती है तो कोई पीड़ित, शोषित आदिवासी नहीं मिलता और पुलिस अपने तौर पर यह रिपोर्ट देती है कि स्थिति अनुकूल हो चली है और अभी तक यह कमाल 'टाडा' का ही रहा है।

राजसत्ता और आंदोलन के अंतर्विरोध झेलता तेलंगाना

राजसत्ता की दमनात्मक कार्रवाइयों को झेलते हुए जो आंदोलन पचास साल बाद भी खुद को न सिर्फ पुख्ता बनाए हुए हैं बल्कि विस्तारित ही हो रहा है, उसे महज आतंक कहकर खारिज नहीं किया जा सकता है। तेलंगाना संघर्ष (1946-51) के पचास साल पूरे होने के बाद एक तरफ जहाँ संसदीय चुनावी व्यवस्था के खाके में वहीं आंदोलनों के टूट, बिखराव और भटकाव पर भी मनन किया जा सकता है। लेकिन यह दोनों स्थितियाँ ठीक इसी तरह हैं जिस तरह कागज पर तेलंगाना के फलने-फूलने को संसदीय राजनीति दिखाती आई है और आंदोलन ने राजसत्ता के स्वार्थों तले तेलंगाना के दमन को उभारा है। एक मायने में यही हकीकत, तेलंगाना की भी है।

1946 से 1951 तक चले तेलंगाना आंदोलन के भी दो चेहरे रहे। इन पाँच सालों में पुलिस-फौजों का दमन झेलते हुए एक तरफ अगर चार हजार से ज्यादा किसान और कम्युनिस्ट कार्यकर्ता मारे गए तो दूसरी तरफ वैचारिक तौर पर धनी किसानों और शोषित बँटाईदार व भूमिहीन किसानों में भी भेद उभरे। यह भेद तात्कालिक राहत को लेकर भी थे और लंबे संघर्ष के भी द्योतक थे। कहा जा सकता है 1946 और 1996 के चेहरों में कम से कम तेलंगाना में फर्क तो नहीं आया है। दमन में भी नहीं और राजनीति के मद्देनजर वैचारिक तौर पर भी नहीं। हाँ, फर्क इस लिहाज से जरूर हुआ कि दमन के नए रास्ते खुले। राजनीति के तौर तरीके ज्यादा विकसित हुए और संघर्ष आंदोलन के समानांतर रोजमर्रा के जीवन पर भी आ गया। अगर पचास साल पहले 4 हजार लोग दमनात्मक कार्रवाइयों में मारे गए थे तो अब (1990-96) इनकी संख्या दो हजार से ज्यादा है, उस दौरान दस हजार से ज्यादा 3-4 साल तक कैंपों और जेलों में नजरबंद रहे। लाठीचार्ज, फायरिंग, अमानुषिक पिटाई, हत्या और बलात्कार उस दौरान जम कर हुए जिसका जिक्र अयोध्या सिंह ने अपनी पुस्तक 'भारत का मुक्ति संग्राम' में भी किया है। वहीं 1990-96 के दौरान तीन हजार से ज्यादा टाडा की अनेक धाराओं के अंतर्गत जेलों में सालों साल बंद रहे। तेलंगाना में दोहरे रूप में हिंसा भी जारी रही। राज्य की हिंसा ने अगर खुद को ठहराने के मद्देनजर दमन किया तो आंदोलन ने बदला लेने और अपने अस्तित्त्व को बरकरार रखने के उद्देश्य से हिंसा की। फलस्वरूप आंदोलन चला रहे 1026 नक्सली

मारे गए और करीब 1294 साधारण किसान-मजदूर, 182 छात्र और बेरोजगार युवक, 45 सामाजिक कार्यकर्ता और एक दर्जन निर्वाचित प्रतिनिधियों सहित करीब 10 पुलिसकर्मी भी मारे गए।

तेलंगाना का संकट यह भी है कि समाधान या विकल्प का चिंतन यहाँ विसंगति में ही घुमड़ता है। दमन या हिंसा तब-तब और बढ़े जब-जब संसदीय राजनीति पुष्ट हुई और आंदोलन ने खुद को मजबूत पाया। इसलिए सत्ता परिवर्तन भी त्रासदायी रहा और परिवर्तन न होना अथवा विकल्प का अभाव भी। 1984 में पहली बार आंदोलन चलाने वाले नक्सलियों को एनटी रामराव ने सत्ता की खातिर 'अन्ना' (भाई) कह कर बुलाया, आंदोलन को सही बताया और सत्ता में आने पर सब कुछ मुख्यधारा में जोड़ने की बात की। एनटीआर सत्ता में आए तो सत्ता सँभाल रखने की विसंगतियों में ही सब कुछ गुम हो गया। हिंसा और दमन में तेजी आई। दिक्कत यह भी थी कि जिस मुख्यधारा की बात एनटी रामराव कर रहे थे उसमें उसी वर्ग का प्रभाव था जिसके खिलाफ 1946 में तेलंगाना आंदोलन हुआ था। उस वक्त भू-स्वामी का सीधा हस्तक्षेप राजनीति में नहीं था इसलिए संघर्ष एक खास मुद्दे को लेकर उभरा हुआ नजर आया था। लेकिन बीते पाँच दशकों के बाद पूँजी और राजनीति के घालमेल ने हर उस मुद्दे को खत्म कर दिया जो वर्ग विशेष को राहत दिला सकता है। ऐसे में संघर्ष का रूप तो वही रहा मगर राज्य के चरित्र में आए परिवर्तन ने संघर्ष को संघर्ष भी न रहने दिया और राजनीति की विसंगतियों में ही विकल्प या समाधान टटोलने की प्रक्रिया शुरू हुई। इस प्रक्रिया का असर क्षेत्र में यह भी हुआ कि वैकल्पिक राजनीति को कुछ शुद्ध कर सकता, वह स्थितियाँ ही नहीं बनीं। सिवाय संसदीय राजनीति में लोकतंत्र के गीत गाने और संघर्ष करते हुए क्रांति के गीत गाने के अलावा कुछ हुआ भी नहीं। ऐसे में 1946 की राजनीति कानूनसम्मत व्यवस्था के अंतर्गत समाधान की बात कहती थी और आंदोलन ने छापामार तरीका अपनाकर रूस बनाम चीनी क्रांति के तरीकों पर बहस शुरू की थी, वह 1996 में पूरी तरह धुल गया। तत्काल के लाभ का चिंतन राजनीति के गलियारे में भी गूँजा और आंदोलन भी इससे प्रभावी हुआ। इस वजह से संसदीय राजनीति का संकट यह है कि अगर वह क्षेत्र की सामाजिक-आर्थिक स्थितियों के मद्देनजर राजनीति करती है तो सामाजिक-आर्थिक विसंगति बरकरार रहेगी। अगर विसंगति रहेगी तो आंदोलन फलेगा फूलेगा ही। फिर दमन और उसका जवाब देने की प्रक्रिया अपने-अपने परिप्रेक्ष्य में अपने अस्तित्त्व को टिकाए रखने के लिए जारी रहेगी ही। जो है भी। इसलिए 'तात्कालिक सफलता' ही तेलंगाना की त्रासदी बनी।

नक्सली संगठनों पर पाबंदी लगाना या उठाना तो इस तत्काल की राजनीति का अंशमात्र है। वर्ग से शुरू हुआ आंदोलन जाति विशेष को ही अब नहीं सुलझा पा रहा है और संसदीय दल भी इसी चिंतन तले 'वोट बैंक' बनते बिगड़ते देखते

हैं। ऐसे में भूमि संघर्ष का मुद्दा भी कई स्तरों में बँट गया है। एक लिहाज से आंदोलन का दायरा बढ़ा है, यह भी। चूँकि मुद्दा भूमि से हटकर सामाजिक और सांस्कृतिक अवस्थाओं पर भी खिसका है और जर्जर होती अर्थव्यवस्था से भी कई नए सवाल पैदा हुए हैं। जाहिर है सिर्फ भूमिहीन अथवा किसान मजदूर का ही मामला भी अब नहीं रहा है। युवकों से लेकर महिलाओं और औद्योगिक मजदूरों से लेकर नौकरशाहों के मुद्दे आंदोलन के हिस्से भी बने और राजनीति के भी और सभी को समेटकर आंदोलन में यह चिंतन भी उभरा कि हर श्रम समूह में नहीं करेगा तब तक राजनीतिक सफलता मिल ही नहीं सकती। वहीं राजनीति इस चिंतन को समेटे हुए है कि जब तक हर समूह को रोजगार नहीं मिल जाता अथवा बाजार व्यवस्था के अनुकूल उसे बना नहीं दिया जाता तब तक आंदोलन होंगे ही। फिर फर्क कार्य-उत्पाद और बाजार को लेकर भी आया है इसलिए उनके अंदर की समस्याओं को भी सुलझाने को लेकर वैसी ही बहसें हैं जैसे कभी तेलंगाना में भूमि को लेकर थीं। इसलिए विकास का सवाल हो या पिछड़े तबके को निर्णायक शक्ति देने का, अगर राजनीति ने अपने परिप्रेक्ष्य में इसे उभारा है, तो आंदोलन का संकट यह है कि राजनीति के परिप्रेक्ष्य में औद्योगिक या जमीनी विकास को लेकर पैदा होने वाली विसंगति और पिछड़ी जातियों के उत्थान के मौकों की गड़बड़ियों को ही आंदोलन अपना औजार बनाता है।

यों तेलंगाना इस मायने में जरूर विकसित हुआ है कि संसदीय राजनीति और वैकल्पिक राजनीति को समझ सके। इस वजह से आंदोलन प्रभावित क्षेत्रों में वैकल्पिक विकास की रूपरेखा भी खड़ी की जा रही है। खासकर सरकार द्वारा लागू होने वाली योजनाएँ किस हद तक विकास करती हैं और कितना विनाश, इसका आकलन सिर्फ थ्योरी के रूप में न हो प्रायोगिक तौर पर आंदोलन प्रभावी क्षेत्रों में हो रहा है। विशेषकर योजनाओं से विस्थापन का दर्द झेलने वालों के बीच वैकल्पिक विकास का प्रमाण है। इसका असर संसदीय राजनीति पर भी पड़ा है। इस वजह से राजनीतिक चुनाव के वक्त सतही मुद्दों से ज्यादा ठोस सहूलियतें ही मायने रखती हैं। दो रुपए किलो चावल से लेकर शराबबंदी और राशन दुकानों में महिलाओं को रोजगार देने के सवाल उठने पर सरकार को इसे लागू भी करना पड़ा। गाँवों में खेती किस रूप में हो और सरकारी धन जो योजनाओं के लिए गाँवों में आता है, वह जरूरतमंदों तक पहुँचे इसके लिए समानांतर पंचायतें भी तेलंगाना के कई जिलों में आंदोलन की वजह से मिल सकती हैं। अदिलाबाद जिला के गाँव इसके उदाहरण हैं, जहाँ संघर्ष का जातिगत तौर पर वर्ग चरित्र साफ नजर आता है। यह सफल संसदीय राजनीति के अंतर्विरोध की वजह से ज्यादा हो जाते हैं क्योंकि राजनीतिक दुश्मनी में विपक्ष के दल अकसर संघर्ष प्रभावी क्षेत्रों की वैकल्पिक योजनाओं पर कार्रवाई का समर्थन करते हैं। यह सब राजनीतिक मुद्दा नहीं बने इसलिए जरूरत

पड़ने पर ही सरकार कुछ बोलती है या प्रशासनिक पुलिस कार्रवाई करती है। इसका असर यह भी हुआ है कि संघर्ष विकसित होने में यह सब मदद नहीं कर पाते बल्कि एक खास वक्त आंदोलन से जुड़े तबके भी सहूलियत चाहने की सौदेबाजी में ही उलझकर रह जाते हैं। तेलंगाना में तमाम चुनावों के वक्त यह स्थिति खुल कर उभरी है। ऐसे में खुद आंदोलन भी राजनीति की जरूरत भी बने हैं और सत्ताधारी की आँखों की किरकिरी भी। अपने अंतर्विरोध में उस वक्त की राजसत्ता कैसे उलझी हुई थी यह आंदोलन समाप्त होने के तत्काल बाद 18 अप्रैल 1951 को विनोबा भावे द्वारा आंदोलन के सबसे प्रभावी क्षेत्र पोचमपल्ली गाँव में भूदान कार्यक्रम लागू करने के अंतर्गत समझा जा सकता है। इस वक्त विनोबा भावे को राजसत्ता का पूरा समर्थन था, फिर तेलंगाना आंदोलन नेहरू की बड़ी असफलता भी था। ऐसे में भूदान की मार्फत राजसत्ता भी अपने ऊपर लगे दाग को हल्का करना चाहती थी लेकिन जमींदारों से छठे हिस्से की माँग के साथ पचास करोड़ एकड़ का लक्ष्य साध कर चले विनोबा को सिर्फ तीस लाख एकड़ जमीन ही दान में मिली और उसमें भी अधिकतर जमीन या तो बंजर थी अथवा भूमि सुधार कानून के अंतर्गत आई। इस स्थिति में कितना बदलाव पचास साल बाद आया, यह अभी भी वहाँ के भूपतियों की स्थिति देख समझा जा सकता है। बदलाव नगण्य है। यह अलग बात है कि भूमि के समानांतर तमाम वैसे मुद्दों को लेकर संघर्ष बहुआयामी जरूर बना है, जो कहीं न कहीं क्षेत्र के लोगों के अधिकार क्षेत्र में आने के बावजूद उन्हें नहीं मिले हैं।

अपने तौर पर राजनीति और आंदोलन के विकसित होने के बावजूद तेलंगाना का संकट देश की स्थितियों से बहुत हट कर नहीं है। तेलंगाना आंदोलन (1946-51) के वक्त भी वैकल्पिक अर्थव्यवस्था का कोई खाका कम्युनिस्टों के पास नहीं था और वर्तमान में भी संघर्ष के बाद कौन सा आर्थिक ढाँचा अपनाया जाए यह अभी भी शून्य है। हालाँकि संघर्ष की स्थितियाँ हर उस घेरे में पहुँची हैं जहाँ संसदीय राजनीति के स्वार्थ पहुँचे हैं। इसलिए हर वर्ग-समूह तेलंगाना में आंदोलनों से वाकिफ भी हैं और पचास साल की यात्रा की स्थितियों को समझता भी है। इसके बावजूद सिर्फ संघर्ष या आंदोलन स्वावलंबन की स्थिति पैदा नहीं कर सकते। इसके लिए ठोस आर्थिक ढाँचा चाहिए, यह तथ्य तेलंगाना आंदोलन के वक्त भी पैदा हुआ था और वर्तमान में भी यही सवाल मौजूद है। लिहाजा आंदोलन और राजनीति दोनों अपनी शर्तों और अपने आधारों पर नहीं हो रही है। कहीं व्यवस्था परजीवी बन गया है। ऐसे में सिवाय खारिज हो चुकी वैकल्पिक स्थितियों पर ही बहस और राजनीति से कुछ बच ही नहीं रहा है।

नक्सली गुटों और रामराव का अंतर्विरोध

नक्सली आंदोलन अगर बुरी तरह नहीं भी तो बहुत हद तक हिंसा की रणनीति से जुड़ा हुआ माना जाता है। लेकिन इससे न तो आंदोलन की सही तस्वीर सामने आती है और न ही इस तस्वीर को रखकर इसका सही मूल्याँकन ही किया जा सकता है। संभवतः आंध्र में कांग्रेस सरकार के ढहने के बाद एनटीआर की वापसी ने फिर यह सवाल खड़ा किया कि नक्सली मुख्यधारा से जुड़ने के लिए तैयार नहीं हैं। और अगर यह तैयार हो जाएँ तो न सिर्फ नक्सली संगठनों पर लगा प्रतिबंध हटा लिया जाएगा बल्कि वैसी सहूलियतें भी नक्सलियों को दी जाएँगी जिससे वह मुख्यधारा से जुड़ने के दौरान किसी प्रकार की असहजता महसूस न करें। लेकिन जिस तरह सिर्फ नक्सली आंदोलन का हिंसा के आधार पर आकलन कर सही मूल्याँकन नहीं किया जा सकता, उसी तरह एनटीआर की इस बोली के आधार पर ही सरकार या नक्सलियों के संबंधों के सही स्वरूप को नहीं रखा जा सकता है। सवाल है क्रूर दमनात्मक कार्रवाइयों को झेलते हुए जो आंदोलन पिछले तीन दशकों से न सिर्फ टिका हुआ है वरन् अपने तौर पर जिसका लगातार विस्तार होता रहा है, को महज 'आतंक' नहीं माना जा सकता। निष्पक्ष विश्लेषण करने पर यह बात उभरती है कि राजनीतिक स्थितियों तथा अपनी खूबियों-कमियों का आकलन करने में नक्सली प्रायः सभी स्थापित राजनीतिक दलों से बेहतर साबित हुए। निश्चित तौर पर यह नक्सली आंदोलन परिपक्वता का परिचायक है। जबकि राजनीतिक दलों के माध्यम से राजनीति करने की सोच जिस तरह विघटन और कमजोर स्थिति को उभार रही है उससे यह भी साबित होता है कि जितना आत्मविश्लेषण लगातार नक्सली संगठनों ने किया है उतना राजनीतिक दलों ने नहीं किया है। अगर संसदीय राजनीति से हटकर बात की जाए और संविधान की बोली में कल्याणकारी राज्य को दरकिनार करते हुए नक्सली संगठन का आकलन किया जाए तो नक्सलियों के सिद्धांत और कार्य की समन्वयता तथा सैन्य राजनीतिक एवं सांस्कृतिक मोर्चे पर एक साथ समन्वित प्रयास को नजरअंदाज नहीं किया जा सकता।

राजनीतिक दलों की पहल और नक्सली संगठनों की कार्रवाइयों के बीच यह समन्वय या कमजोरी भी उभरती रही है जब-जब संसदीय राजनीति मजबूत स्थिति में देश के सामने आई तब-तब नक्सली संगठनों की हरकत भी बढ़ी। वहीं संसदीय राजनीति में बिखराव की स्थिति ने नक्सली संगठनों को भी उनके अपने रवैये के

तहत कमजोर किया। वर्तमान में अगर आंध्र प्रदेश में सक्रिय पीपुल्सवार ग्रुप और तेलुगुदेशम यानी एनटीआर के राजनीतिक पहल का आकलन किया जाए तो अपने-अपने तौर पर दोनों की स्थितियों में परिवर्तन हो रहा है। एक तरफ एनटीआर जिस रूप में पीडब्ल्यूजी को ले रहे हैं वह 80 के दशक से नितांत अलग है। इससे पहले मुख्यमंत्री रहते हुए नक्सलियों को भाई का दर्जा देने वाले एनटीआर ने न सिर्फ चुनाव जीतने के लिए नक्सलियों की पहल को ठीक बताया बल्कि सत्ता में आने के बाद टिके रहने के लिए उन विसंगतियों को भी अपना लिया जो नक्सलियों के खिलाफ जाती थीं। बड़ी मात्रा में इनकाउंटर तथा जमींदारों को बढ़ावा और औद्योगिक-आर्थिक मजबूती के लिए विकास का अमानवीय स्वरूप भी तेलंगाना क्षेत्र में सामने आया है। यानी सत्ता प्राप्त करने और सत्ता पर टिके रहने की स्थितियों को बखूबी एनटीआर ने अपने अनुकूल बनाया। वहीं इस बार (1995) एनटीआर अगर सफल हुए तो उसका कारण नक्सलियों को भाई कहने वाली स्थिति नहीं रही। बल्कि संसदीय ढाँचे में विसंगतियाँ इस रूप में हावी हो चुकी हैं कि सत्ता के खिलाफ मतदाताओं का रुख जाना निश्चित था। इसका फायदा एनटीआर को मिला लेकिन एनटीआर इस स्थिति से भी वाकिफ हैं कि अगर नक्सली संगठन अपने तौर पर हल जारी रखता है तो उनके वोट बैंक में दरार पड़ सकती है। कारण साफ है कि सत्ता में पहुँचने के लिए या सत्ता में टिके रहने के लिए जिस वर्ग को महत्त्व देना है वह विसंगतियों की उपज है।

देखा जाए तो पूरे तेलंगाना क्षेत्र में बड़ी-बड़ी जमीन के मालिक तुलनात्मक दृष्टि से मजदूरों की संख्या के बीच 10 और 90 का अंतर है। कुछ जिलों में तो यह अंतर और ज्यादा है। अगर एनटीआर इस 10 प्रतिशत को मान्यता नहीं देते हैं तो उनके लिए सत्ता में टिके रहने अथवा जिस आर्थिक विकास के मार्फत चुनावी घोषणाओं को उन्हें पूरा करना है उसमें दरार आ सकती है, इस वजह से बीच का रास्ता अख्तियार करते हुए नक्सलियों को मुख्यधारा में लाने की बात करते और उसके समानांतर ऐसी नीतियों का अपनाना जो नक्सलियों को मुख्यधारा में शामिल न होने देने वाली स्थितियाँ पैदा करें।

वहीं पीडब्ल्यूजी में यह अंतर इस दौरान साफ उभरा है कि सिर्फ हिंसात्मक कार्रवाइयों के मार्फत या राज्य के प्रति अविश्वास दिखाते हुए अपनी पहल को वह नहीं दर्शा रही है बल्कि नई स्थितियों में पहली बार वह उन विसंगतियों को उभारते हुए सत्ता से भी यह अपेक्षा कर रही है कि वह इसमें सुधार करे। यहाँ तक कि कानूनी ढाँचे को मान्यता देने वाली स्थिति भी नक्सलियों में आयी है। इस नए आत्मविश्लेषण के दौर में पहली बार पीडब्ल्यूजी अपने कैडर की आर्थिक स्थितियों को भी सामने रख रहा है, यहाँ तक कि इनकाउंटर में जो लोग मारे जा रहे हैं, उसके अतीत यानि ऐसे क्या कारण रहे जिस वजह से खास कार्यकर्ता को पीडब्ल्यूजी में शामिल होना

पड़ा। इतना ही नहीं बल्कि किस रूप में सत्ता आतंक के मार्फत इस बात को फैला रही है कि आतंक सिर्फ पीडब्ल्यूजी कर रहा है जबकि पीडब्ल्यूजी आतंक के काउंटर में ही हिंसा करने के लिए बाध्य है। जबकि इसका परिणाम पीडब्ल्यूजी के लिए बेहद सकारात्मक रूप में सामने आया। वहीं एनटीआर की पहल किस तरह इसे मुख्यधारा से न जोड़ने वाली स्थितियों का निर्माण कर रही है। कहा जा सकता है कि नई राजनीतिक स्थितियों में पीडब्ल्यूजी का झुकाव संसदीय व्यवस्था पर चाहे न हुआ हो लेकिन उसके चाल-ढाल में सिर्फ हिंसा की मार्फत कारगर कार्रवाई की सोच में परिवर्तन आया है। इसका कारण नक्सली संगठन के तौर पर उनमें आती कमजोरी भी हो सकती है और आत्मविश्लेषण के दौर में परिवर्तन की चाहत भी। लेकिन दुखद यह है कि एनटीआर के लिए पीडब्ल्यूजी की उपस्थिति सत्ता में टिके रहने वाला औजार बन गया है और पीडब्ल्यूजी अपनी कमजोरी को छुपाने के लिए संसदीय व्यवस्था की कमजोरियों को उकेर रही है।

इस संदर्भ में एक अप्रैल 1995 का चित्तूर जिले में श्रीकालाहस्ती शहर से सटे अदाराम गाँव में हुए इनकाउंटर पर पीडब्ल्यूजी की रिपोर्ट और सरकार का वक्तव्य गौरतलब है। रिपोर्ट के अनुसार इनकाउंटर को करने के लिए पुलिसकर्मी नक्सलियों के ही कपड़े पहनकर क्रांतिकारी गीतों को गाते हुए गाँवों में पहुँचे। वहाँ गाँववासियों के बीच क्रांतिकारी गीत के साथ-साथ सत्ता द्वारा फैलायी जा रही विसंगतियों व अधिकारों के सवाल पर गाँववासियों को उकसाया और क्षेत्र में सक्रिय भूपति दलम के बारे में पूछा। जिस रूप में पुलिसकर्मी गाँववासियों से पेश आए उसमें गाँववासियों को भी यह भरोसा हुआ कि ये दलम के ही लोग हैं इस वजह से उन्होंने भूपति दलम कहाँ टिका है इसकी जानकारी दे दी, जानकारी मिलने पर उन्होंने उस झोंपड़ी को चारों तरफ से घेरा जहाँ खाना खाने के लिए दलम टिका था। चूँकि चारों तरफ से दलम के सातों सदस्य घिर गए थे, इस वजह से सभी ने आत्मसमर्पण किया। आत्मसमर्पग के दौरान दलम का कमांडर गुंडलामंडिय्या उर्फ भूपति उर्फ महेश ने भागने की कोशिश की। एक हवलदार ने उसे पकड़ा और एक पुलिसकर्मी ने तब तक गोली चला दी। गोली हवलदार को लगी बाद में सभी नक्सलियों को शारीरिक रूप से प्रताड़ित करने के बाद गोली मार दी गई। हालाँकि सरकार ने इस इनकाउंटर के संदर्भ में यह कहा कि इकाउंटर में सभी नक्सली मारे गए। नक्सलियों ने एक हवलदार को मार दिया। घटनास्थल से तीन डबल बैरल गन, एक चाकू, एक देसी बंदूक, दो हैंड ग्रेनड तथा कुछ विस्फोटक सामान बरामद किया गया। सरकार ने इस बात से साफ इनकार किया कि किसी तरह से नक्सलियों को प्रताड़ित भी किया गया। लेकिन मेडिकल रिपोर्ट में प्रताड़ित किए जाने की बात सामने आई। जबकि जो हवलदार मारा गया था उसके शरीर से एके-47 की गोली निकली। कहा जा सकता है अपने तौर पर पुलिस ने व्यूह रचना की और नक्सलियों को मारा। लेकिन

यहाँ सवाल यह नहीं है कि सत्ता किस रूप में उग्रवादी तत्त्व यानी नक्सली जिस रूप में यहाँ कार्य कर रहे हैं उसे तथा सत्ता को गाँववासी किस रूप में लेते हैं। सिर्फ विश्वास जीतने के लिए नक्सलियों की पोशाक में पुलिस गाँव या फिर पुलिस की हरकत नक्सलियों की तुलना में ज्यादा आतंक पैदा करने वाली है और इसका अंदेशा सरकार को भी है। इस वजह से पुलिस अपने रूप में गाँववासियों के समक्ष नहीं जाती है, जबकि इनकाउंटर के बाद मारे जाने की घटना को पुलिस ने खुलकर बताया। यानी आतंक किस रूप में व्याप्त हो सकता है इसका अंदाजा सत्ता को है।

इन सबकी जानकारी के अलावा जिन क्षेत्रों में पीडब्ल्यूजी का यह कैडर रहा और पला-बढ़ा वहाँ की आर्थिक स्थिति तथा किस रूप में सामाजिक विसंगतियाँ वहाँ व्याप्त हैं इसकी जानकारी भी रिपोर्ट में दी गई है। खासतौर से कुछ सीमित लोगों के पास नब्बे प्रतिशत जमीन होना और जमींदारी तथा ठेकेदारों को सरकार द्वारा प्रोत्साहित करने की स्थितियाँ। विशेषकर पुलिस प्रशासन की ऐसी हरकत जिसमें मजदूरों को सही मजदूरी न मिल पाना और मुनाफे का कुछ हिस्सा पुलिस प्रशासन तक पहुँचाना, जिससे सही स्थिति का सरकार तक न पहुँच पाना रिपोर्ट के मुख्य अंश हैं। महत्त्वपूर्ण यह भी है कि रिपोर्ट में यह जानकारी भी दी गई है कि सरकारी कागज पर जिस रूप में जमीनों के बँटवारे की बात कही गई है और नशाबंदी को लेकर वैसे तमाम भ्रष्ट उद्योग जिन पर कागजी रोक लगा दी गई है। वह कितने स्वतंत्र तरीके से क्षेत्र में चल रहे हैं और उसके प्रभाव में आकर पिछड़ी जाति के लोग किस तरह गुलाम की सी जिंदगी व्यतीत कर रहे हैं। बोगसपट्टा तथा क्षेत्र के बाहर के लोगों के नाम से जमीन बाँटी गई है। कृषि योग्य वैसी भूमि जो इस क्षेत्र में न बेची जा सकती है न खरीदी जा सकती है उसे भी कानूनी तरीके से कुछ शक्तिशाली लोगों के हाथों में सीमित कर दिया गया है। हालाँकि इसकी कुछ जानकारी सरकार तक पहुँचने पर बड़े अधिकारियों के स्थानांतरण हुए, लेकिन जिस रूप में यहाँ का पूरा ढाँचा है उसमें यह संभव ही नहीं है कि कोई एक अधिकारी स्थितियों को वहाँ के लोगों के अनुकूल कर दे। क्षेत्र में भूपतियों के पास जहाँ उद्योग भी हैं वहाँ यह व्यवसाय का काम भी करते हैं, और तो और गैरकानूनी तरीके से अरक की आवाजाही भी इन्हीं के माध्यम से होती है। इनके मुनाफे में से कुछ हिस्सा अगर पुलिस प्रशासन को जाता है तो बड़ी मात्रा में राजनीतिक दलों के पास भी इनकी पूँजी जाती है।

यूँ पीडब्ल्यूजी की कार्रवाई और सरकार की पहल को किसी एक काम के तहत देखा जाए तो यह बात भी सामने आई है कि एक तरफ जहाँ नक्सली गाँववासियों को भरोसे में लेकर काम करते हैं वहीं सरकार, स्थानीय पुलिस प्रशासन की रिपोर्ट के आधार पर पुलिसतंत्र का ही काम सौंपती है उसमें गाँव वालों को भरोसे में नहीं लिया जाता है। 1991 में बुच्ची नायडू कंड्रिगा मंडल के पाल्लामाला गाँव में पुलिस प्रशासन ने उन गाँववासियों को प्रताड़ित किया जिन्होंने भूपतियों के खिलाफ आवाज

उठाई थी। जबकि इस गाँव में नक्सलियों ने अनुसूचित जाति के लोगों को उकसाया था कि वह उस जमीन पर कब्जा करें जिसे स्थानीय रेड्डियों को उन्हीं के भ्रष्ट अध्यक्ष ने बेच दी थी। जबकि सरकार के पास यह रिपोर्ट गई थी कि जो जमीन बेची गई है वह अनुसूचित जाति के लोगों ने अपने बीच बेची है। इसी रिपोर्ट के आधार पर पुलिस ने कार्रवाई की। उल्लेखनीय है कि क्षेत्र में जमीन बेची-खरीदी नहीं जा सकती। इसी दौरान नक्सलियों के साथ मिलकर गाँववासियों ने अरक के ठेकेदारों की जीपों को आग लगा दी। मेलचूर तथा यानाडी कालोनी में ठेकेदार पर हमला हुआ। सदाशिवपुरम अंजूरमारापरेड्डीकंड्रिगा में अरक दुकानों पर हमले हुए तथा ठेकेदार पर यह दबाव डाला गया कि वह अरक की कीमत कम करे।

वर्तमान स्थितियों में परेशानी यह हो रही है कि जन विसंगतियों के समाधान के लिए नक्सली हिंसक रूप अख्तियार किए हुए हैं, पहली बार वह यह माँग कर रहे हैं कि सरकार गड़बड़ियों की न्यायिक जाँच कराए और भूमि सुधार तथा विचित्र विकास की योजनाओं का जो स्वरूप सरकार द्वारा कागजी तौर पर अपनाया गया है उसे उसी रूप में लागू कराए जाने की व्यवस्था भी हो। नए स्वरूप में यह आश्चर्यजनक जरूर है कि नक्सली सरकार को ही यह क्यों कह रहे हैं जबकि संसदीय व्यवस्था का बहिष्कार कर उन्होंने अभी तक अपना विरोध ही जतलाया है। अंदरूनी तौर पर इसकी हकीकत यह भी है कि जिस रूप में सत्ता के प्रति मोहभंग मतदाताओं का हुआ है और नक्सली संगठन अपने तौर पर कोई ऐसा समाधान दिला पाने में सक्षम नहीं हो पाए हैं जिससे वह सरकार के समानांतर खड़ा हो सके तो उस स्थिति में नक्सली यह मान रहे हैं कि सरकार की विसंगतियों को जनता समझ लें और वह खुद सरकारी रवैये का समर्थन करते हुए उन्हें लागू किए जाने की बात कहे तो वह क्षण अतिशीघ्र आएगा जब चुनावी व्यवस्था पर से पूरा भरोसा जनता का उठ जाएगा। या फिर नई स्थितियों में विकास की जो योजनाएँ सामने आ रही हैं वह जनता के अनुकूल नहीं हैं, इसे भी जनता समझेगी। इतना ही नहीं बल्कि विभिन्न योजनाओं को लागू कराने के लिए जो अधिकारी नियुक्त हैं उनके प्रति गाँववासियों का जो रवैया आदरपूर्ण है उसमें भी परिवर्तन होगा। लेकिन नए स्वरूप में यह भी माना जा रहा है कि लगातार हिंसात्मक तौर पर कार्रवाई करते-करते नक्सली संगठन अब आत्मविश्लेषण के नए दौर से गुजर रहा है जहाँ उसके लिए यह बात महत्त्वपूर्ण हुई है कि सामाजिक ढाँचे में जिन विसंगतियों को समझने के बाद सामान्य गाँववासी पार्टी में शामिल होते हैं अगर उन स्थितियों को खुले रूप में रखा जाए तो नए तरीके से राजनीतिक सोच भी विकसित की जा सकती है। हालाँकि पीडब्ल्यूजी के कैडर में यह बहस भी लगातार चल रही है कि अन्य संगठनों की तरह पीडब्ल्यूजी भी कहीं संसदीय व्यवस्था की तरफ तो उन्मुख नहीं हो रही है और उसके यह कदम भविष्य में चुनाव में भागीदारी की तरफ तो नहीं बढ़ रहे हैं?

नक्सली हिंसा के बदलते मिजाज

सत्ता बंदूक की नली से निकलती है। अपने तौर पर यह नारा वर्तमान में कितना मौजूं है इस पर बहस बेकार है, लेकिन अतिवाम संगठनों के लिए अभी भी क्रांति या व्यवस्था परिवर्तन के मद्देनजर इसका एक खासा महत्त्व है इसे नकारा भी नहीं जा सकता। खासतौर से इस चुनाव के दौरान आंध्रप्रदेश और बिहार में जिस तर्ज पर चुनाव बहिष्कार की हिंसा हुई उससे यह सवाल तो दोबारा उठा ही है आखिर हिंसा विकल्प या परिवर्तन कैसे दे सकती है। जाहिर तौर पर संसदीय व्यवस्था के मद्देनजर अगर नक्सली संगठनों की हिंसा का आकलन किया जाए तो यह सिवाय एक खास धारा के दिवालियेपन से हटकर कुछ लगेगा ही नहीं। फिर संसदीय राजनीति ने जब राजनीति/सत्ता को अर्थशास्त्र में तब्दील कर दिया हो और पूरी व्यवस्था का खाका 'अर्थ' के ही इर्द-गिर्द घूमता नजर आ रहा हो तब तो हिंसा और बेमतलब सी लगती है। यह भी एहसास होता है कि अतिवामपंथी संगठनों की सोच, उनका चिंतन टिकेगा भी कहाँ। यानी व्यवस्था परिवर्तन की बात आ भी जाए और अतिवाम थ्योरी लागू करने की स्थिति बन भी जाए तो भी ऐसे संगठन सिवाय हिंसक तानाशाही के और दे भी क्या पाएँगे। यह सोच संसदीय ढाँचे में पिछले पचास साल से 'लोकतंत्र' का स्वाद चख रहे किसी भी नागरिक/नेता/संस्थान की हो सकती है। लेकिन संसदीय घेरे से बाहर निकलकर अगर विकल्प या अतिवाम थ्योरी के संघर्ष के दायरे को देखा-समझा जाए तो निश्चित तौर पर कुछ नये सवाल पैदा होंगे। खासकर तीन दशक से जो नक्सली आंदोलन अपनी तमाम विसंगतियों के बावजूद संसदीय दलों से खुद को न सिर्फ ज्यादा परिपक्व बनाये रखे हो बल्कि संघर्ष के मद्देनजर एकता की तलाश में भी जुटा हो उसको संसदीय धारा के तहत खारिज करना बेमानी भी है और बेमतलब भी।

अगर बिहार की चुनावी हिंसा (बायकॉट) के मद्देनजर नक्सलियों की स्थिति का जायजा लें तो एक बात बिल्कुल साफ है कि बारूदी सुरंग विस्फोट की हिंसा नक्सली आंदोलन का न तो आधार है, न ही अंतिम हथियार। चूँकि बिहार में चुनाव बायकॉट की हिंसा का यह स्वरूप पहली बार सामने आया है तो उसके पीछे नक्सली संगठनों के स्वरूप में आये बदलाव को भी समझना होगा। दरअसल पिछले वर्ष अगस्त से पहले नक्सली संगठन पीपुल्स ग्रुप की कोई सीधी पकड़ या पहुँच बिहार में नहीं थी। अगस्त 1998 में पीपुल्सवार ने लंबी बहस के बाद बिहार में सक्रिय

पार्टी यूनिटी के साथ हाथ ही नहीं मिलाया बल्कि एक मायने में दोनों का एक-दूसरे में विलय हो गया। इस वजह से पार्टी यूनिटी का नया वार पार्टी यूनिटी पीपुल्सवार हो गया। इस विलय के संदर्भ में यह महत्त्वपूर्ण है कि पीपुल्सवार अपने तौर पर अपने संघर्ष को आगे बढ़ाने के लिए बिहार को हर हालत में अपने से जोड़ना चाहती थी इस वजह से पार्टी यूनिटी के समानांतर माओवादी कम्युनिस्ट सेंटर (एम.सी.सी.) से भी बातचीत चली। पार्टी यूनिटी और एम.सी.सी. का अपने तौर पर यह मानना था कि अगर पीपुल्सवार से वो जुड़ते हैं तो सीधे उनकी शक्ति में बढ़ोतरी होगी। क्योंकि धन और हथियार हमेशा बड़ी मात्रा में पीपुल्सवार से उपलब्ध हो सकेंगे। नक्सली आंदोलन के पूरी तरह सफाये के लिए राज्य सरकारों की कोऑर्डिनेशन कमेटी की 1998 में हुई बैठक में भी यह बात उभरकर आयी थी कि पीपुल्सवार अगर बिहार में घुसता है तो हिंसा बढ़ेगी। आंध्र, महाराष्ट्र, मध्यप्रदेश, उड़ीसा और बिहार में घुसता है तो हिंसा बढ़ेगी। आंध्र, महाराष्ट्र, मध्यप्रदेश, उड़ीसा और बिहार के वरिष्ठ पुलिस-प्रशासनिक अधिकारियों ने बैठक के बाद अपनी रिपोर्ट में इसके साफ संकेत भी दिये थे कि पीपुल्सवार ने खुद को जिस तरह आगे बढ़ाया है अगर वही मिजाज दूसरे नक्सली दलों में (बिहार में) आया तो इसे मिटाना मुश्किल होगा। सरकार की रिपोर्ट के मुताबिक पीपुल्सवार ने अपने प्रमाणित क्षेत्रों में बाकायदा समानांतर व्यवस्था बना रखी है। खासकर विदर्भ तेलंगाना और छत्तीसगढ़ के कुछ हिस्सों में विकास के किसी भी कार्य को अगर किसी निजी कंपनी/ठेकेदार को सौंपा जाता है तो उसमें से बीस फीसदी का बजट सीधे पीपुल्सवार अपनी शर्तों पर हथिया लेता है। महत्त्वपूर्ण है कि महाराष्ट्र सरकार की रिपोर्ट में थापर उद्योग समूह के बल्लारशाह पेपर मिल का भी जिक्र था। रिपोर्ट के मुताबिक विदर्भ के चंकपुर और गढ़चिरोली जिले में जिस तरह बल्लारशाह पेपर मिल को जंगल काटने का लाइसेंस मिला हुआ है और मिल प्रति पेड़ की कीमत सिर्फ तीन रुपये के अनुसार सरकार को देती है ऐसे में जंगल कटे इसके लिए हर साल करोड़ों रुपये पेपर मिल पीपुल्सवार को देती है। क्योंकि नक्सली संगठन ने यहाँ जहाँ जंगल काटने वाले आदिवासी मजदूरों की न्यूनतम मजदूरी पिछले दस साल में दुगनी से ज्यादा बढ़ा दी है, वहीं यह व्यवस्था भी की है कि यह मजदूर आदिवासी तभी जंगल काटें जब पेपर मिल को होने वाले मुनाफे का बीस फीसदी उनकी झोली में पहुँच जाए। चूँकि ऐसे बहुतेरे उद्योगों की इन क्षेत्रों में (बिरला की सीमेंट फैक्टरी से लेकर लार्सन टर्बो तक) भरमार है इस वजह से धन की कमी पीपुल्सवार के पास है नहीं। वहीं केंद्र सरकार की रिपोर्ट और आध्र पुलिस की को-ऑर्डिनेशन कमेटी की रिपोर्ट के मुताबिक पीपुल्सवार के तार हथियार सप्लाई के मामले में लिट्टे से भी जुड़ रहे हैं, इस वजह से पीपुल्सवार अगर बिहार में प्रवेश करता है तो खतरनाक साबित हो सकता है। यह बात जहाँ सरकारों (चारों) की बैठक में उभरी थी वहीं अपने तौर पर बिहार सरकार के गृह विभाग ने आंध्रप्रदेश

की रिपोर्ट देखने के बाद यह सवाल भी खड़ा किया था कि आंध्र में जिस थ्योरी के तहत नक्सली काम कर रहे हैं, अगर वो संगठन बिहार में काम शुरू करते हैं तो हिंसा कई मायनों में बिखरेगी। खासकर बिहार की राजनीति में ही नहीं बल्कि सामाजिक ढाँचे पर जाति का जो प्रभाव है एक हद तक उसने नक्सली संगठनों की पहल को रोके रखा है। मगर वर्ग संघर्ष का सवाल अगर नक्सली प्रभावित हिस्सों में फैलेगा, जिसका खतरा पीपुल्सवार के आने से बढ़ गया है तो स्थिति विस्फोटक हो सकती है। अपनी रिपोर्ट में बिहार सरकार ने भाषा की सामंती स्थितियों में चाहे जितना दमन का नंगा नाच कृषि बहुल इलाकों में होता है और सरकार उसे नहीं रोक पायी है लेकिन इन्हीं स्थितियों ने भ्रष्ट सार्वजनिक संस्थानों को बचाया भी है। यानी एक हद तक राज्य की जनता टैक्स दे रही है। विकास कार्य कितना भी धीमा हो लेकिन रेंग-रेंगकर चल रहा है या फिर लगता है कि कहीं सरकार/शासन मौजूद है तो उसके पीछे दमन-शोषण-सामंती चिंतन-जाति व्यवस्था ही है। खास बात यह है कि अगस्त 1998 से पहले पार्टी यूनिटी, एम.सी.सी. और पीपुल्सवार के बीच बिहार के संदर्भ में जहाँ अपने संघर्ष को जाति-बंधन से बाहर लाकर वर्ग पहल के तौर तरीके पर बहस हुई। वहीं अगस्त 1998 यानी दोनों संगठनों के एकीकरण के बाद राष्ट्रीय परिप्रेक्ष्य में संघर्ष पैदा करने की बात हुई। दोनों संगठनों ने अपने नये मुखपत्र को जनवरी 1999 से शुरू किया। 'पीपुल्स मार्च' नाम की इस पत्रिका में शुरू से ही संसदीय ढाँचे को घेरा गया। महत्त्वपूर्ण यह है कि किसी स्तर पर कोई सवाल इन्हें न धेरे इस वजह से शुरुआती दौर में ही संसदीय और क्रांति की धारा को अलग कर दिया। एम.सी.सी. से सीधे दुश्मनी के बावजूद उसे इस तर्ज पर मान्यता दी कि एम.सी.सी. संसदीय धारा के खिलाफ है इस वजह से आज नहीं तो कल हम साथ खड़े होंगे। वहीं सी.पी.एम., सी.पी.आई. को कांग्रेस-भाजपा की लाइन में खड़ा कर बिहार में सक्रिय लिबरेशन और आंध्र में सक्रिय जनशक्ति, न्यू डेमोक्रेसी समेत उन सभी अतिवामपंथी संगठनों को खारिज किया गया जो संसदीय चुनाव से जुड़े हैं। पीपुल्स मार्च के मुताबिक मार्क्स-लेनिनमाओ का नाम लेकर जो संगठन संसदीय व्यवस्था का उपयोग यह कहकर उठाते हैं कि वे क्रांति के रास्ते में संसद को रणनीति के तौर पर इस्तेमाल कर रहे हैं दरअसल यह संगठन जनता को बाँट रहे हैं और चुनाव के वक्त तो ऐसे संगठनों से विशेष तौर पर सचेत रहना चाहिए क्योंकि चुनाव के दौरान हिंसा को नकारना सही नहीं है। (जुलाई-अगस्त '99 पीपुल्स मार्च)। दरअसल संसदीय चुनाव को लेकर जनवरी से अभी तक (अगस्त) के सर्कल अपने प्रभावित क्षेत्रों में अतिवान संगठनों से आये और उसे चुनाव से जोड़ा, उसे खारिज भी नहीं किया जा सकता। बाकायदा नारा दिया गया, तीन साल में तीसरा चुनाव यानी ढाई हजार करोड़ रुपये का सफाया। चुनाव का आदर या उसमें लगने वाले चुनावी नारों की हकीकत भी प्रभावित क्षेत्रों में खूब उछाली गयी 'लायक

नेता-लायक सरकार'। पर प्रश्नचिह्न लगाया सामाजिक-राजनीतिक अस्थिरता ने। मध्यप्रदेश में ननों के साथ बलात्कार। गुजरात में ईसाइयों पर हमले। उड़ीसा में मिशनरी, पादरी की हत्या। कर्नाटक में सूफी मस्जिद बावाबुदंगीर को नष्ट करने का प्रयास। कश्मीर और उत्तर-पूर्व राज्यों में सैनिकों की बड़ी संख्या में तैनाती। वहीं सरकार की ही पब्लिक सेक्टर को खत्म करने की नीतियों को लेकर उँगली उठी। पब्लिक सेक्टर के आठ उद्योगों को बंद करने का निर्णय। नयी कपड़ा नीति से हैंडलूम और पावरलूम से जुड़े कामगारों के बेरोजगारी पर सरकार की चुप्पी। नयी कोयला नीति से ईस्टन कोल के 71 हजार मजदूरों के सामने रोजगार बंद की स्थिति पर सरकार की खामोशी। टर्मिनेटर बीज से लेकर खाद और बाजार की होड़ में खेती को बिचौलियों के हाथ सौंपने की तैयारी। दरअसल बिहार में नक्सलियों के बीच संसदीय राजनीति भी चुनावी बायकाट में जरूरी बहस रही। यानी मत ना करें या चुनाव का पूरी तरह बहिष्कार करें अथवा संसदीय धारा की विसंगतियों से भरी है इसमें भी राजनीतिक दलों के जरिये आया गया। भाजपा के साथ दो दर्जन दल क्यों हैं अथवा कांग्रेस के साथ आधा दर्जन दल ही क्यों हैं। इसको उजागर तो खुद एक-दूसरे राजनीतिक दलों ने किया मगर अतिवाम संगठनों ने पत्रिका-पर्चों-नारों के जरिये जनता दल की टूट से लेकर अकाली दल, तेलगुदेशम, कांग्रेस और टूट के बाद भी लोकतांत्रिक मोर्चे को बनाये रखने की मुलायम-लालू की हट के पीछे राजनीति को भी उभारा। सभी दलों के घोषणापत्र में कितनी समानता है और वामपंथी दल (सी.पी.आई., सी.पी.एम.) अभी भी अपने संघर्ष का राग क्यों अलापते हैं इस पर खुलकर चर्चा की। पीपुल्स मार्च में तो फॉरवर्ड ब्लॉक और आर.एम.पी. की लाइन पर भी बहस की गयी और उसे एक नया खतरा बताया गया कि लेफ्ट फ्रंट में रहते हुए साथी दलों की नीतियों पर हंगामा करना क्या दर्शाता है? पश्चिम बंगाल और केरल की स्थिति, यहाँ की सामाजिक-आर्थिक व्यवस्था, जातीय अहंकार, धार्मिक अस्तित्त्व किस तरह समूहों को आपस में टिकाये रख रहे हैं। सबसे प्रगतिशील मुख्यमंत्री चंद्रबाबू नायडू और पिछले मुख्यमंत्री लालू यादव की पत्नी राबड़ी देवी में बतौर राज्य व्यवस्था के कैसे अंतर किया जा सकता है? इन सबके बीच किसी दल-संगठन के राज्य-मुख्यमंत्री की एक ही आर्थिक नीति क्यों है जो कागज तक पर बेरोजगारों की लकीर लंबी कर रही है। महत्त्वपूर्ण है कि पीपुल्सवार के प्रमुख गणपति (सीतारमैया के बाद) खुद इंजीनियर हैं, जिस तर्ज पर देश की आर्थिक व्यवस्था की पटरी लायी गयी है उस पर गणपति ने न सिर्फ पेपर लिखा है बल्कि नक्सली आंदोलन में इस तथ्य को भी जोड़ा है कि जिस तर्ज पर सरकार रोजगार या बेरोजगार की गिनती करती है उससे कहीं बड़ी संख्या असंगति कृषि क्षेत्र में है। जहाँ एक तरफ काम करने वालों की संख्या निजी-पब्लिक सेक्टर से कहीं ज्यादा है और देश का आधार भी उन्हें ही बनाया जाए वहीं नयी आर्थिक नीतियों से अगर

कृषि क्षेत्र के बेरोजगार लोगों के नाम सरकार की फाइल में जोड़ दिए जाएँ तो संख्या दस करोड़ पार कर जाएगी। फिर जिस तर्ज पर ग्लोबलाइजेशन, लिबरेलाइजेशन, निजीकरण किया जा रहा है और गैट/विश्वबैंक/मुद्राकोष अपनी नीतियों को लागू करने के लिए जिन स्थितियों को लाद रहा है उसमें बेहतर जिंदगी जिस तरह सिमट रही है और गैर बराबरी की खाई बढ़ती जा रही है। इन स्थितियों में कैसे चल रही व्यवस्था को मान्यता दी जा सकती है। एक हद तक विकल्प या क्रांति का चिंतन लिए नक्सली संगठनों को इस दायरे से निकाला भी कैसे जा सकता है। जब चुनाव बहिष्कार का नारा लगाकर वे बहस को न सिर्फ इस गहराई तक ले जाना चाहते थे। बल्कि अपने तौर पर यह भी महसूस कर रहे थे कि उनकी संख्या चाहे न बढ़ रही हो मगर संसदीय व्यवस्था के खिलाफ खड़े लोगों की कतारों में काफी इजाफा हो रहा है तो सीधे-सीधे अतिवाम थ्योरी को कैसे खारिज किया जा सकता है।

यहाँ दोबारा चुनाव बहिष्कार के हिस्से और बिहार में नक्सली आंदोलन के नये मूड पर चिंतन जरूरी है। यूँ बिहार की आर्थिक-सामाजिक स्थिति का जिस तरह राजनीतिक प्रभाव है वैसे में नक्सली संगठनों का मिजाज भी दूसरे राज्यों से (आंध्रप्रदेश) अलग है। यह भी वजह है कि पीपुल्सवार की थ्योरी अगर धनबल के साथ बिहार के नक्सली आंदोलन से जुड़ती है तो राजनीतिक घेरे में उसका महत्त्व संसदीय व्यवस्था के लिए कहीं ज्यादा होगा। बिहार में इस लोकसभा चुनाव के दौरान उम्मीदवार व कार्यकर्ताओं (राजनीतिक दलों के) की जगह पुलिस को निशाना नहीं बनाते तो उसके पीछे जाति-स्थानीय-गरीबी-लूटपाट जुड़ा रहता। लेकिन पहली बार पुलिस को बतौर राज्य के प्रतिनिधित्व के तौर पर आँका गया। और हमला सीधे राज्य पर किया गया उसकी व्यवस्था पर उँगली उठायी गयी। जबकि उससे पहले 1998 के लोकसभा चुनाव तक में पार्टी यूनिटी और एमसीसी ने बायकाट के साथ विकल्प तलाशने भर की बात कही थी। जबकि इस बार नक्सली संगठनों ने अपने प्रभावित क्षेत्रों में दीवारों पर लिखा 'हम मौजूदा व्यवस्था की लूट-खसोट का विरोध कर रहे हैं।' या फिर 'हम शोषकों को जनता को लूटने का लाइसेंस देने से इनकार कर रहे हैं।' फिर नारे की तर्ज पर जन कमेटी बनाने की बात भी पहली बार राज्य सत्ता के समानांतर बिहार में खड़ी हुई। एक हद तक बिहार में नक्सली चिंतन में आये बदलाव को लेकर यहाँ यह सवाल खड़ा हो सकता है कि अपने तौर पर राज्य या नक्सलियों के आतंक में अंतर क्या है। तो जाहिर है, राज्य की अपनी उपस्थिति जब उसे अपने घेरे में खारिज कर रही हो और राज्य का मतलब सत्ता में सिमटा हो तो नक्सली हिंसा (चुनावी बायकाट) के समानांतर उसी हिम्मत से राज्य की मूल हिंसा (लूट खसोट की नीतियाँ) पर भी उँगली उठानी होगी तभी बहस के घेरे में सत्ता आएगी। अन्यथा लूट या बंदूक तले ही राज्य को भोगना होगा।

न्यायपालिका की सक्रियता के मायने

न्यायपालिका का सक्रिय होना और कार्यपालिका का कुंद पड़ना वर्तमान दौर की देन नहीं एक ही विसंगति है। वे सारे कार्य जो कार्यपालिका की हदों में आते हैं वे न्यायपालिका के कठघरे में कैसे पहुँच गये? या फिर कार्यपालिका क्यों अपने कार्य नहीं कर पा रही है? कहा जाए तो सिर्फ नीतियों की विसंगतियाँ, भ्रष्टाचार या घोटालों का होना और उसका खुलकर उभर आना भर ही तथ्य नहीं है। तथ्य यह भी है कि इस पूरी प्रक्रिया में उसी व्यवस्था को जिलाये रखने के प्रयास भी हो रहे हैं जिसकी वजह से न्यायपालिका सक्रिय हुई या कार्यपालिका कुंद हो गयी। अभी तक संसदीय राजनीति कार्यपालिका के मार्फत यही समझाती आयी कि सत्ताधारी दल के परिवर्तन का ही मतलब है व्यवस्था परिवर्तन। अब यह भी समझाया जा रहा है कि व्यवस्था की विसंगतियों से लाभ उठा कर जनता को धोखा देने वाले तत्त्वों को कठघरे में खड़ा करना परिवर्तन का द्योतक है। यानी जिन तरीकों से सत्ता प्राप्त की जाती है और सत्ता पाने के बाद उसका लाभ उठाते हुए मददगारों को जो पुरस्कार बाँटे जाते हैं उसमें दोष न तो सत्ता प्राप्त करने के तरीकों का है और न ही सत्ता के चरित्र का। दोष इस दौरान लाभ उठाने वाले तत्त्वों का है और उन्हें अदालत में घसीटने मात्र से समाधान तो नहीं लेकिन विकल्प मिलता जरूर लगेगा। कहा जाए तो इसका एक अर्थ यह भी है कि जब जो सत्ता में रहे उसके प्रतिकूल कुछ भी न घुमड़े। यह प्रणाली धीरे-धीरे पूरी राज्यप्रणाली पर प्रश्नचिह्न लगा सकती है। इस पर मौन बरता जा रहा है।

न्यायपालिका की सक्रियता किस रूप में हुई है इस पर भी गौर जारी है। राजनीति ने सत्ता के लिए क्या-क्या गुल खिलाये और कब-कैसे खिलाये, इसकी सुनवाई कोर्ट ही करेगा। सत्ता के लिए राजनीतिक धोखाधड़ी एक राजनीतिक दल द्वारा दूसरे राजनीतिक दल की खरीद-बेचने या सौदेबाजी की स्थिति कितनी असामाजिक अथवा राजनीतिक अपराध वाली रही, फैसला न्यायालय करेगा। लगातार विकास के लिए अपनायी जाती योजनाएँ किस तरह विनाश को बढ़ावा दे रही हैं, जाँच न्यायालय करेगा। ऐसे में बाँधों की ऊँचाई, विस्थापितों का सवाल, पर्यावरण विनाश की स्थितियाँ किस रूप में मौजूद हैं वह लागू रही। न्यायालय सुनवाई करेगा और उचित निर्देश देगा। राजनीतिक लाभ उठाते हुए नौकरशाहों, उद्योगपतियों ने नियम-कायदे को ताक पर रख स्वयं लाभ के लिए क्या-क्या गुल

खिलाये इसकी जाँच न्यायालय में ही होगी और तो और अयोध्या व बाबरी मस्जिद या राममंदिर कहाँ बनेगा यह फैसला भी न्यायालय ही करेगा। तब तो कल बेरोजगारी का समाधान भी कोर्ट में तलाशा जाएगा और समाज में असमानता या विदेशी पूँजी-उत्पाद को लेकर बाजार अर्थव्यवस्था के संकट पर भी बहस कोर्ट के परिसर में ही होगी। कहा जा सकता है यह नौबत नहीं आएगी अथवा न्यायालय संविधान के दायरे में किसी भी क्षेत्र विशेष को लेकर खास स्थिति लागू करने को कह भी सकता है। लेकिन लागू करने की स्थितियों में ही विसंगति होने के कारण जब गड़बड़ियाँ हुई तो उन्हीं गड़बड़ियों पर जारी निर्देश को सही अवस्था में लागू कौन करेगा?

जाहिर है जब राजनीति मजबूत रही या सत्ता का प्रभाव 'बहुमत' के मार्फत संसद में रहा तब न्यायपालिका का कार्य न सिर्फ कार्यपालिका ने खुलकर किया बल्कि खुलकर हस्तक्षेप भी किया। खासतौर पर इंदिरा गाँधी के शासनकाल को इस परिप्रेक्ष्य में याद करना बेहतर होगा। आपातकाल से ठीक पहले कार्यपालिका की सक्रियता के आगे तो न्यायपालिका भी नतमस्तक रही। संजय गाँधी बुलडोजर चलवाते रहे। इंदिरा गाँधी अपने विरोधियों को हवालात दिखाती रहीं, लेकिन न्यापालिका सक्रिय नहीं हुई। ऐसा भी नहीं है कि उस वक्त किसी ने कार्ट से न्याय की गुहार नहीं की। दर्जनों केस आज की तारीख में भी दिल्ली न्यायालय में लंबित पड़े हुए हैं।

संकट यह नहीं है कि आज न्यायपालिका सक्रिय है और कार्यपालिका खामोश है। संकट यह भी नहीं है कि जब कार्यपालिका बोलती है तो न्यायपालिका खामोश हो जाती है। संकट तो यह है कि व्यवस्था इतनी लचर है कि किसी व्यवस्था का न होना ही व्यवस्था बना दी गयी है।

राज्य प्रणाली का स्वरूप भी इस तरह परोसा जा रहा है कि कार्यपालिका, विधायिका और न्यायपालिका के एक साथ सक्रिय रहे 'चेक-एंड-बैलेंस' की अवधारणा लागू होने के बदले किसी भी एक संस्था के सक्रिय होने को ही सब कुछ माना जा रहा है। कहा जा सकता है जब कुछ भी सकारात्मक न हो रहा हो तो कुछ भी होना मायने रखता है लेकिन इसका असर समाज में किस रूप में होता है यह व्यक्ति विशेष की पहल मात्र से भी समझा जा सकता है जो असुरक्षित माहौल में अपने संकट और अपनी सुरक्षा के अंतर्गत ही समाज-व्यवस्था की व्याख्या पर वर्तमान में खुद को प्रभावी बनाये रखना चाहता है। यह स्थिति सिर्फ डर, भय या आतंक के कारण नहीं है बल्कि संस्थानों की पहल जो निर्धारित के प्रतिकूल हो सामने आ रही है और खुद को पुष्ट भी कर रही है, से ज्यादा प्रभावित है।

कर प्रणाली का पूरा खाका एक तरफ राज्य के अस्तित्त्व को खड़ा किये हुए है, दूसरी तरफ कर चोरी समानांतर पुरस्कार व्यवस्था को बना रही है। अपने देश

की तो दूर सैकड़ों बहुराष्ट्रीय कंपनियाँ भारत के ही श्रम से बन यहीं के माल को भारत में ही बेचकर करोड़ों कमाती भी हैं और किसी प्रकार का कोई कर भी नहीं देतीं। एक जगह से मुनाफा कमा कर दूसरी जगह लगाने का चिंतन बाजार अर्थव्यवथा की ऐसी देन है, जिसमें अधिकतर उद्योग कर देने से बच जाते हैं। खुली या उदारवादी अर्थव्यवस्था के चिंतन का प्रभाव राजनीति पर भी पड़ा और कर चोरी से राजनीतिक चंदा जैसे मुनाफा कमाने के संसाधन खुले जबकि इस उदारवादी अर्थव्यवस्था को जन्म देने वाले देशों में शायद ही ऐसा कोई देश हो जहाँ राज्य/ सत्ता व्यवस्था को विकसित करने के ख्याल से अपना मुनाफा करता हो। आसान पूँजी की आवाजाही बढ़ी तो आसान राजनीति का भी परवान चढ़ा है इसलिए पूँजी के घेरे में उत्पाद की क्वालिटी खारिज हुई है और राजनीति के घेरे में सिद्धांत का लोप हुआ। पूँजी का कालेधन में तब्दील होना और राजनीति का अपराध में दोनों एक ही रूप है। इस ह्रास का रूप न्यायिक तौर पर भी हुआ जहाँ सिर्फ तथ्यों के सहारे किसी आदेश तक कोर्ट पहुँचता है। कहा जा सकता है कि कोर्ट की कार्यवाही के अंतर्गत जब तक सारे तथ्य नहीं मिलते तब तक न्यायपालिका भी कर क्या सकती है। लेकिन तथ्यों को जुगाड़ कर मुक्तभोगी द्वारा न्याय अपने अनुकूल ठीक वैसा ही है जैसे जानते-समझते हुए कोर्ट भी बिना तथ्यों के कुछ नहीं करता। यही वजह है कि औद्योगिक-मजदूर न्यायालय चाह कर भी बहुसंख्य मजदूरों के खिलाफ उद्योगपतियों के रवैये को नहीं बता पाते हैं। इन न्यायालयों में पूरे देश के करीब दस लाख से ज्यादा मामले लंबित पड़े हैं। महाराष्ट्र जो औद्योगिक रूप से सर्वाधिक विकसित माना जाता है वहाँ के हजारों मजदूरों के एक लाख से ज्यादा मामले न्यायालय में लंबित पड़े हैं। सिर्फ आंध्रप्रदेश और बिहार में भूमि को लेकर पचास हजार से ज्यादा मामले लंबित पड़े हैं। जो कुछ जमीन के मालिक भी थें। 1952 में भूमि सुधार कानून लागू होने के बाद उससे भी वंचित हो गये। चूँकि इस संदर्भ में राजनीति की पहल अत्यधिक रही इसलिए न्यायपालिका मौन रही और कानून में कुछ और सुधार लाने पर जोर दिया गया जो अभी तक सुधार की स्थिति में नहीं पहुँचा है। क्योंकि अलग-अलग राजनीतिक दलों के अलग-अलग राजनीतिक स्वार्थों पर इससे चोट होती है।

न्यायपालिका की सक्रियता के मायने सिर्फ इतना ही नहीं है। 5 मई 1996 को सुप्रीम कोर्ट ने अपने एक निर्देश के तहत फौजदारी अदालतों को यातना केंद्र न बनाने पर जोर दिया और तीन महीने के अंदर एक साल से लंबित मामलों को निपटाने को कहा। इसके अंतर्गत 'टाडा' के मामलों को प्राथमिकता के आधार पर निपटाने की जरूरत जतायी। जाहिर है कि तीन महीने की अवधि गत पाँच अगस्त को ही पूरी हो गयी। लेकिन फौजदारी अदालतों की स्थिति क्या है और एक साल तो दूर पाँच-पाँच साल से 'टाडा' आरोपी ज़ेलों में बंद हैं। सिर्फ विदर्भ में इनकी संख्या

तीन सौ से ज्यादा है। जाहिर है कि न्यायपालिका की सक्रियता पर यहाँ सवाल खड़ा हो सकता है।

लेकिन इस सक्रियता का होना या न होना ठीक उसी तरह है जैसे किसी एक संस्थान के सक्रिय होने पर खुशी जाहिर की जाए और किसी संस्थान के कुंद होने पर 'औकात' जानने की खुशी हो। जब तमाम संस्थानों की सकारात्मक पहल मिल कर ही राज्यप्रणाली को बेहतर तरीके से चला सकती है तथा 'चेक एंड बैलेंस' की अवधारणा को भी पुष्ट कर सकती है तो एक का सक्रिय होना ही विसंगति की तरफ ध्यान खींचता है। कहा जाए तो यह सक्रियता इसका एहसास जरूर कराती है कि न्याय नहीं मिल रहा है, जो मिलना चाहिए। अब इसे मात्र करने की नहीं लगने की भी आवश्यकता है।

संविधान की समीक्षा जरूरी है

अब अगर संविधान की समीक्षा की बात हो रही है तो उसका एक महत्त्व है। संविधान अपने तौर पर जो कुछ भी कहता हो लेकिन राज्य द्वारा जब वह क्रियान्वित होता है तो उसका असली चेहरा क्या हो सकता है, यह सभी न सिर्फ देख-समझ रहे हैं बल्कि भोग भी रहे हैं। लेकिन सवाल है कि संविधान अपने तौर पर कितना आदर्श है, नागरिक मूल अधिकारों से वंचित हैं और जो भी सत्ता में रहता है उसके अनुकूल सारी तब्दीलियाँ होती हैं। संविधान मूक रहता है।

ऐसा कहा जाता है कि भारतीय संविधान दुनिया भर के लिखित और अलिखित संविधानों के सबसे बढ़िया तत्त्वों को लेकर बनाया गया है। लेकिन इसमें कोई शक नहीं कि इसका ढाँचा 1935 में गवर्नमेंट ऑफ इंडिया एक्ट पर आधारित है जो ब्रिटिश (उपनिवेशी) सरकार के तहत देसी शोषक वर्गों को सत्ता में सीमित भागीदारी प्रदान करने के उद्देश्य से बनाया गया था। संविधान सभा का गठन भी इसी एक्ट के तहत हुआ था। इसके सदस्यों में उनहत्तर प्रतिशत कांग्रेस के लोग थे। मुस्लिम लीग ने इसमें भाग लेने से मना कर दिया था। भाकपा और समाजवादियों का इसमें कोई प्रतिनिधित्व नहीं था। और तो और हिंदू महासभा का भी कोई आधिकारिक प्रतिनिधित्व नहीं था। हालाँकि श्यामा प्रसाद मुखर्जी और एमआर जयकर जैसे कांग्रेस के टिकट से आए असरदार नेता जरूर शामिल थे। उस दौरान यह सवाल भी खड़ा हुआ कि संविधान सभा संप्रभु है या नहीं। क्योंकि यह संविधान सभा ब्रिटिश सरकार की अनुमति से बैठी थी और बाद में ब्रिटिश संसद ने 'इंडिया इंडिपेंडेंस एक्ट' द्वारा इसे कानूनी जामा पहनाया। ऐसे में महात्मा गाँधी का भी मानना था कि यह संप्रभु नहीं है। उन्होंने कहा भी कि किसी और के द्वारा बनाए ढाँचे को संप्रभु ढाँचा कहने का कोई मतलब नहीं है। लेकिन बाद में इस तथ्य को नजरअंदाज किया गया।

संविधान के नजरिए से अगर लोकतांत्रिक राज्य की स्थिति को टटोला जाए तो उस पर भी प्रश्नचिह्न लग सकता है क्योंकि किसी भी राज्य के तीन बुनियादी हिस्से हैं—कार्यपालिका, विधायिका और न्यायपालिका। विचारकों का यह मानना है कि वास्तविक सत्ता विधायिका के पास है। जो कार्यपालिका से नीतियों को क्रियान्वित कराती है और न्यायपालिका केवल झगड़े सुलझाने, लोगों को अधिकार दिलाने और कानून व्यवस्था बनाए रखने का काम करती है। लेकिन औपचारिक

वास्तविकता यानी संविधान में राज्य की अवधारणा बिल्कुल अलग है। संविधान की मार्फत सब कुछ कार्यपालिका में सिमटा है। प्रधानमंत्री, मंत्रिमंडल, नागरिक और सैनिक नौकरशाही मिलकर निर्णय लेते हैं। संसद की भूमिका इन पर केवल मोहर लगाने की होती है और सरकार को इस मोहर की निश्चितता दो तरह से मिलती है, एक पार्टी व्हिप द्वारा और दूसरा सरकार गिरने के डर द्वारा। दलबदल कानून इसी संविधान की देन है जिसकी मार्फत कार्यपालिका अपने अनुकूल खेल खेल सकती है। भारतीय संविधान विधायिका की ताकत की सीमाएँ भी बताता है और इस तरह कार्यपालिका को विधायिका से कहीं ज्यादा सशक्त बना देता है जो केवल कानून पारित करने वाला ढाँचा रह जाता है। भारतीय संविधान का यह हिस्सा भी 1935 के औपनिवेशिक कानून में से आया है। उदाहरण के लिए, संविधान में संसद को 'कंसोलिडेटिड फंड ऑफ इंडिया' द्वारा किए गए खर्च पर मत देने का अधिकार नहीं है। संसद के सामने क्या लाया जाए, जिसके लिए कानून पास किया जाना जरूरी है यह निर्णय असल में कार्यपालिका ही लेती है। अनुच्छेद 53 (1) के अनुसार सरकार की कार्यपालिका शक्ति राष्ट्रपति के पास है पर राष्ट्रपति केवल प्रधानमंत्री की सलाह पर ही काम कर सकता है और यह शक्ति प्रधानमंत्री और मंत्रिमंडल के पास आ जाती है। यह शक्ति उन सभी क्षेत्रों के लिए होती है, जिन पर संसद को कानून पारित करने का अधिकार है। अनुच्छेद 73 (1)। इसमें संघीय सूची के सभी विषय, समवर्ती सूची के सभी विषय, कुछ परिस्थितियों में राज्य सूची के सभी विषय और वे सभी विषय जो किन्हीं भी सूचियों में शामिल नहीं हैं।

लेकिन इसका यह मतलब कतई नहीं है कि संसद सभी विषयों पर कानून बनाने लगे। कार्यपालिका के पास इतनी बृहद् शक्तियाँ हैं कि वह व्यवहारिक रूप से संसद के बिना काम चला सकती है और अक्सर चलाती भी है। वह संसद के बिना अस्थायी रूप से कानून बना सकती है जिन्हें अध्यादेश कहा जाता है और इसमें बाकायदा संघीय सूची के कुछ तत्त्व शामिल हैं जिसके तहत विदेशों से सौदे और समझौते, विदेशों से व्यापार, वाणिज्य और विदेशी कर्ज भी हैं। महत्त्वपूर्ण है कि इन विषयों से संबंधित किसी भी सवाल पर संसद को कभी निर्णय लेने को नहीं कहा गया है। यहाँ तक कि इनसे संबंधित नीतियों पर भी निर्णय लेने को नहीं। कार्यपालिका के पूरे नियंत्रण में यह तत्त्व रहे। डंकल प्रस्ताव और डब्ल्यूटीओ समझौता इस मामले में उल्लेखनीय हैं। हालाँकि संसद ने डंकल प्रस्ताव पर विचार-विमर्श किया था पर यह वाणिज्य मंत्रालय द्वारा दी गई गलत जानकारी के आधार पर हुआ। संसद को यह तय करने को नहीं कहा गया था कि भारत को इस समझौते पर हस्ताक्षर करने चाहिए या नहीं। महत्त्वपूर्ण है कि 1989 तक भारत अंतरर्राष्ट्रीय मंचों पर डंकल प्रस्ताव का विरोध कर रहा था। यह दोनों निर्णय संसद द्वारा नहीं लिए गए। दोनों ही कार्यपालिका के निर्णय थे जिन्हें संसद की सहमति

की भी जरूरत नहीं थी।

संघीय सूची में मुद्रा (कितनी करंसी छापी जाए वगैरह), सार्वजनिक कर्ज (यानी सरकार द्वारा जनता से लिया गया कर्ज) आदि शामिल हैं। पर संसद को इन विषयों पर कोई नीति बनाने या इनसे संबंधित प्रश्नों पर निर्णय लेने को कभी नहीं कहा गया। असल में कार्यपालिका को देश के अंदर और बाहर से उधार लेने के असीमित अधिकार हैं (अनुच्छेद 362)। लेकिन ऐसा कोई निर्देश नहीं है कि उसे ऐसा करना ही चाहिए। संसद की शक्तिहीनता किसी भी और कार्यक्षेत्र में सामने नहीं आती जितनी अर्थव्यवस्था के क्षेत्र में। संसद का पंचवर्षीय योजनाओं में किसी तरह का मत या नियंत्रण नहीं होता। पहली कुछ पंचवर्षीय योजनाओं तक यह रीति अपनाई गई कि प्रस्तावित योजना संसद के सामने सुझाव के लिए पेश की गई। लेकिन फिर यह भी बंद कर दी गई। संसद के घेरे में उद्योग नीति या आयात-निर्यात नीति भी नहीं आती है। हर साल बजट और राजस्व बिल पास करना संसद के अर्थव्यवस्था से संबंधित कार्यकलापों में से एकमात्र है जिसमें उसे कुछ वैधानिक अधिकार हैं। एक हद त्क संसद के सामने जो भी आता है वह व्यवहार में पूरी तरह कार्यपालिका द्वारा ही तय होता है। हालाँकि संसद में निजी सदस्यों के बिलों का प्रावधान है पर यह प्रक्रिया इस हद तक सदस्यों के खिलाफ जाती है कि आज तक केवल चौदह निजी सदस्य बिल पारित हुए और 1971 के बाद तो एक भी नहीं। दूसरी ओर, दो हजार पाँच सौ से ज्यादा सरकारी कानून पारित हो चुके हैं। ऐसा भी नहीं है कि संसद का मुख्य कार्य वाद-विवाद करना और सरकारी कानून पास करना है। यहाँ भी संसद के अधिकार सीमित हैं। फिर अन्य तरीकों से भी कार्यपालिका न सिर्फ विधायिका पर हावी हुई है बल्कि संसद को ही दरकिनार किया जाता है। संसद द्वारा किसी कानून को पारित कर दिए जाने के बाद और उसके राष्ट्रपति द्वारा स्वीकृति के बाद कानून तभी लागू होता है जब सरकार इसके प्रारंभ होने की अधिसूचना भारत के गजट में कर दे। लेकिन अक्सर सरकार अपने फायदे के लिए अधिसूचना जारी करने में देर लगाती है। इसी वजह से 1990 की लीगल सर्विस एक्ट, 1984 का वक्फ एमेंडमेंट एक्ट, 1972 का हॉयर परचेज एक्ट और 1947 का ट्रेड यूनियन एक्ट पारित होने के बाद भी कभी लागू नहीं हुआ। यूँ लागू होने के बाद भी किसी कानून के क्रियान्वयन की पूरी जिम्मेदारी कार्यपालिका की होती है जो मौजूदा राजनीतिक गठजोड़ और राज्य की आवश्यकता के आधार पर प्रभावित होती ही है। और तो और कार्यपालिका अध्यादेश जारी करके कानून पारित कराने की प्रक्रिया को भी दरकिनार करती है।

संविधान समीक्षा के तहत यह सवाल भी खड़ा हो सकता है कि क्या वाकई भारत में संघीय प्रणाली है या संघीय ढाँचा घोषित किए जाने के बावजूद सब कुछ केंद्रीकृत है। अनुच्छेद 356 के तहत किसी भी राज्य में केंद्र राष्ट्रपति शासन लगा

सकता है। नापसंद सरकारों को हटाने के लिए इस धारा का प्रयोग 1950 से आज तक सौ से भी ज्यादा बार हो चुका है। संविधान के अनुसार इसके लिए किसी न्यायिक पुनर्विचार की जरूरत नहीं होती। हालाँकि हाल ही में सर्वोच्च न्यायालय के एक फैसले में कहा गया कि न्यायालय यह तय कर सकता है कि ये घोषणा न्यायोचित थी या नहीं। कुछ परिस्थितियों में केंद्र उन विषयों में भी कार्रवाई कर सकता है जो वास्तव में राज्य सूची में आते हैं। संविधान में राज्य सूची के शेष अधिकार भी केंद्र को दिए गए हैं। जैसे वे विषय जो केंद्र या राज्य किसी की भी सूचियों में न हों उन पर केंद्रीय सरकार का ही अधिकार होता है। प्रांतीय विधायिका द्वारा पारित कानून भी तभी लागू होते हैं जब उन्हें राष्ट्रपति की सहमति मिल जाती है। यह एक तरीका है जिससे केंद्र विधायिका के कार्यकलाप नियंत्रित कर सकता है। यानी सिर्फ सहमति न देकर। यही वजह है कि राज्य विधायिका द्वारा पारित कई दर्जन बिल अभी भी राष्ट्रपति की सहमति का इंतजार कर रहे हैं।

इसी तरह राज्य सरकारों के पास संपदा बढ़ाने के संबंध में सीमित अधिकार हैं। ऐसे में राज्यों की प्राकृतिक खनिज संपदा आमतौर पर केंद्र की संपत्ति होती है जो राज्यों को थोड़ी सी रॉयल्टी देता है। यानी राज्य भी अपने संसाधनों की मार्फत अपनी आर्थिक नीतियाँ तय नहीं कर सकते। यह स्थिति संघीय ढाँचे को खारिज ही करती है और केंद्र को पुख्ता बनाती है। प्रश्न है कि तो फिर संसद के पास क्या अधिकार बचे? जाहिर तौर पर संसद में ही सभी बिलों पर विचार-विमर्श होता है। यूनियन और वित्तीय बिल भी संसद पास करती है साथ ही कार्यपालिका के कार्यकलापों पर भी संसद विचार कर सकती है। लेकिन हकीकत कुछ और है। संसद की कार्रवाई जिस तरह से होती है उस पर गौर किया जाए तो स्थिति और विकट ही नजर आएगी। सदन में यह रीति है कि भोजन के बाद के सत्र में कोरम का सवाल नहीं उठाया जाता। एक और रीति यह भी है कि एक बार सुबह गिनती किए जाने के बाद उसे पूरे दिन का कोरम मान लिया जाता है। अगर अध्यक्ष कोरम के पूरा न होने की ओर ध्यान आकर्षित न करे तो इन रीतियों की बदौलत संसद बिना विचलित हुए रोज संविधान के अनुच्छेद-100 (3) और 100 (4) का उल्लंघन करती रहती है। संविधान के हिसाब से लोकसभा के पचपन और राज्यसभा के पच्चीस सदस्य कुछ भी निर्णय लेने के लिए काफी हैं। लेकिन जब राष्ट्रीय कृषि और ग्रामीण विकास बैंक बना तो केवल तीस संसद सदस्य उपस्थित थे जिन्होंने यह कानून पारित किया। संसद के ऐसे अनेक उदाहरण हैं जब अत्यंत महत्त्वपूर्ण मुद्दों पर चर्चा खाली बेंचों के बीच हुई। एक उदाहरण 24.2.87 की पंजाब पर हुई चर्चा का है, जो सदन में कोरम के बिना हुई।

अनुच्छेद 19 में तो हर तरह की आजादी के मूल अधिकार हैं, लेकिन संविधान जो देता है उसे वापस भी ले लेता है। अनुच्छेद 19 के ही खंड 2-6 में अगली ही

पंक्ति सभी दिए गए अधिकार वापस ले लेती है। इन खंडों में कहा गया है कि पहले खंड में दिए गए मूल अधिकारों को किन्हीं मौजूदा कानूनों या आगे बनने वाले नए कानूनों के लागू किए जाने पर असर नहीं डालना चाहिए। जाहिर तौर पर इससे सार्वजनिक व्यवस्था, राजसत्ता की सुरक्षा, विदेशों से दोस्ताना संबंध आदि के लिए इन मूल अधिकारों के लागू होने पर प्रतिबंध लग जाता है। इससे राज्य को यह मौका मिलता है कि वह अव्यवस्था, राज्य की सुरक्षा के खतरे के अंदेशे के तहत कानून बना दे। टाडा इसका सबसे ताजा उदाहरण है। इस स्थिति में नागरिकों के लिए संविधान क्या मायने रखेगा जब जो अधिकार अंग्रेजों के औपनिवेशिक शासन के दौरान थे वे अब भी उसी तरह हैं? यानी संविधान कुछ भी गारंटी नहीं देता।

उस पार का कश्मीर

इस ओर के कश्मीर की तकलीफ़ों का जिक्र हमेशा होता है, मगर सीमा पार का वह हिस्सा जिसे हम पाक अधिकृत कश्मीर पुकारने के आदी हैं, अक्सर अनदेखा रह जाता है। जबकि सियासत ने दोनों ओर के कश्मीर पर एक जैसी चोट की है, आतंकवाद और राज्य की कार्रवाई ने दोनों को एक जैसा दर्द दिया है। वह कश्मीर आजादी के सवाल पर क्या सोचता है, अपनी मौजूदा हालत से कितना संतुष्ट है, अपने भविष्य के बारे में उसकी राय क्या है, पहली बार पी.ओ.के. पर खुला नजरिया यह बता रहे हैं हाल ही में वहाँ का दौरा करके लौटे पुण्य प्रसून वाजपेयी।

इस्लामाबाद से मुजफ्फराबाद का रास्ता है तो साढ़े तीन घंटे का मगर कश्मीर को लेकर दोनों जगह के सोच में इतना अंतर है कि कश्मीर संकट के पैदा होने की उम्र भी इसे नहीं पाट सकती। मुजफ्फराबाद यानी पाक कब्जे वाले कश्मीर की राजधनी। इसकी सीमा इस्लामाबाद से सिर्फ एक सौ सत्रह किलोमीटर के बाद ही शुरू हो जाती है। झेलम नदी प्रतीक है इस सीमा की। इस पर बना पुल औपचारिक तौर पर पाकिस्तान और पाक अधिकृत कश्मीर को बाँटता है। इस पुल की सुरक्षा की जिम्मेदारी सेना पर है, एक लिहाज से सेना की सत्ता इस पुल से ही शुरू हो जाती है जो वास्तविक नियंत्रण रेखा तक कायम रहती है। इसी के बीच पाक अधिकृत कश्मीर का वह पूरा हिस्सा है जिसे पाकिस्तान आजाद कश्मीर के नाम से पुकरता है। दरअसल, इस्लामाबाद से पाक अधिकृत कश्मीर की सीमा तक सड़क इतनी खूबसूरत और चौड़ी है कि सफर के वक्त हमेशा यही एहसास जहन में रहता है कि इस पार का कश्मीर भी उस पार के कश्मीर की तरह हसीन है। लेकिन पूरी तरह पहाड़ पर बसे कथित आजाद कश्मीर की त्रासदियाँ कम नहीं हैं। पहली त्रासदी यही है कि वहाँ रोजगार नहीं के बराबर है। जो भी काम है वह खुद की जमीन खोदने जैसा है। यानी पहाड़ तोड़ कर पत्थर बनाना और जंगल काट कर पूरे देश में लकड़ी भिजवाना। यहाँ एकमात्र रोजगार यही है जिसे अंजाम देने वाले भी वैसे कश्मीरी हैं जो सीमा पार से यानी जम्मू-कश्मीर से भाग कर आए हैं। पिछले ग्यारह सालों में

क़रीब चार लाख कश्मीरी यहाँ आ चुके हैं। सीमा पार से पाक अधिकृत कश्मीर पहुँचे हर कश्मीरी परिवार को रहने की जमीन और झोपड़ी सरकार ने मुफ्त दी है। काम न होने की वजह से बाकायदा छह सौ रुपया भी हर परिवार को पाकिस्तान सरकार देती है। खास बात यह है कि सीमा पार के अलग-अलग इलाकों से यहाँ पहुँचे कश्मीरी अलग-अलग ही रहें, यह ध्यान रखते हुए हर इलाके के कश्मीरियों के लिए कैंप बनाए गए हैं। इन कैंपों को बाहर से देखने पर यही लगता है कि यहाँ की स्थिति जम्मू-कश्मीर से बेहतर है और यह 'आजाद कश्मीर' है। मगर कैंपों के अंदर हालात भिन्न हैं। यहाँ से दूसरी त्रासदी शुरू होती है। जिन स्थितियों में यहाँ कश्मीरी जी रहे हैं वे उन्हें आजादी माँगने पर मजबूर करती हैं। यह भागती और कटी हुई जिंदगी यह याद दिलाती रहती है कि सीमा के उस पार यानी जम्मू-कश्मीर या इस पर पार यानी आजाद कश्मीर इनके लिए सिर्फ आधा कश्मीर ही है। इस वजह से ये आजादी ही नहीं चाहते पूरे कश्मीर की एकता भी चाहते हैं।

झेलम नदी का पुल पार करते ही या कहें पाक अधिकृत कश्मीर की सीमा शुरू होते ही तीन स्तरों पर बँटी शासन व्यवस्था बहुत साफ नजर आती है। पहले स्तर पर स्थानीय लोगों यानी यहाँ के मूल कश्मीरियों का प्रभाव है जो प्रशासन और पुलिस से जुड़े हैं। दूसरे स्तर पर पाकिस्तान सरकार की एजंसियाँ हैं जिनमें स्थानीय एजंसियों से लेकर आईएसआई तक शामिल है। इनका वर्चस्व स्थानीय शासन पर तो है ही उनके अंदर भी इनकी खूफियागिरी का पूरा तंत्र काम करता रहता है। सबसे ऊपर सेना का तंत्र है जिस पर किसी का प्रभाव नहीं है। जाहिर तौर पर इन स्थितियों में सीमा पार के कश्मीरियों को दूसरे या तीसरे स्तर पर ही मान्यता है। लेकिन यहाँ जम्मू-कश्मीर से आए वैसे कश्मीरियों को खासी मान्यता ही नहीं बल्कि उनका रुआब भी है, जो कश्मीर के लिए सीधे तौर पर संघर्ष कर रहे हैं या कहें भारत की सेना के खिलाफ बंदूक उठाए हुए हैं। पाकिस्तानी सेना और सरकार भी कश्मीर में बंदूक उठाए कश्मीरियों को आतंकवादी नहीं कहती बल्कि आंदोलनकारी मानती है। इनका रहन-सहन भी समान्य कश्मीरियों से बेहतर हैं और भारत-पाकिस्तान को लेकर इनका नजरिया भी अलग है। ऐसे लोगों की जीवन शैली कितनी भिन्न है, इसका एहसास मुजफ्फराबाद शहर में घुसते ही हो जाता है। जब हम शहर में दाखिल हुए तो शाम के करीब सात बजे थे। वहाँ जिस व्यक्ति से हमें मिलना था उसका पता खोजते हुए हम एक रिहायशी कालोनी में पहुँचे। वहाँ करीब हर घर के दरवाजे पर घंटी बजाने पर हमें अंदर से ही माइक्रोफोन से जवाब मिल जाता। कोई चेहरा सामने नहीं आता। एक घर के सामने किसी संगठन का बोर्ड लगा देख कर जब हमने गाड़ी रोकी और मेरे सहयोगी अशरफ वानी जैसे ही पता पूछने के लिए गेट तक पहुँचे, वैसे ही धड़धड़ाते हुए दो व्यक्ति रिवाल्वर लिए उन तक पहुँच गए। इससे पहले कोई बात होती या अशरफ कुछ बोलते दो-चार और लोग हाथ में हथियार

लहराते हुए निकले। लगभग फटकारते हुए बिना कुछ सुने वहाँ से जाने का आदेश दिया। बाद में पता चला कि वह जैश-ए-मोहम्मद संगठन का कार्यालय था।

मुजफ्फराबाद शहर इस मायने में बेहद आबाद है कि वहाँ हर उस संगठन का खुला ठिकाना है जो जम्मू-कश्मीर में आजादी या जेहाद के नाम पर हिंसा कर रहा है। यह माहौल कश्मीरियों को एक नई मनःस्थिति से जोड़ता है। यह बंदूक का दर्शन ही नहीं, बंदूक से बँधा रोजमर्रा भी है जिससे कश्मीर की आजादी का सवाल भी जुड़ा हुआ है। जीवन में कोई बंधन न हो या फिर बंदूक की नोक पर आजादी का स्वाद मिल सकता है, यह भाव हर संगठन से जुड़े कश्मीरियों में मिल सकता है। खास बात यह भी है कि ये कश्मीर अपने तौर-तरीकों को अफगानिस्तान या तालिबान से जोड़ कर देखने में गर्व महसूस करते हैं। तालिबान के आकर्षण और हिंसा के दर्शन का यह भाव वहाँ किस तरह हावी है, इसका नजारा कश्मीर लड़कों से मिलने पर बहुत साफ दिखाई पड़ता है। मुजफ्फराबाद में सक्रिय खुफिया एजंसी के लोग अक्सर बातचीत में अफगानिस्तान का जिक्र करने से नहीं चूकते। वहाँ के अलग-अलग किस्से यहाँ चलते रहते हैं जिससे यह भाव आता है कि कश्मीर की आजादी का सवाल भी अफगानिस्तान जैसा है और कश्मीरियों का आजादी को लेकर नजरिया अफगानियों की ही तरह है। मसलन, खुफिया एजंसी से जुड़े एक बड़े अधिकारी का किस्सा-एक बार जब वह अफगानिस्तान गया था तो एक अफगानी ने उसे खाने का न्योता दिया। भोजन से कुछ पहले ही उसे एक जगह बढ़िया कबाब मिल गया। उसने वहीं खा लिया। जब यह बात उसने अपने अफगानी मित्र को उसके घर पहुँचने पर बताई तो उसने तुरंत रिवाल्वर निकाल ली और कहा कि खाना खाओ, वरना गोली खाओ। यह उग्रता और आक्रामकता वे अपने व्यवहार में शामिल करना चाहते हैं। मगर इतना भर नहीं। इस किस्से के बाद वहाँ के हथियार उद्योग, बच्चों के हथियार प्रेम और फिर रूस की गलती के साथ भारत सरकार की गलती को जोड़कर कश्मीरियों की आजादी का सवाल। ऐसे बहुत से किस्से हर जगह सुनने को मिलते हैं। यानी यह मानसिकता लगातार बनाई जा रही है कि उनकी लड़ाई, उनका बंदूक उठाना जायज है और कश्मीरियों का मिजाज ही आजादी वाला है तो गुलाम बनाने की गलती कोई क्यों कर रहा है।

दरअसल मुजफ्फराबाद में हथियार हैसियत के भी प्रतीक हैं। मतलब सामान्य हथियार नहीं। वे यहाँ बहुतायत में हैं और बड़ी आसानी से सुलभ हैं। उन्हें लेकर कोई गर्व नहीं करता। हैसियत का मामला सीधे अत्याधुनिक हथियारों से जुड़ा है। यानी खुले तौर पर अगर यह नजर आ जाए कि किसी के पास एकदम नया, महँगा अत्याधुनिक असलाह है तो पहली नजर में उस व्यक्ति को लेकर दो तरह की राय खुद-ब-खुद बन जाती है। पहले यह कि वह कश्मीर के संघर्ष से जुड़ा कोई बड़ा व्यक्ति है। दूसरे इसका संबंध अफगानियों से है। यानी उसकी पहुँच सेना सरकार

दोनों में हैं। खास बात यह है कि इस तरह के कश्मीरी न सिर्फ अपनी हिंसा को सीधे आजादी से जोड़ते हैं बल्कि कश्मीर मसले का समाधान किसी स्तर पर भारत-पाकिस्तान की बातचीत में नहीं देखते।

वहीं दूसरी तरफ जम्मू-कश्मीर को लेकर वैसे कश्मीरियों का सोच बिल्कुल अलग है, जो रह तो रहे हैं मुजफ्फराबाद में, लेकिन अब भी खुद को सीमा पार से ही न सिर्फ़ जोड़ते हैं बल्कि अपना अस्तित्व भी वहीं पाते है। इन कश्मीरियों की त्रासदी यह है कि हर व्यक्ति का परिवार यहाँ अधुरा है। कुपवाड़ा के येरेन गाँव के रहने वाले अब्दुल हमीद पर दस साल पहले आतंकवादियों की मदद का आरोप सेना ने लगाया। उसके बाद घेरा कसता ही गया। हमीद के मुताबिक उसके परिवार के हर किसी को सेना ने पकड़ा। वह खुद टीचर था। उसका बेटा गाँव में दुकान चलाता था। अच्छा-खासा आठ लोगों का परिवार था मगर सेना ने पकड़ने के बाद जो जुल्म किए, ऐसे में वह तो घर-बार छोड़कर सीमा पार भाग गया मगर परिवार वहीं रह गया। अब हमीद को भरोसा ही नहीं होता कि कश्मीर में फौज के रहते वह कभी अपने परिवार से मिल पाएगा। ऐसे में कश्मीर की आजादी उसके लिए सबसे बड़ा सपना है। वहीं हाजी हमीद का मानना है कि भारत-पाकिस्तान जब तक नहीं चाहेंगे तब तक आजादी का खयाल भी बेकार है। कश्मीर के केरन गाँव में कभी जमींदार के रूप में पहचाने जाने वाले हाजी मुजफ्फराबाद में मुफलिसी झेल रहे हैं। पाकिस्तान सरकार से उन्हें छह सौ रुपए हर महीने मिलते हैं। कश्मीर मसले पर कुछ भी पूछने पर उनका जवाब एक ही रहता है—एक ने घर से निकाल दिया तो दूसरे ने गले में पट्टा बाँधकर घर के बाहर बैठा दिया।

गुलजार अहमद बट तो कश्मीर के लिए नब्बे के दौर को सैंतालिस से ज्यादा भयावह मानते हैं। बारामूला के शाही परिवार से जुड़े होने की सिर्फ यादें ही इनके पास हैं। बट के मुताबिक विभाजन के दौर में उनके परिवार ने भारतीय फौज की जमकर खिदमत की थी। लेकिन 1989-90 में उसी फौज ने उनका सब कुछ तबाह कर दिया। घर-परिवार, माल-मवेशी सब कुछ बिखर गया। बट का मानना है कि कश्मीर को लेकर भारत-पाकिस्तान जिस तरह के समाधान चाहते हैं उससे कोई बात बनने वाली नहीं। पाकिस्तान कश्मीर की जमीन पर कब्जे के लिहाज से मौजूदा स्थिति को ही अंतराष्ट्रीय तौर पर मान्यता दिलाना चाहता है तो भारत अखंड कश्मीर की बात कर उसे अपने साथ रखना चाहता है। कश्मीर को लेकर नजरिया पीढ़ियों के अंतर से भी कितना बदला है, इसका एहसास गुलजार बट के भतीजे एजाज अहमद बट से बात करते हुए हो जाता है। श्रीनगर के स्नातक एजाज के लिए पढ़ाई-लिखाई नौकरी के सारे रास्ते मुजफ्फराबाद में बंद हैं। इस वजह से हमेशा तनाव में रहने वाला एजाज खुद यह कहने से नहीं कतराता कि जिस दिन यह उम्मीद खत्म हो गई कि कश्मीर आजाद नहीं हो पाएगा और वह अपने मुल्क नहीं

लौट पाएगा, उस दिन वह बंदूक उठाने से नहीं चूकेगा। मुजफ्फराबाद के मुजाहिद कैंप में रहने वाले रशीद खान का तो साफ मानना है कि आजादी के बाद ही कुपवाड़ा लौटेंगे। रशीद 1992 तक पुलिस की नौकरी में थे। कुपवाड़ा में हेडकांस्टेबल थे। लेकिन सेना ने जब कश्मीर की कमान अपने हाथ में ली तो उन्हें भी शक के घेरे में लाया गया। आतंकवादियों की मदद करने का आरोप उन पर लगा। जेल में डाला गया। कई तरह से प्रताड़ित किया गया। अंततः एक दिन रात के अंधेरे में सीमा पार कर यहाँ पहुँच गए। हबीबुल्ला का मानना है कि मुजफ्फराबाद या इस कश्मीर में शायद की कोई कश्मीरी हो जो खुश हो। 1990 तक उरी सेक्टर में बड़ी जमीन-जायदाद के मालिक हबीबुल्ला परिवार के आधे लोग उरी यानी जम्मू-कश्मीर में हैं। पिछले दस सालों से परिवार से बिछुड़ने का गम उन्हें सिर्फ इसलिए मुजफ्फराबाद में रोके हुए है कि हर महीने, हर दिन कोई न कोई कश्मीरी सीमा पार से एक नई त्रासदी भरी कहानी लेकर आता है, जिसे सुनने के बाद उन्हें अपना गम छोटा लगने लगता है। उरी के ही रहने वाले अली मुहम्मद बट को 6 मार्च 1990 को अपने पूरे परिवार के साथ रात के अंधेरे में सीमा पार कर यहाँ आना पड़ा क्योंकि लगातार दो साल तक खुफिया एजंसी उन्हें अकारण परेशान करती रही। अली मुहम्मद के मुताबिक कभी उरी तो कभी सोनानागार तो कभी और किसी जेल में। ऐसे दो साल उन्हें गुजारने पड़े। अदालत की पहल पर जब छूटे तो दुबारा उनकी गिरफ्तारी की तैयारी की गई। मगर इससे पहले ही किसी तरह छुपकर यहाँ पहुँच गए। अब कश्मीर को लेकर इनका यही मानना है कि आजादी वे चाह सकते हैं लेकिन मिलेगी नहीं। कश्मीर का भविष्य इन्हें और ज्यादा अंधकारमय ही लगता है।

दरअसल, जम्मू-कश्मीर से मुजफ्फराबाद पहुँचे हर कश्मीरी की कहानी कुछ ऐसी ही है। लेकिन इन सब के बीच उन बच्चों की त्रासदी और भयावह है जिनकी उम्र भी अभी इस संकट के पैदा होने से कम ही है। नुस्रत बानो चौथी में पढ़ती है। नौ साल की है। सात साल पहले अपने गाँव कमसार को छोड़कर यहाँ आ गई। साजिया तो केजी में पढ़ती है। सिर्फ पाँच साल की है। उसका जन्म 1995 में उन पहाड़ी जंगलों के बीच हुआ जब उसका पूरा परिवार सीमा पार आ रहा था। शबनम एक साल की उम्र में मुजफ्फराबाद गई थी। अभी वह 11 साल की है। इन सभी बच्चों के जहन में सीमा के इस या उस पार के जख्म इस हद तक भरे हुए हैं कि वे पूछने पर अपने घर-गाँव लौटने की खुली वकालत करते हैं। लेकिन साथ ही सुनी-सुनाई स्थितियों को समझ के साथ रखते हुए 'आजादी' का सवाल भी खड़ा करते हैं। पहाड़ पर बिखरे या बसे मुजफ्फराबाद में जम्मू-कश्मीर के अलग-अलग गाँव से आए परिवारों को अलग-अलग कैंपों में यहाँ रखने की व्यवस्था तो है ही, हर कैंप में स्कूल भी है जहाँ इस्लामी तौर-तरीकों से पढ़ाई होती है। एक लिहाज से कैंप ही इन कश्मीरियों की पूरी दुनिया है। इनकी आवाजाही नहीं के बराबर होती

है। इस वजह से इनके गाँव का कोई भी नया व्यक्ति जब कभी सीमा पार से भाग कर यहाँ आता है तो पूरे कैंप में उस दिन एक अलग तरह की रौनक हो जाती है। अपने-अपने गाँव-घर के बारे में इनकी कुलबुलाहट खुल कर निकलती है। अब्दुल रशीद के मुताबिक, ये यादें तो उन्हें इतना परेशान करती हैं कि उस रात मुँह में निवाला तक नहीं उतरता। फाजिरा जान तो उस रात सो ही नहीं पाती जब इन्हें पता चलता है कि सीमा पार से भागकर कोई आया है। दस साल पहले कुपवाड़ा से भागकर मुजफ्फराबाद पहुँची फाजिरा जान के मुताबिक जमीन की जगह कश्मीरियों को लेकर जब तक कश्मीर के बारे में नहीं सोचा जाएगा तब तक कुछ भी कहना बेमानी है।

भारत सरकार के एकतरफा संघर्ष विराम के एलान का असर यहाँ के जनजीवन पर खासा पड़ा है। इसकी वजह सीमा से गुजरती झेलम और नीलम नदियों के किनारे रह रहे एक लाख से ज्यादा विस्थापित कश्मीरी हैं जिनके परिवार का कोई न कोई सदस्य सीमा पर अक्सर दोनों तरफ से होने वाली गोलीबारी में मारा गया है। संघर्ष विराम के बाद से सीमा पर फायरिंग बंद है जिससे लोगों का जीवन सामान्य हुआ है। आवाजाही बढ़ी है। लोग खुश हैं। यह खुशी किस हद तक है इसका अहसास सीमा पर जा कर होता है। मुजफ्फराबाद से सिर्फ साठ-सत्तर किलोमीटर की दूरी पर सीमा का आखिरी गाँव चिकोटी है। पूरी तरह सेना की देखरेख में चलने वाले इस इलाके में पहुँचने में साढ़े तीन से चार घंटे लगते हैं। वजह, ऊँचाई के साथ-साथ संकरी और ऊबड़-खाबड़ सड़क का होना भी था। चिकोटी में हमें कोई ऐसा मकान नजर नहीं आया जिसकी दीवार पर गोलियों के निशान न हों। चिकोटी से सीमा पार यानी भारत का नजारा भी लिया जा सकता है। चूँकि अधिकतर घर सीधे निशाने पर हैं इस वजह से पहाड़ों में तराई में लोगों के रहने के कैंप बनाएँ गए हैं। इन कैंपों में हम नहीं जा सके। लेकिन वहाँ का नजारा इस मायने में बिल्कुल अलग लगा कि स्कूल, प्राथमिक केंद्र, छिटपुट दुकानें, सामान की ढुलाई के लिए हमेशा गाड़ियों का चलते रहना सब कुछ इस तरह था कि जैसे यह सीमा हो ही नहीं। जबकि यहाँ रहने वाले अधिकतर लोग सीमा पार यानी जम्मू-कश्मीर से भाग कर आए कश्मीरी हैं। और गाहे-बगाहे ये टकटकी लगाए सीमा पार ताकते भी रहते हैं। संघर्ष विराम के बाद से यह टकटकी बढ़ी है। खुद सैनिकों का मानना है उनकी दूरबीन के सहारे कश्मीर अपने घर-परिवार को सीमा पार टटोलने भी आते रहते हैं। लेकिन संघर्ष विराम समाधान की दिशा में एक महत्त्वपूर्ण कदम साबित हो सकता है, यह कहना फिर भी आसान नहीं। वहाँ के कश्मीरियों का बिल्कुल साफ मानना है कि संघर्ष विराम सिर्फ हम तात्कालिक स्थिति है और अलग-अलग वक्त में ऐसी स्थिति भारत-पाकिस्तान दोनों पैदा करते रहे हैं।

विंचारधारा

आशय बदल गया सैद्धांतिक राजनीति का

यह सवाल लगातार खड़ा हो रहा है कि राजनीति सिद्धांतहीन हो गई है या फिर जिस रूप में भारतीय संसदीय राजनीति की शुरुआत हुई वह पूरी तरह खत्म ही नहीं हुई है बल्कि उसके स्वरूप में भी परिवर्तन आ गया है। लेकिन जिस तरह राजनीति का आंकलन तीन दशक पहले होता रहा, आज उसी नजरिये से आंकलन करना भी गलत है। अगर पूर्व में संसदीय राजनीति इस आधार पर विकसित हुई थी कि सिद्धांत के आधार पर जमीनी मुद्दों का समाधान टटोला जाएगा और उसी लिहाज से राजनीतिकों की सत्ता में भागीदारी और सत्ता के राजनीतिकों के मार्फत जनता के बीच जाने की पहल रहेगी। लेकिन सत्ता ने जिस तरह अपने संस्थानों को खड़ा किया और जनता की जरूरत जब इन संस्थानों में केंद्रित हुई तो सत्ता की अपनी स्थितियाँ भी बदलीं और जनता का खुद को लेकर नजरिया भी बदला। संकट यह है कि आध ाार संसदीय राजनीति ही माना जा रहा है और जो आधार राजनीति के मापदंड हो गए हैं उन आधारों को खारिज करते हुए राजनीति को राजनीति ही कहा जा रहा है। एक राष्ट्रीय पार्टी के रूप में बहुसंख्य जनता के बीच कांग्रेस की मान्यता भी अंदरूनी तौर पर व्यक्ति विशेष को ही महत्त्व देती है और जिन आधारों-सिद्धांतों को अपनाते हुए भाजपा या बसपा जैसे दल खड़े होते हैं वे राजनीति अथवा सत्ता के लिए उन सिद्धांतों को भी खारिज करने से नहीं चूकते। फिर एक ही सिद्धांत तले किसी राजनीतिक दल को अगर थोड़ा सा लाभ मिल जाता है तो कई खेमों में, कई टुकड़ों के तहत ऐसे दल खड़े हो जाते हैं। काफी हद तक जनता दल और उससे निकली सपा, सजपा या समता पार्टी, इसके समानांतर द्रमुक, अन्नाद्रमुक, तेलुगुदेशम जैसे दल भी एक खास वर्गीय/ क्षेत्र के बीच राजनीतिक मुनाफे के लिए अपने प्लेटफार्म पर ऐसे सिद्धांत को रखते हैं जो राष्ट्रीय राजनीति के रूप में कहीं न कहीं किसी दल से जुड़ा हो।

दरअसल संसदीय राजनीति के अंतर्गत राजनीतिक दलों के ढाँचे और उसके समानांतर दबाव समूह के रूप में मौजूद दूसरे संगठन या फिर समाज का अपना ढाँचा और उसके अंतर्गत परिवार या व्यक्ति विशेष की सोच भी अंततः उसी राजनीति के तहत क्यों घुमड़ रही है जो राजनीति नहीं है, यह जानना जरूरी है। अगर राजनीतिक दलों और सामाजिक संगठनों के ढाँचे और उनकी कार्यप्रणाली से शुरुआत की जाए तो यह बात सीधे उभरती है कि राजनीतिक दलों का अपना स्वरूप

कहीं न कहीं उस व्यवस्था की सोच के अनुरूप खड़ा है जो व्यवस्था कुछ खास आधारों को मान्यता दे रही है। जाहिर है जब व्यवस्था पूँजी को महत्त्व देगी तो फिर राजनीतिक दलों की पहलकदमी भी कहीं न कहीं उसी पूँजी पर आश्रित होगी जो व्यवस्था के मापदंड हैं। अगर खुली बाजार अर्थव्यवस्था या औद्योगीकरण की पहली जरूरत मुनाफा है तो राजनीतिक दल के अंदर की उस सत्ता का महत्त्व भी सर्वाधिक होगा जहाँ से सबसे ज्यादा सौदेबाजी करने की स्थितियाँ पैदा होती हैं। जाहिर है संसदीय राजनीति के इस मापदंड पर विरोधी दल खारिज होंगे और संसदीय चुनाव सिवाय सत्ता में आने के अलावा अन्य किसी भी स्थितियों को मान्यता नहीं देंगे ऐसे में अगर कोई राजनीतिक दल विरोधी की हैसियत से सत्ता की कार्यप्रणाली या उसकी नीतियों का विरोध करता है तो भी उसका कोई प्रभाव सिवाय विरोध के नहीं होगा। चूँकि चुनाव में सत्ता तक पहुँचने की मानसिकता सभी दलों में होती है और सत्ता के मार्फत पूँजी के विभिन्न आधारों से सौदेबाजी करने की सोच पहले से हावी रहती है इसलिए यह भी संभव नहीं है कि कोई राजनीतिक दल इस मंशा के साथ चुनाव प्रणाली में हिस्सा ले कि वे जमीनी मुद्दों को संघर्ष के रूप में उभारेगा। चूँकि जो पूँजी वर्तमान में केंद्र बनी हुई है वह जमीनी आधारों पर न तो टिकी है और न ही उसकी अपनी जरूरत जमीनी मुद्दों को समाधान तक पहुँचाने की है। यही स्थिति राजनीतिक दलों की भी है। शायद इसीलिए जब 1967 में गैर कांग्रेसवाद की लहर चलती है और कई राज्यों में कांग्रेस उखड़ती है तो भी गैर कांग्रेसी दलों की बनी सरकार उस सोच को सत्ता के मार्फत नहीं ढाल पाती जो सोच संघर्ष के दौरान उनमें भरा था।

भारतीय परिप्रेक्ष्य में ये स्थितियाँ इसलिए भी ज्यादा खतरनाक तरीके से सामने आईं कि एक तरफ सामाजिक ढाँचे को नकारने की स्थितियाँ संसदीय राजनीति ने पैदा कीं। दूसरी तरफ राजनीति को मापदंड मानते हुए सामाजिक ढाँचा हर जगह से उस व्यवस्था के तहत टूटा जो सिर्फ अपना मुनाफा देख रही है। विरोधाभास की इस स्थिति ने संसदीय राजनीति को कागजी तौर पर तो संसदीय रहने दिया लेकिन कार्यप्रणाली के मद्देनजर यह उस पूँजी के अनुकूल ही हो गई जहाँ न्यूनतम उत्पादन के मार्फत अधिकतम मुनाफा कमाने की सोच हावी है। या फिर क्वालिटी मायने नहीं रखती, क्वांटिटी हावी हो जाए अथवा जिस भी रूप में जितनी भी पूँजी राजनीति में लगे सत्ता के मार्फत उससे कहीं ज्यादा पूँजी की उगाही की जा सके। यही स्थिति सामाजिक ढाँचे पर भी हावी हुई और परिवार से होते हुए व्यक्ति विशेष तक को इसने प्रभावित किया। चूँकि सत्ता पर बैठा राजनीतिक या सत्ता के करीब का राजनीतिक, किसी दूसरे ब्रह्मांड का नहीं होता, वह भी उन्हीं सामाजिक-आर्थिक स्थितियों के बीच जी रहा होता है जिनमें बहुसंख्य जनता जी रही है तो उसकी पहल बहुसंख्य जनता के लिए मापदंड नहीं बने तो भी प्रभावित करने की स्थिति में हमेशा रहेगी। हुआ भी यही। राजनीतिकों की इस नई राजनीति ने सबसे पहले संस्थानों

को प्रभावित किया, ऐसे संस्थान जो नौकरशाही के मार्फत पुलिस प्रशासन या दूसरे विभागों के रूप में समाजों को व्यवस्थित करने में लगे हैं। उनके द्वारा जब इस मुनाफे वाली राजनीति की नीतियाँ लागू होनी शुरू हुईं तो हर स्तर पर पूँजी का खेल भी शुरू हुआ और अपने ही विकास के लिए बनाई गई नीतियों में अपनी आत्मनिर्भरता को खत्म होते हुए बहुसंख्य जनता ने देखा। लेकिन सवाल पूँजी पर निर्भर हो उस राजनीति से मान्यता पाना भी रहा जो कहीं न कहीं खुद पूँजीवादी व्यवस्था पर निर्भर हो गई है। ऐसे में पारंपरिक सामाजिक ढाँचा भी टूटना शुरू हुआ है और परिवार की नई संरचना भी बनने लगी। और तो और व्यक्ति विशेष द्वारा अपने चरित्र को खड़ा करने और उसके मार्फत परिवार या सामाजिक ढाँचे से जुड़ने की स्थितियों में भी परिवर्तन आ रहा है।

सवाल खड़ा हो सकता है कि क्या वाकई वैचारिक धरातल ढहे और सिर्फ सत्ता की सोच हावी हुई है? जबकि विरोध की स्थितियाँ लगातार दर्शा रही हैं कि कहीं वैचारिक स्थितियाँ बची हैं और कभी नौकरशाही तो कभी औद्योगिक-व्यापारिक स्थितियाँ और कभी जनता के जमीनी मुद्दों के आधार पर खड़ी होकर सामने आ जाती हैं। सतही तौर पर कहा जा सकता है कि सामाजिक संगठनों के मार्फत अथवा कभी शेषन तो कभी खैरनार और कभी बहुगुणा के मार्फत पूँजीवादी व्यवस्था खारिज होने की स्थिति में आती है और उस वक्त बहुसंख्य जनता व्यवस्था की कमजोरी को भी समझती है। यहाँ महत्त्वपूर्ण यह है कि जिन अवस्थाओं में वैचारिक या सैद्धांतिक स्थितियों की बात खड़ी होती है वह या तो पूँजीवादी व्यवस्था की विसंगति के रूप में होते हुए भी उसे प्रचार दे जाती है या फिर समाधान तक पहुँचते-पहुँचते उसका लाभ भी वही सत्ता-व्यवस्था उठा लेती है जो इसे पैदा करती है। यानी विरोध की जिन स्थितियों पर व्यवस्था को खारिज करने की बात की जा रही है अथवा जिस सिद्धांत के आधार पर राजनीति को जीवित करने का अंदेशा दिया जा रहा है वह अपने तौर पर अपने अनुकूल स्थितियों को निर्मित क्यों नहीं कर पाता है यह गौरतलब है। इसमें दो मत नहीं कि वर्तमान सत्ता-व्यवस्था के अंतर्विरोध अत्यधिक उग्र होते जा रहे हैं। उसकी कल्याणकारी राज्य की सोच अब गैर-कल्याणकरी रूप में खुल कर सामने आने लगी है। अर्थव्यवथा की अस्मिता और उसका गतिरोध भी बढ़ रहा है। ऐसे में पूँजीवादी संसदीय व्यवस्था के परिप्रेक्ष्य में कहा जा सकता है कि उसके पतन में शीघ्रता लाने वाले वर्ग विरोध तीव्र हो रहे हैं। मगर विरोध करने वाली स्थितियों का एक संकट यह भी है कि उनकी अपनी उत्पत्ति, उनके अपने विकल्प के आधार पर नहीं हो रही है। वह सिर्फ व्यवस्था के अंतर्विरोध की उपज के रूप में हो रही है। शायद इसीलिए जिस सिद्धांत की बात राजनीतिक दल करते हैं सत्ता के लिए वे सैद्धांतिक बातों को ताक पर रख देते हैं और विरोध की स्थितियाँ सिवाय विरोध के और कुछ कर भी नहीं पातीं। फिर यह सवाल कहाँ तक जायज है कि राजनीतिक

दल सिद्धांतहीन हो गए हैं। दरअसल, बदलाव की इस प्रक्रिया में सिद्धांतहीन हो गए हैं। दरअसल बदलाव की इस प्रक्रिया में सिद्धांतहीन की स्थिति तो आई ही है, राजनीतिक दलों के राजनीतिक अस्तित्त्व पर भी संकट आया है। जबकि विरोध की स्थितियाँ पूँजीवादी संसदीय व्यवस्था को अभी भी उसी राजनीति के खाके में रखना चाहती हैं जो राजनीति ढाई दशक पहले तक देश में रेंगती थी।

यों भी सैद्धांतिक आधार पर जो राजनीति संसदीय ढाँचे में खड़ी हुई उसने सिवाय सुनहरे आदर्शवाद के और कुछ दिया भी नहीं। यह न यूरोपीय फेबियन समाजवाद रहा और न ही पूरी तरह यूटोपियाई सोच भी लगी। खासतौर से भारतीय समाजवादी अवस्थाएँ इस सुनहरे आदर्शवाद के इर्द-गिर्द ही घुमड़ीं। हकीकत यह भी है कि बिना आधारभूत संरचना के सुपर स्ट्रक्चर खड़ा करने की कोशिश की गई। एक तरफ संसदीय राजनीति ने तो खुद को पूँजीवादी संसदीय व्यवस्था में तब्दील कर लिया लेकिन सामाजिक विकास की बात करने वाले सैद्धांतिक दलों ने इस अर्थव्यवस्था को ही नकारा जो बेस (आधारभूत संरचना) होती है। जाति, धर्म, संस्कृति भाषा जैसे सवाल तो सिद्धांतों के मार्फत काफी जोर-शोर से उठाए गए मगर आर्थिक सवालों को गौण किया गया। हालाँकि ऐसा नहीं है कि आर्थिक स्थितियाँ पूरी तरह गौण रहीं, मगर राजनीतिक तौर पर यह प्रक्रिया उलटी जरूर रही। जाहिर है ऐसे में रोटी के मुद्दे या जनता के अस्तित्त्व के सवाल पूँजीवादी संसदीय व्यवस्था के मार्फत जब सामने आए तो सैद्धांतिक मुद्दे खुद-ब-खुद गौण हो गए। मुख्य रूप से यह त्रासदी समाजवादियों की रही। लेकिन उसके समानांतर कम्युनिस्ट भी खारिज हुए। कारण बहुत साफ है कि वे सिर्फ उन आर्थिक सवालों में उलझे जो उनकी अपनी खास सीमा में थे। ट्रेड यूनियन और मजदूर या किसान सभा के मुद्दे खड़े तो हुए मगर ये भी भारतीय परिस्थिति में पूरी तरह बेस नहीं थे और जहाँ बेस थे वहाँ कम्युनिस्टों ने सुपर स्ट्रक्चर रूप में कुछ भी नहीं दिया। इस अतिवाद को हाल में समाजवादियों ने भी स्वीकारा ही था लेकिन एक साथ जमीन और रोटी का सवाल और दूसरी ओर वह सुपर स्ट्रक्चर जो लगातार संसदीय व्यवस्था परोस रही है, उसका विकल्प किस रूप में रखा जाए इसे कम्युनिस्टों की जमीन पर उपजे नक्सली भी अरसे तक समझ नहीं पाए। सांस्कृतिक-सामाजिक सवालों को नजरअंदाज नहीं किया जा सकता। यह सवाल जरूर खड़ा हुआ। लेकिन संसदीय राजनीति वामपंथियों को अति वामपंथियों के खिलाफ और समाजवादियों को वामपंथियों के खिलाफ भी खड़ा कर अपना हित साधती है।

दरअसल, संसदीय राजनीति या संसद अपने तौर पर सिवाय कंक्रीट के और कुछ नहीं बचा है। बावजूद इसके इन्हें पूरी तरह ढहा पाने की स्थिति में वह सैद्धांतिक राजनीति नहीं है जो आज सिद्धांत की बात कर रही हैं क्योंकि जिस सिद्धांत के आधार पर समाजवादी व्यवस्था की कल्पना की गई उसकी ठोस और

कन्वेंसिग रूपरेखा नहीं रखी जा सकी। गाँधीवादी रामराज्य की कल्पना का ही बृहद रूप कथित समाजवादी ढाँचे के रूप में सामने आया जो मौजूदा हकीकत और व्यवहार से तालमेल तक न बैठा सका। एक तरफ ग्राम राज्य की बात हुई तो दूसरी तरफ शहरी उद्योगवाद से आँखें चुरा ली गईं। कुटीर लघु उद्योग, परंपरागत उद्योगों को बढ़ावा देने की बात कही गई। मगर बड़े उद्योगों के खिलाफ सिवाय कागजी लड़ाई के और कुछ भी नहीं किया गया। यहाँ तक कि परंपरागत उद्योगों से देश की जरूरत पूरी नहीं की जा सकती है। और बड़े उद्योग और बहुराष्ट्रीय पूँजी का विरोध करते वक्त देश की बुनियादी जरूरतों को पूरा करने के लिए ठोस विकल्प भी देना जरूरी है इसे भी समझा नहीं गया। संभवतः सामाजिक ढाँचा और उसके प्रति समझदारी का रूप भी रहा। संयुक्त परिवार क्यों पैदा हो रहे हैं और व्यक्तिगत मुनाफा-स्वार्थ और सुरक्षा की सोच क्यों पैदा हो रही है जो कहीं न कहीं उन आर्थिक स्थितियों से जुड़ी है जिसका विकल्प हम वही नहीं पेश कर पाए तो फिर सामाजिक ढाँचे के विघटन को कैसे रोकेंगे? इस पर सोचने की ज्यादा जहमत नहीं उठाई गई।

विकल्प का पेच

संसदीय राजनीति से किसी भी देश के बहुसंख्य तबके की तस्वीर नहीं बदल सकती है। चुनाव संसदीय राजनीति को जिलाए रखने का सुधारवादी तरीका है जो 25 फीसद लोगों को तो संतुष्ट रख सकता है लेकिन 75 फीसद लोगों का शोषण करके। शोषित लोगों की संख्या में बढ़ोतरी भी हो सकती है लेकिन अलग-अलग मुद्दे समूचे-समाज को इस तरह बाँटे भी रहेंगे कि बहुसंख्यक शोषित तबका कभी एकजुट नहीं हो पाएगा क्योंकि संसदीय राजनीति का आधार वे पूँजीवादी राज्य हो चुके हैं जो अपनी सुविधा की कीमत बाकी राज्यों को बर्बाद कर वसूल रहे हैं। ऐसे में वैकल्पिक व्यवस्था की बात सोचनी होगी जो कि अतिवाम के नए रुख से संभव है। दुनिया भर में सत्ता बंदूक की की नली से निकलने की बात कहने वाली पहली बार इस थ्योरी की बात कह कर वैकल्पिक व्यवस्था का खाका खींचने के लिए मुंबई में 'मुंबई प्रतिरोध 2004 के नाम से जनवरी में जुटेंगे।

विकल्प की बात कहते हुए अतिवाम थ्योरी का मानना है कि फिलहाल पूँजीवाद अपने क्रूर चेहरे के साथ है। अमेरिका का वर्चस्व पूँजीवाद का वह चरित्र है जिसमें समूची दुनिया एक धुरी पर आकर टिक जाती है। पूंजीवाद के खिलाफ तीन दशकों से खड़े अतिवाम आंदोलन का नया रुख इसी थ्योरी को मान रहा है कि अमेरिका ने पूँजीवाद की उस हकीकत को परोस दिया है जहाँ संस्थान या नीतियाँ कोई मायने नहीं रखतीं। पूँजी हर संस्थान को रौंद सकती है, नीतियों को पहले अनैतिक करार दे सकती है। अफगानिस्तान, इराक, फिलस्तीन हर जगह अमेरिका की पहल से यह जाहिर है। संयुक्त राष्ट्र का घुटने टेकना, तमाम देशों के विरोध के बावजूद अंतर्राष्ट्रीय मंच पर अपने अनुकूल नीतियों को बनवाना, फिर लागू करवाना आखिर क्या संकेत करता है। जब यह एहसास समूची दुनिया में है तो सवाल सत्ता का नहीं सत्ता को उखाड़ने की थ्योरी को लागू करने का है।

ऐसे में सिर्फ यह नारा लगाना बेमानी है कि सत्ता बंदूक की नली से निकलती है क्योंकि एक धुरी बनने का चिंतन भी उसी हिंसा की दुहाई दे रहा है जिसे अतिवाम अभी तक अपनी बपौती मानता रहा है। यानी बंदूक अब सीधे पूँजीवाद के साम्राज्यवादी तरीके ने थामी है। पहली बार अतिवाम आंदोलन को इसका एहसास हुआ है कि उसकी हिंसा को आतंक करार देकर अपनी हिंसा को पूँजीवाद किस तरह न सिर्फ कानूनी जामा पहनाने की हिमाकत कर सकता है बल्कि जो खिलाफ हो उनके ऊपर भी दबाव बनाकर अपने अनुकूल अंतर्राष्ट्रीय नीति तक बना सकता है।

ऐसे में समाज के अलग-अलग वर्गों की गोलबंदी आवश्यक है जो सिर्फ हिंसा को बतौर समाधान पेश करने से संभव नहीं है। कुछ ऐसा ही चिंतन समेटे दुनिया भर के अतिवाम संगठन अपनी रूपरेखा तय करने जनवरी में मुंबई में जमा हो रहे हैं। हालाँकि यह जमावड़ा भूमंडलीकरण और युद्ध के विरोध के बैनर तले हो रहा है लेकिन इस लामबंदी का एक नया चेहरा भी अतिवाम के जरिये पहली बार उभर रहा है।

दरअसल इराक के खिलाफ अमेरिकी कार्रवाई का विरोध दुनिया भर में हुआ। हमले से पहले दुनिया में जिस तरह बिना किसी ऐलानिया नेतृत्व के लोग जमा हुए और अमेरिकी कार्रवाई का खुला विरोध किया यह सब उन संगठनों के लिए ऑक्सीजन था जो विकल्प का सवाल लगातार खड़ा कर रहे हैं। तीन वर्ष का हुआ 'वर्ल्ड सोशल फोरम' इसी वजह से पहली बार ब्राजील से निकलकर जनवरी के तीसरे हफ्ते में मुंबई पहुँच रहा है जहाँ वह विकासशील देशों के साथ विकसित देशों से भी कहेगा कि एक धुरी की बनती दुनिया को तोड़ने के लिए विकल्पों में उसका साथ दें। फोरम की थ्योरी इस मामले में नायाब है कि वह विकसित देशों को भी विकासशील देशों के समकक्ष रख रही है। लेकिन विकल्प के सवाल पर थ्योरी का बँटना महत्त्वपूर्ण है। दुनिया भर में बंदूक की नली से सत्ता की आवाज सुनने वाले अतिवाम आंदोलन का मानना है कि अमेरिकी रुख ने हर क्षेत्र को झकझोर कर रख दिया है, लेकिन वर्ल्ड सोशल फोरम का रुख सिर्फ लफ्फाजी भर है। अतिवाम का मानना है कि फोरम का रुख आईएमएफ, विश्वबैंक या फिर उपनिवेशवादी ताकतों की नीतियों में कुछ बदलाव भर लाना है। दोबारा कोई लीक नहीं बना पाएगी और सब कुछ हाशिए पर चला जाएगा। इसलिए सुधारवादी चिंतन को हर किसी को सिरे से खारिज करना चाहिए।

बड़ा सवाल यहीं से शुरू होता है। जिस वक्त वर्ल्ड सोशल फोरम के दुनिया भर के नुमाइंदे मुंबई में जुटेंगे उसी वक्त अतिवाम चिंतन तले जन संघर्षों को दुनिया भर में चलाने वाले भी मुंबई में ही जुटेंगे। यहाँ बड़ा मुद्दा यह भी है कि अपने बचाव के लिए हथियार उठाने को जब आतंकवाद के नजरिए से देखा समझा जा रहा हो तो इसका विकल्प कैसे रखा जाए कि वे विकासशील देश भी साथ खड़े नजर आएँ जो साम्राज्यवादी पूँजी तले घुटने टेकने को मजबूर हैं। जाहिर है इस परिप्रेक्ष्य में इन मुद्दों को उठाने का मतलब साफ है कि राज्य के समांतर राज्य की स्थिति आंदोलन के मार्फत खड़ी की जाए इसे मूर्त रूप लेना रोमानी लग सकता है।

लेकिन जिस पटल पर इसे रखा जा रहा है, उससे बड़ी बात भारत की सत्ता को भी सीधे चेताने की है, क्योंकि इस मंच पर देश के एक दर्जन वैसे अतिवाम संगठनों की भागीदारी हो रही है, जो संसदीय राजनीतिक व्यवस्था को खारिज करते रहे हैं और करीब 14 राज्यों में अपनी उपस्थिति आंदोलन के जरिये बनाए हुए हैं।

इसके साथ आस्ट्रिया, फिलीपीन, यूनान, दक्षिण एशिया के आधे दर्जन अतिवाम संगठनों समेत कान्फेडरेशन ऑफ टर्किस वर्कर इन यूरोप और इंटरनेशनल लीग ऑफ पीपुल्स स्ट्रगल भी है। जाहिर है वैचारिक तौर पर विकल्प की बात जन मोर्चों के मार्फत उभरेगी या फिर जन छिन्न-भिन्न होकर राज्य के आतंक का शिकार होगा और ऐसे अतिवाम आंदोलनों का भविष्य दोबारा उस संकट की तरफ धकेल दिया जाएगा जहाँ सिर्फ और सिर्फ संसदीय राजनीति का वह सुधारवादी रुख ही बतौर विकल्प दिखाई दे जिसे राजनीति में अपनी जगह बनाने के लिए अतिवाम के विफल होने का इंतजार है।

संकट इतना भर नहीं है। जब राज्य के आतंक के समांतर जिस विकल्प का रुख अपनी ही स्थितियों को काटने के लिए तैयार हो रहा हो तो लाभ भी सीधे राज्य के आतंक को ही मिलेगा। दरअसल अतिवाम आंदोलन के सामने पहली बार खुद को नए रूप में परिभाषित करने की जरूरत उस राज्य व्यवस्था की ही देन है जिसने अपनी बनावट में उन तमाम तत्त्वों को शामिल किया जो उसे सत्ता में टिकाए रहें। लोकतांत्रिक व्यवस्था का लुंज-पुंज होना, चुनाव के नाम पर बहुसंख्य तबके की शिरकत का खात्मा, कल्याणकारी राज्य के तकाजों को बाजार व्यवस्था तले ध्वस्त करना। सीधे कहा जाए तो आतंक की राजनीति के आसरे सत्ता में टिके रहने का समीकरण नई व्यवस्था तले तीसरी दुनिया के देशों तक में जिस तर्ज पर उभरा है उसमें अतिवाम के सामने दो तरह की चुनौतियाँ बहुत साफ हैं। पहले स्तर पर वह खुद को और ज्यादा आक्रामक तौर पर कैसे रखे और दूसरा व्यवस्था को बदलने के चिंतन का आधार क्या हो। जाहिर तौर पर दोनों स्थितियों में अतिवाम का संकट मुद्दों से भटकाव या दोहराव का ज्यादा हो रहा है। यही वजह है कि जिन मुद्दों का सहारा अब वह ले रहा है वे ज्यादातर उसी व्यवस्था के हैं जिनके जरिये संसदीय राजनीति ने राज्य के आतंक को उभारा है। मसलन मुंबई के सेमिनार में दलित तबके को नए तरीके से ढालने की तैयारी भी है और हिंदुत्व को समाज के हिस्से के तौर पर परिभाषित करने की मशक्कत भी।

महाराष्ट्र में दलित आंदोलन से कहीं ज्यादा मजबूत रूप में संसदीय राजनीति के पीछे वोट बैंक के रूप में दलितों की एकजुटता ने अतिवाम आंदोलन के सामने यह सवाल खड़ा किया है कि अगर दलित वर्ग को वैकल्पिक संघर्ष से जोड़ा जाए तो सत्ता से कहीं ज्यादा न सिर्फ सौदेबाजी की जा सकती है बल्कि राज्य के सामने नीतियों को लेकर यह संकट भी खड़ा हो सकता है कि वह वोट बैंक को अनुकूल बनाने में आतंक का सहारा छोड़े। वहीं हिंदुत्व को परोस कर सत्ताधारियों का एक तबका जिस राजनीति को उभार रहा है अगर जाति व्यवस्था के आधार पर संघर्ष खड़ा किया जाए तो हिंदुत्व की थ्योरी खारिज होगी। हालाँकि अतिवाम की समस्या यह

भी है कि जातियों को मान्यता देते हुए जाति व्यवस्था को किस तरह खारिज किया जाए। ब्राह्मणवादी व्यवस्था की सांप्रदायिकता के रूप में परिभाषित करने की बात कही जा रही है। लेकिन जाति या वर्ग से हटकर हिंदुत्व की बात आते ही मुस्लिम-सिक्ख-ईसाई या दलितों को भी उसी तर्ज पर उठाने की बात है, जिन आधारों पर संसदीय राजनीति में कांग्रेस सरीखे दलों का सुधावादी चिंतन चलता है।

सवाल उठता है कि विकल्प का सवाल खड़ा कर जिन मुद्दों के आसरे जिस राज्य का विरोध वर्ल्ड सोशल फोरम और एमआर, 2004 के नाम पर अतिवाम आंदोलन कर रहे हैं कहीं वह उसी राज्य व्यवस्था को ज्यादा पुख्ता तौर पर स्थापित तो नहीं करेगा। चूँकि बहस के केंद्र में पूँजीवादी-साम्राज्यवादी शक्तियों के आतंक की बात है तो संसदीय राजनीति का सुरूर भी अतिवाम आंदोलन की तर्ज पर और बदल सकता है। इसे नकारा भी नहीं जा सकता। यानी जिन नए तबकों को संघर्ष के आसरे खड़ा करने या जोड़ने की बात है उस तबके को संसदीय राजनीति और शह क्यों नहीं देगी। खास कर जब राजनीतिक दल लगातार कमजोर हो रहे हैं और पहली बार यह भी खुलकर सामने आ रहा है कि संगठन के जरिये राजनीति चले या न चले लेकिन सत्ता के लिए संगठन की नहीं, उस जोड़तोड़ की जरूरत पड़ती है, जो मुद्दों को उठाते तो हैं लेकिन उसे उलझाकर सब कुछ की सत्ता पर निर्भरता भी कायम करते हैं।

ऐसे में दलित या हिंदुत्व की राजनीति का जो स्वरूप नजर आ रहा है, वह अतिवाम की छतरी तले संसदीय राजनीति में ज्यादा सौदेबाजी पर जोर क्यों न देगा। खासकर वोट बैंक से इतर अगर सवाल मुद्दों के आसरे राज्य के आतंक के खिलाफ कई तबकों को नए सिरे से जोड़ राज्य की तानाशाही पर लगाम लगाने की बात का है, तो एक मतलब यह भी है कि ध्वस्त हो रही व्यवस्था को ऑक्सीजन इन संगठनों से ही मिलेगी क्योंकि तरीके एक हो रहे हैं, तो बहस की गुंजाइश संसदीय राजनीति या चुनावी तौर-तरीकों को खारिज कर विकल्प का सवाल खड़ा करने जा रही है। वह अतिवाम का विकल्प नई परिस्थिति में यह बड़ा सवाल होगा कि करीब 35 साल का अतिवाम आंदोलन अब खुद को सामाजिक तौर पर स्थापित करने की मशक्कत कर रहा है, या फिर संसदीय व्यवस्था के घेरे में राज्य जिस तरह आतंक फैला रहे हैं, उनके लिए यह उत्सव का मौका है।

सत्ता की चकाचौंध और लुप्त होते विचार

पिछले कुछ वर्षों में सत्ता की ललक में राजनेताओं ने अपनी प्रतिबद्धताएँ ताक पर रख दी हैं। राजनीतिक समीकरण के बदलते ही वे अपने सिद्धांतों को भी बदल ले रहे हैं और अपने पक्ष में अजीबोगरीब दलीलें पेश कर रहे हैं -

संसदीय राजनीति पहली बार इस हद तक खुलकर उभरी है जहाँ न संसद का कोई प्रभाव राजनीति पर नजर आ रहा है, न ही राजनीति की कोई पकड़ संसद पर दिखाई देती है। राज्य, राजसत्ता या लोकतंत्र की कोई भी अवधारणा वर्तमान राजनीति के घेरे में नहीं आती। सीधे कहा जाए तो राजनीतिज्ञों की पहल राज्य के विकास या समाज को बेहतर अथवा राजसत्ता के जरिये देश को विकसित बनाने में बिल्कुल जुड़ी दिखाई नहीं देती। खास तथ्य यह है कि जो भी परिभाषा राज्य, राजनीति या लोकतंत्र के लिए आदर्श रूप में मौजूद है वो सभी राजनीतिज्ञों के चिंतन में तभी तक मान्य है जब तक सत्ता में भागीदारी की उनकी कोई हैसियत नहीं है। मतलब जहाँ भी सत्ता को लेकर किसी भी राजनीतिज्ञ में यह रोशनी जली कि कुछ प्रयास से वो भी सत्ताधारी तबके में शामिल हो सकता है तो सारी परिभाषा धरी की धरी रह जाती है। केंद्र में चल रही एनडीए सरकार इसका बेहतरीन उदाहरण है जहाँ जनता दल के रामविलास पासवान और शरद यादव, समता पार्टी के जार्ज फर्नांडीस और नीतीश कुमार से लेकर डीएमके, तेलुगूदेशम, अकाली दल, बीजू जनता दल, नेशनल कांग्रेस से लेकर तृणमूल कांग्रेस से जुड़े सैकड़ों राजनीतिज्ञों की पोल पट्टी देखी-समझी जा सकती है जिन्होंने केंद्र में सत्ता से जुड़ने के लिए कैसे राजनीति की परिभाषा ही बदल दी। यह संकट सिर्फ राजनीति की परिभाषा भर का भी नहीं है दरअसल सत्ताधारी होने की प्रक्रिया में अचानक राजनीति के उन आधारों की परिभाषा भी बदल गई जिसके जरिये सिर्फ पाँच से भी कम वर्ष पहले तक सामाजिक, आर्थिक विकास की बात ये राजनीतिज्ञ करते रहे। अगर इस बदलाव को संसदीय नजरिए से देखा जाए तो लग सकता है कि स्थिरता के संकट या एकदलीय सत्ता की स्थिति खारिज होने पर ही यह बदलाव आया है। मगर राजनीतिज्ञों की जो पहल सत्ता में रहकर या सत्ता से बाहर रहते हुए संसदीय खाके में हो रही है उसके

मद्देनजर बदलाव की सोच के लिए सीधे-सीधे लाभ/मुनाफा ही लगता है। वो भी व्यक्तिगत यानी किसी पार्टी के अंदर प्रमुख या बड़े नेताओं में सत्ताधारी होने के लिए कुछ भी बदलने की सोच इस कदर उस दौरान आई है कि वो समूची पार्टी को सौदेबाजी में शामिल कर उस राजसत्ता में मुनाफे में स्तर-दर-स्तर की हिस्सेदारी तय कर देता है जिस राज्य को लेकर वो या उसकी पार्टी कभी समाज के चहुँमुखी विकास की डफली बजाती रही। समता पार्टी इस मामले में आदर्श दल है, क्योंकि मुनाफे में हिस्सेदारी मिलने के लाभ में दल के दूसरी कतार के नेताओं ने पहले तो सहमति दे दी कि आदर्श परिभाषाओं को भूलकर आधारों को ध्वस्त कर सत्ता में शामिल हो जाया जाए। फिर मुनाफे या हेराफेरी का सुख न मिलने पर पुरानी परिभाषाओं का राग अलाप कर पहली कतार के नेताओं का खुला विरोध हुआ कि सत्ता में शामिल होकर आपने तो समाजवाद का सपना ही धो दिया। दरअसल इस तरह का सत्ता विरोध हर उस दल में रहा जिसका आधार कहीं किसी राज्य में है। मगर सत्ता के सुख ने सभी को फिर से जोड़ने में कोई कसर न छोड़ी। एक हद तक सौदेबाजी के ही आधार पर राजनीति की नई पुरानी परिभाषा चलती रही है।

इस घेरे में नयी पार्टी की तृणमूल कांग्रेस नेता हैं ममता बनर्जी। याद करें तो वामपंथी विरोध से पहले ममता ने कांग्रेस में रहते हुए बीजेपी को खासा निशाना बनाया। एक जमाने में जनसंघ और सांप्रदायिकता पर उन्हीं नेताओं का विरोध कर हल्ला बोला जिनके साथ आज वो नई-नई परिभाषा गढ़ रही हैं। लेकिन पश्चिम बंगाल म्युनिसिपल कापोरेशन के चुनाव में सीटों के बँटवारे को लेकर जिस तरह ममता ने केंद्रीय रेलमंत्री का पद छोड़ने तक की धमकी (कभी नीतीश कुमार ने भी ऐसी ही धमकी दी थी) दी उससे सत्ताधारी होने को लेकर यह सवाल दोबारा उठा कि सौदेबाजी का कैनवस राजनीति में कितना बड़ा है इसे मापा नहीं जा सकता यानी ममता को अभी भी कहीं न कहीं भरोसा है कि उसकी सौदेबाजी और बढ़ सकती है यानी जिस लाभ/मुनाफे के पद पर वो बैठी हैं उससे कहीं ज्यादा लाभ उसे भविष्य में अपनी राजनीति के पैर पसारकर मिल सकता है। ऐसे में रेलमंत्री का पद छोड़ने में हर्ज ही क्या है। हालाँकि यहाँ यह गौर करना जरूरी है कि इसी कार्पोरेशन चुनाव से ऐन पहले वो महाजोट बनाना चाहती थीं यानी वामपंथी सरकार के खिलाफ सभी विरोधी दलों को एकजुट करना चाहती थीं। जाहिर है ऐसे में तृणमूल को और कम सीटें मिलतीं। मगर इस सौदेबाजी में तृणमूल या ममता का नजरिया अलग है। वो महाजोट के जरिये तृणमूल को केंद्र की तरह बीजेपी जैसा रखना चाहती हैं और खुद वाजपेयी की तर्ज पर बंगाल में राज करना चाहती हैं। यहाँ राजनीति को लेकर ममता की बदलती परिभाषा याद करनी चाहिए। ममता ने जब कांग्रेस छोड़ी तो वामपंथियों को टिकाये रखने के लिए न सिर्फ कांग्रेस को जिम्मेदार ठहराया बल्कि कांग्रेस को कहीं ज्यादा खतरनाक बताते हुए इसे कैंसर तक कहा और उस वक्त ममता ने

पश्चिम बंगाल के बंद होते उद्योगों और बेरोजगार होने वाले मजदूरों का सवाल जोर-शोर से उठाया। फिर सांप्रदायिकता, सत्ता, जैसे शब्दों को खोखला बताकर मजदूरों के लिए संघर्ष करने और उन्हें उनके अधिकारों को दिलाने की बात कही। एक लिहाज से बंगाल की अर्थव्यवस्था में सुधार को प्रमुख तत्त्व बताते हुए राजनीति की परिभाषा अर्थव्यवस्था के विकास से जोड़ी। हालाँकि सत्ताधारी होने के बाद से ममता या तृणमूल कभी उद्योगों की तालाबंदी से नहीं जुड़ीं, जबकि सिर्फ कलकत्ता, चौबीस परगना और हावड़ा जिले के करीब साठ छोटे-बड़े उद्योग बीमार करार देकर बंद किये गए और इनके करीब तीन हजार मजदूर बेरोजगार हुए। मजा यह है कि वीरेना कैमिकल्स, ममरटी कंपनी लि., कनोडिया जूट इंडस्ट्रीज लि. और बोरिया काटन मिल्स तृणमूल के प्रभावित क्षेत्र में ही हैं। फिर भी कोई वैकल्पिक स्थिति का सवाल खड़ा नहीं किया गया। उल्टे इन तीन जिले के अलावा हुगली, नाडिया, वर्धवान, पुरुलिया, वीरभूम, दार्जिलिंग और जलपाईगुड़ी जिले के करीब चालीस बंद हुए छोटे बड़े उद्योगों से बेरोजगार बड़ी संख्या में तृणमूल कांग्रेस से जुड़े और इस बार करीब दर्जन भर उम्मीदवार (कार्पोरेशन चुनाव में) तृणमूल की टिकट पर चुनाव लड़ रहे हैं यानी मजदूरों की लड़ाई उनके अधिकारों पर राजनीति से आगे की प्रक्रिया राजनीति को ही रोजगार के तौर पर अपनाने की प्रक्रिया बंगाल में मौजूद है।

काफी हद तक ऐसी ही राजनीति बिहार में भी मौजूद है। चूँकि पिछले चुनाव में पहली बार लालू यादव विरोधी राजनीतिज्ञों और दलों को यह महसूस हुआ कि इस बार सत्ता पर कोई एक दल काबिज नहीं हो पाएगा इस वजह से सभी विरोधी एकजुट हुए भी मगर सीटों के बँटवारे को लेकर कोई समझौता कैडर स्तर पर अंत तक नहीं हो पाया। जिससे एक गठबंधन का नेतृत्व होने के बावजूद कार्यकर्ता अपने लाभ की लड़ाई अपने स्तर पर ही लड़ता रहा। खामियाजा सारे दलों को भुगतना पड़ा। बिहार का संकट भी यही है कि राजनीति की परिभाषा राजनीतिज्ञों ने जिस तरह अपने अनुकूल गढ़ी उसमें मुद्दों पर राजनीति करने की जगह राजनीति ही मुद्दा बना और रोजगार का आधार भी। बिहार का संकट तो इस मायने में ज्यादा है कि वहाँ पंचायत स्तर के चुनाव को भी हुए दो दशक से ज्यादा का समय हो गया यानी सजा या कहें लाभ/मुनाफे के विकेंद्रीकरण की प्रक्रिया पूरी तरह विधानसभा चुनाव में ही टिक गए हैं और उसमें भी हिस्सेदारी के लिए राजनीति से ज्यादा न्यूनतम का जुगाड़ कैसे हो पाता है वहीं महत्त्वपूर्ण हो गया है। यूँ भी राजनीति खुद जिस तरह बाजार पर टिकी है उसमें राजनीति के रोजगार होने की प्रक्रिया हर राज्य में हुई है। सीधे कहें तो किसी राज्य में न्यूनतम की लड़ाई और उसमें हिस्सेदारी के लिए राजनीति में नेताओं की भागीदारी है तो कहीं राजनीति के जरिये ज्यादा से ज्यादा हेराफेरी कर भूमंडलीकरण के दौर में अपनी उपस्थिति दर्ज कराने का प्रयास नेताओं का है। केंद्र की राजनीति की परिभाषा इस मायने में गौरतलब है। एक तरफ

सत्ताधारी राजनीतिज्ञों की राजनीति राज्य को हर जिम्मेदारी से मुक्त करना तो चाहती है मगर राज्य के संसाधनों पर अपना कब्जा बरकरार रखना चाहती है। मतलब राजनीति को भविष्य के लिए इतना दुरुस्त बना दिया जाए जिससे इसकी परिभाषा गढ़ने की जरूरत ही न पड़े। हर संस्थान/मंच/बाजार की ही तर्ज पर राजसत्ता भी नजर आए। एक लिहाज से राजनीति की ताजी परिभाषा को दो तरह से समझा जा सकता है। पहली तो राजनीति की वे कार्यवाहियाँ आती हैं जो राजसत्ता और लोकहित से जुड़े लोगों को राज्य के विकास का नारा लगाने का मौका देती हैं मगर सत्ता में आने के बाद लोकहित के नाम पर राजनीति के जरिये विभिन्न क्रिया-कलापों, नीतियों एवं कल्याणकारी योजनाओं से अपने उद्देश्यों की पूर्ति इस तरह करते हैं जिससे उनकी राजनीति हेराफेरी और चमचेबाजी का कुछ शालीन सा नाम है। जाहिर तौर पर राजनीति की सही परिभाषा में यह दोनों फिट नहीं बैठने, क्योंकि राजनीति को राजसत्ता का श्रेष्ठ कर्म मानते हुए विद्वान/चिंतकों ने इसके जरियें सर्वगुण संपन्न राज्य और समान व्यवस्था की समझ बताया है। जबकि राजनीति की दूसरी स्थायी धारणा राज्य और राज्य-व्यवस्था की ओर संकेत करती है। राज्य और राज्य-व्यवस्था के तहत सामाजिक प्रबंध की विभिन्न संस्थाएँ आती हैं। समाज में राज्य प्रबंध तथा अर्थव्यवस्था भी शामिल है। मगर नयी राजनीति में यह थ्योरी की बात है, संसदीय धारा की बहुदलीय सोच ने तो विपक्ष की भूमिका को भी खत्म कर दिया है। चूँकि राजनीति पूरी तरह सत्ता के ही इर्द-गिर्द घुमड़ती है ऐसे में विपक्ष की भी कोई भूमिका हो सकती है, अब इस पर राजनीति चिंतन नहीं करती। वजह भी यही है, संसद जैसी जगह कांग्रेस विपक्ष में रहते हुए भी विपक्ष की भूमिका नहीं निभा पाती है। लेकिन राजनीति जीवित रखनी है या कहा जाए चाहे अपने व्यक्तिगत लाभ की पूर्ति सत्ताधारी राजनीतिज्ञ कर रहे हों मगर राजनीति की पारंपरिक धाराओं को बतौर थ्योरी जीवित रखने का प्रयास भी यही राजनीतिज्ञ करते हैं। इसी कारण सरकार की नीतियों का विरोध सत्ता के साथी लोग करते हैं। भूमंडलीकरण का विरोध अगर आरएसएस करता है तो राशन के अनाज और सब्सिडी जैसे मुद्दों पर सत्ता भोगते हुए एक दर्जन दल इसे वापस लेने की चुहलबाजी करते रहते हैं। यहाँ सवाल यह उठ सकता है कि गठबंधन का मतलब अब माना क्या जाए। सत्ता भोगते हुए दाव समूह के रूप में काम करना या दाव की राजनीति को भी सत्ता में समाहित कर लेना।

दरअसल राजनीति की परिभाषा क्या हो इसका नायाब रूप चार वर्ष पूर्व प्रधानमंत्रियों की ताजा पहल भी है। चंद्रशेखर, वी.पी. सिंह, एच.डी. देवगौड़ा और आई.के. गुजराल ने अचानक जिस तरह यह सवाल उठाया कि चल रही राजनीति देश भी बेचने से नहीं हिचक रही है। ऐसे में कांग्रेस की नाकाबिलियत की बात उठाकर खुद को सक्रिय करने की मंशा का मतलब खुद का विपक्ष की जगह सत्ता का विकल्प पेश करने जैसा ही है। मगर विकल्प कभी उसी राजनीति की लकीर पर

चल कर नहीं बना जा सकता जिस राजनीति को सत्ताधारी करता है, इसे चारों इसलिए भी नहीं समझ पा रहे हैं क्योंकि हकीकत यह भी है कि भारत के पूरे शासनकाल में यही चारों प्रधानमंत्री ही हैं जो राजनीति को खारिज करते हुए सत्ताधारी बने। सिर्फ दस फीसदी मत को कैसे बहुमत में बदला जा सकता है और सत्ता सँभाली जा सकती है। इसे अगर चंद्रशेखर ने सुझाया तो देवगौड़ा और गुजराल ने राजनीति का दलीयकरण कर दिया, जबकि वी.पी. सिंह ने इस थ्योरी का सामाजीकरण किया। जाहिर है राजनीति को लेकर ऐसी स्थिति में यह कहा जा सकता है कि इसके जरिये किसी बाहरी सिद्धांत या वास्तविकता से जोड़ने की व्यवस्था नहीं है बल्कि इस तरह का सामाजिक वातावरण रहता है उसके सामान्य अंग के रूप में ही राजनीति पनपती है। मगर ऐतिहासिक तथ्य यह भी है कि राजनीतिक प्रक्रिया के अनिवार्य तत्त्व उसके उद्‌देश्य, साधन और दायित्वों के सहारे ही विकसित होते हैं। मतलब राजनीतिशास्त्र को उसकी प्रक्रिया से अलग नहीं किया जा सकता। लेकिन संसदीय धारा की राजनीति के जरिये जिस तरह शास्त्र को प्रक्रिया से पूरी तरह अलग किया जा चुका है उसमें राजनीति की परिभाषा बदलने का ही नहीं बल्कि राजनीति के ही खत्म होने की स्थिति आन पड़ी है।

संकट लोकतंत्र का नहीं राजनीति का है

फिलहाल लोकतांत्रिक व्यवस्था का अर्थ राजनीतिक संकट ही है। जिस तर्ज पर राजनीति हो रही है और राजनीतिक दल सत्ता तक पहुँचने की जोड़ताड़ में संसदीय आँकड़ों के खेल को लोकतंत्र का नाम दे रहे हैं, उसमें यह कहना कि लोकतंत्र कुछ और है और संसदीय व्यवस्था कुछ और बचकानापन होगा। अगर राष्ट्रीय राजनीतिक दलों से लेकर क्षेत्रीय और दबाव समूह वाले छोटे संगठनों की भी प्रक्रिया को संसदीय ढाँचे के तहत देखें तो सिवाय राजनीतिक संकट के और कुछ नहीं उभरेगा। कहा जा सकता है कि लंबे अर्से तक सत्ता में कांग्रेस की पहल और फिर भाजपा का कांग्रेस की तर्ज पर सत्ता तक पहुँचना और इसी दौरान क्षेत्रीय दलों की केंद्रीय राजनीति में दखलअंदाजी भी सिर्फ सौदेबाजी और मुनाफे पर ही टिकी है। कैसे किसी घटना को यह कहकर नकारा जा सकता है कि उसका महत्त्व सिर्फ सामाजिक या आर्थिक है जबकि भारतीय संसदीय व्यवस्था का सत्य यही है कि राजनीति से हटकर और कुछ भी मान्यता नहीं पाती। 1980 से हिंदुत्ववादी ताकतों के उत्थान और उच्च जातियों के जातिवाद ने सामाजिक तनाव पैदा किया है और अधिक खुले रूप में सामंती चरित्र को दिखाया है। अब इसका स्वरूप सामाजिक परिप्रेक्ष्य भर रहा है और इसका राजनीति से कुछ लेना देना नह़ि है, ऐसा संभव नहीं है। सिखों (84 नरसंहार), दलितों (करमचिन्डरू और मंडल विरोध हिंसा), मुसलमानों (बाबरी मस्जिद ढहाया जाना और मुसलमानों पर हिंसा) पर हिंसा का कारण क्या सिर्फ सामाजिक विसंगतियाँ थीं या अंधराष्ट्रवाद ताकतों का हमला था जो पूरी तरह राजनीति से ही जुड़ा था।

राजनीतिक संकट का स्वरूप सिर्फ इतना भर नहीं है कि वह सामाजिक या आर्थिक विसंगतियों को उभारकर अपनी सौदेबाजी को निखारता है। इसका दमनकारी रूप बाकायदा संविधान के तहत 'चेक एंड बैलेंस' को भी खारिज करता है। प्रिवेंटिव डिर्टेशन एक्ट 1950, आर्म्स फोरसिस स्पेशल पॉवर एक्ट 1952-1972, दि आंध्रप्रदेश स्प्रेशन डिसवेनसेफ एक्ट, नेशनल एक्ट 1930, एरोन्सियल सर्विसेस मेंटिनेंस एक्ट 1980, टेरिरिस्ट एंड डिसरप्टिव एक्टिविटीज एक्ट 1984 और हाल ही में तमिलनाडु में बना सुरक्षा कानून क्या वाकई सुरक्षा के तौर पर समाज की स्थिति बेहतर करने के लिहाज से बनाए गए या सत्ताधारी राजनीतिक दल अपनी कमजोरियों को छुपाने के लिए कानून के मार्फत आगे बढ़े। महत्त्वपूर्ण यह है कि

इन सारे कानूनों का एक राजनीतिक दलों ने सत्ता से बाहर रहते हुए विरोध किया और सत्ता में आने के बाद उन्हें नए तर्ज पर लागू किया। संकट का यह स्वरूप हर क्षेत्र में है। भूमि सुधार कानून अभी तक लागू नहीं हुआ है और छोटे किसान दिहाड़ी के मजदूर बने हुए हैं। इसी तरह कारीगरों को उनकी पारंपरिक व्यावसायिक कुशलताओं से अलग कर मजदूर में तब्दील किया गया है तो मिश्रित अर्थव्यवस्था को तहस-नहस कर मुनाफा अंततः राजनीति के मार्फत नौकरशाहों, बड़े पूँजीपतियों और निजी क्षेत्र के व्यापारियों के पास ही ज्यादा पहुँचा है। यह अवस्था इस मायने में संसदीय लोकतंत्र के अंतर्गत और ज्यादा घातक साबित हुई क्योंकि वोटरों को भी इस पूँजी के घेरे में लाया गया है और उन्हें बार-बार कभी सामाजिक तो कभी आर्थिक और कभी पारंपरिक अवस्थाओं के माध्यम से ललचाकर लोकतंत्र के उस घेरे में लाने का प्रयास हुआ है जो राजनीतिक संकट की जरूरत है।

इसका वर्तमान खाका और ज्यादा खतरनाक इसलिए है क्योंकि सौदेबाजी और मुनाफे में अब पारदर्शिता आ चुकी है। यह दूर की बात हो चली है कि भाजपा सत्ता में आई और उसने ताल ठोंककर कहा कि कांग्रेस की तरह उसने जरा सी चालबाजी दिखाई और वह सत्ता में आ गई। महत्त्वपूर्ण है कि नई स्थिति सिर्फ भाजपा के सच पर नहीं टिकी है बल्कि कांग्रेस या वामपंथी या इन दोनों के बीच के वैसे दल जो लोकतांत्रिक संकट का मुनाफा अपने वोटरों को पैदा कर बनाने की स्थिति में आए हैं उस पर आ टिकी है। सोनिया गाँधी चंपारण जाती हैं इलाहाबाद में दो दिन रुकती हैं फिर जो भी समस्याएँ जनता भोग रही है और उसका परिणाम जहाँ-जहाँ हो रहा है वहाँ-वहाँ वह यात्रा करती हैं या कांग्रेसियों को भेजती हैं। अब सवाल यह नहीं है कि गुजरात में दुकान प्रभावित हिंसा या फिर आत्महत्या करते किसानों और कश्मीर में उग्रवादियों की हिंसा को समझने की जरूरत भी विपक्ष को है और विपक्ष की उपयोगिता समझते हुए सोनिया पहल कर रही हैं। एक आदर्श स्थिति बना रही हैं। सवाल है जब संसदीय राजनीति का सच सौदेबाजी और मुनाफे पर टिका है तो ऐसे में इन तमाम पहलुओं की उपयोगिता का परिणाम भी उसी सौदेबाजी और मुनाफे के घेरे में ही आएगा। यानी राजनीतिक दलों का संकट सिर्फ राजनीतिक दलों तक सीमित न रहे और वह अपने घेरे में पूरी व्यवस्था को कैसे ले आए, जो लोकतंत्र के नाम से जाना जाए। इसकी पहल सोनिया ने शुरू की है। सोनिया का रुख इससे पहले कांग्रेस के अध्यक्ष सीताराम केसरी से खतरनाक है या बेहतर है, यह भी राजनीतिक संकट की उस बहस का ही हिस्सा है, जिसके अंतर्गत सामाजिक और आर्थिक क्षेत्रों को घसीटा जा रहा है। जब तक केसरी रहे कांग्रेस मुख्य धारा से जुड़ी रही। कारण बहुत साफ था। केसरी की राजनीति जिस आधार पर टिकी थी वह आधार पूरे संसदीय ढाँचे को बार-बार झटकाता भी रहा है। यानी दलित और पिछड़ों के मार्फत राजनीति हो सकती है और सीधे सौदेबाजी का राष्ट्रीयकरण सकती है,

यह केसरी ने बताया। सोनिया का खेल उल्टा है। उन्होंने राष्ट्रीयकरण की स्थिति को सौदेबाज़ी के घेरे में ला पटका है।

इतना ही नहीं अगर स्थिति दूसरे छोटे दलों, जो सिर्फ क्षेत्रीय नहीं हैं बल्कि कहीं न कहीं राष्ट्रीय राजनीति में भी दखल रखते हों, उसके घेरे में मुलायम की समाजवादी पार्टी और लालू का राष्ट्रीय जनता दल आ सकता है। नई स्थिति में तो जयललिता की अन्नाद्रमुक और चन्द्रबाबू नायडू की तेलुगुदेशम भी आ गई है। अयोध्या के मसले से भाजपा की राजनीति जो भी जुड़ी है लेकिन मुलायम की राजनीति का आधार यही है। अगर अयोध्या में मंदिर बन गया तो अगला हमला काशी और मथुरा पर होगा, यह भी भाजपा का सत्य है और संसदीय खाके में मतदाता को साथ लेकर चलने का राजनीतिक सत्य भी है। लेकिन ठीक इसी तर्ज पर मुलायम भी राजनीति करते हैं। मंदिर बने या वो टले तो अल्पसंख्यक समुदाय का वोट उनके *साथ रहेगा। जाति समीकरण बिहार में समता से मिलकर भाजपा ने अपने अनुकूल* बनाए तो लालू की राजनीति खुले रूप में इसी तर्ज पर आ गई कि जाति व्यवस्था उनकी राजनीति के अनुकूल रहे। यानी समता को तोड़ना या भाजपा के उम्मीदवारों की जाति के आधार पर अपनी जाति को उभारना, राजनीति का आधार बना। तमिलनाडु में जयललिता को सत्ता चाहिए और उसके आँकड़े केंद्र में भाजपा को धमकाने या डराने के लिए काफी हैं। इस सौदेबाजी में उन्हें राष्ट्रीय मंच पर ला पटका। आंध्र में नायडू की जरूरत अपनी आर्थिक बदहाली पर लीपा-पोती के लिए पूँजी की है जो केंद्र दे सकता है इसका नया स्वरूप उस राजनीति में ज्यादा तेजी से उभरा है जिसे अब संसदीय व्यवस्था मान्यता दे रही है या राजनीतिक दल दिलवाना चाह रहे हैं। यूँ ये सारे समीकरण सात दिन में। पलट भी सकते हैं। अगर सौदेबाजी का रुख बदले तो यह बात खुले रूप में पूर्व प्रधानमंत्री चंद्रशेखर कहने से भी नहीं कतराते। और इतना ही नहीं सौदेबाजी और मुनाफे के बीच राजनीतिक संकट को किस तरह छुपाया जा रहा है यह सुब्रमण्यम स्वामी को दिल्ली में होती पहल से लग सकता है वो दिल्ली पहुँचते हैं। दिल्ली के पीटीआई बिल्डिंग के कमरे में पत्रकारों से मिलकर जोड़-तोड़ का नया समीकरण गढ़ते हैं। और बीच-बीच में यह कहने से नहीं कतराते कि उनकी लड़ाई सांप्रदायिकता के खिलाफ है। हालाँकि बीच में यह टिप्पणी भी करते हैं कि पांडवों ने पाँच गाँव माँगे थे उन्होंने तो सिर्फ वित्त मंत्रालय माँगा। अब नहीं मिला तो अब महाभारत को ही रचा जाएगा। हालाँकि सौदेबाजी का यह पैमाना नए गठजोड़ पर नहीं टिकता है। जाहिर है यह गठबंधन की राजनीति है जिसके तहत सभी राजनीतिक दलों ने यह मान लिया है कि उन्हें बहुमत अकेले नहीं मिल सकता, जोड़-तोड़ जरूरी है। यानी सौदेबाजी के खेल बगैर अब संसदीय व्यवस्था नहीं टिक सकती। यह संकट सिर्फ यहीं समाप्त नहीं होता, बल्कि वह तमाम सोच जो आजादी से पहले उपनिवेश रहते हुए भारत ने भोगी अब

उसके एक-एक चिंतन को अलग-अलग तरीके से नाप-जोड़कर सत्ता के अनुकूल खुद को टिकाए रखने के लिए नीतियों के तहत लाए जा रहे हैं। इस घेरे में मजदूर या किसान भर नहीं बल्कि आदिवासी भी आए और अलग-अलग जातियों के मार्फत सामान्य जन भी जो अलग-अलग दलों के मतदाता रहे। जंगल नीति, पर्यावरण नीति, जंगल गाँव नीति, वन संरक्षण नीति ने अगर आदिवासियों को मजदूर बनाकर सड़क बना लिया तो कृषि व्यवस्था के अंतर्गत अलग-अलग नीतियों और भू-हदबंदी कानून ने छोटे किसानों को मजदूर बनाया। नई आर्थिक नीतियों के तहत जनता पर भारी अप्रत्यक्ष कर लादने और अमीरों को व्यापक कर रियायत देने, सरकारी क्षेत्र में नौकरियों को घटाने और कल्याणकारी कार्यक्रम और सब्सिडी में कटौती करने, अर्थव्यवस्था को निर्यातोन्मुखी बनाने, देशी बाजार में विदेशी उपभोक्ता वस्तुओं की बाढ़ लाने, सार्वजनिक क्षेत्र की इकाइयों को बंद करना या साम्राज्यवादियों को बेचना यही आज के दौर में राजनीतिक दलों का सत्ता में पहुँचने का आधार भी है और संसदीय लोकतंत्र का राष्ट्रीयकरण भी। विभिन्न साम्राज्यवादी देशों की खास जरूरतों के अनुसार निर्यातोन्मुखी अर्थव्यवस्था ने देशी उद्योग, सार्वजनिक और निजी दोनों को तो खत्म किया ही साथ ही कृषि उत्पादन को भी साम्राज्यवादी शक्तियों की जरूरत के अनुसार ढाला गया है। फलस्वरूप आवश्यक वस्तुओं की कीमतें आसमान छू रही हैं। उदाहरण के लिए कृषि में पारंपरिक रूप से पैदा खाद्य वस्तुएँ जैसे—रबबी, ज्वार, तेल, चावल, दाल और सब्जी की जगह 'एक्वा कल्चर' नगद फसल आदि उगाए जाते हैं। समुंद्र की उपज को भी स्थानीय जनता के लिए नहीं छोड़ा जा रहा है। सरकारी आँकड़ों के अनुसार 40 प्रतिशत जनसंख्या गरीबी की रेखा से नीचे है। शिक्षित बेरोजगारों की संख्या चार करोड़ से ज्यादा है। कर्मचारियों और मजदूरों का वास्तविक वेतन दिन-प्रतिदिन गिरता जा रहा है और कीमतें बढ़ती जा रही है। वैश्वीकरण निजीकरण और ढाँचागत समायोजन की प्रक्रिया से परिस्थिति और बदतर हो रही है। राशन, शिक्षा, स्वास्थय और गरीब तथा मध्यम किसानों के लिए सब्सिडी जैसी न्यूनतम सुविधाएँ लुप्त हो रही हैं। न्यूनतम स्वास्थ्य सेवा, सफाई और खाद्य वितरण व्यवस्था के बिखरने से मलेरिया, पीलिया, गैस्ट्रिक, टीबी और प्लेग जैसी बीमारियाँ फिर से फैली हैं जो एक समय खत्म हो चली थीं। सतही तौर पर दोष व्यवस्था या उस खास विभाग को दिया जा सकता है जिसके घेरे में अलग-अलग तरह से ये सब आते हैं। लेकिन क्या राजनीति की पहल कुछ भी नहीं है अथवा कहीं कोई सौदेबाजी कोई मुनाफा इस प्रक्रिया को राजनीति के अनुकूल नहीं कर रही? बेहद साफ है सत्ता तक पहुँचने के घालमेल के बाद उसमें टिके रहना भी दूर बल्कि घालमेल को चुकाने में ही इतना उलटफेर उस पर पूरी जन व्यवस्था से राजनीतिक दल करते हैं जो कल्याणकारी राज्य को खारिज करती है।

यह राजनीतिक संकट लोकतंत्र या संसदीय व्यवस्था के नाम पर किस तरह

पूरे समाज में अलगाव पैदा करता है इसका नजारा सिर्फ नीतियों और व्यवस्था के विभिन्न आधारों की सत्ता के अनुकूल भर का नहीं है बल्कि एक ही तरह का परिणाम है। बिहार में लालू यादव, उत्तर प्रदेश में कल्याण सिंह, उड़ीसा में पटनायक तो मध्यप्रदेश में दिग्विजय सिंह और राजस्थान में भैरोसिंह शेखावत तो महाराष्ट्र में बाला साहब ठाकरे की चलती है। सभी अलग-अलग राजनीतिक दलों का नेतृत्व करते हैं। घोषणापत्र या राजनीतिक संसदीय पहल के अंतर्गत इन दलों का आँकलन हो तो सभी की बिल्कुल अलग नीतियाँ हैं काम करने के अलग तरीके हैं और एक-दूसरे दलों को खारिज करने की स्थिति भी इनमें व्यक्तिगत तौर पर मौजूद है। बावजूद इसके राजनीतिक हिंसा कहाँ कम है यह उस राज्य के सत्ताधारी को छोड़ किसी भी तीसरे से पूछा जाए तो स्थिति एक है। यह हो सकता है कि कहीं पारदर्शिता है कहीं खुला रूप है तो कहीं अभी भी छुप-छुपाकर हिंसा करने की स्थिति है। भ्रष्टाचार को करने की स्थिति है। जाहिर है ऐसे में कोई एक-दूसरे राज्य पर उंगली कैसे उठा सकता है? यानी अगर यह सवाल खड़ा हो कि फलाँ राज्य की स्थिति खराब है और वहाँ के सत्ताधारी को बर्खास्त कर देना चाहिए तो इसका समर्थन कौन करेगा? शायद कोई नहीं।

अगर इस स्थिति का आँकलन आधुनिक विकास के घेरे में भी लाया जाए और कहा जाए कि पूँजीवाद में महाराष्ट्र और आंध्रप्रदेश को विकसित राज्यों की श्रेणी में ला दिया गया है जबकि बिहार, उत्तर प्रदेश और उड़ीसा अभी भी पिछड़े हैं। तो सतही तौर पर माना जा सकता है। लेकिन हकीकत क्या है? अंडरवर्ल्ड महाराष्ट्र में है। इन दोनों राज्यों में भ्रष्टाचार और हिंसा दोनों संस्थानिक हो गए हैं। वहीं उड़ीसा और बिहार में अभी भी हिंसा के लिए राज्य का आसरा लेना ही पड़ता है। कहीं न कहीं सीधा हस्तक्षेप राजनीति का रहता ही है अब इन स्थितियों को सामंतवाद या पूंजीवाद के घेरे में रखकर आँकलन करने का मतलब है है राजनीतिक संकट का लोकतंत्रीकरण करना और फिर से ये सवाल खड़ा करना कि संकट संसदीय व्यवस्था का है जिसके अंतर्गत लोकतंत्र का होना महत्त्वपूर्ण है सामान्य जन का खत्म होना नहीं। संकट यह है कि राजनीति की यह पहल अपनी स्थितियों को ढँकने के लिए संसद और उसके मार्फत लोकतंत्र का आसरा तो लेती है मगर यह कहने से कतराती है कि इस पूरी प्रक्रिया में सामान्यजन की पहल बिल्कुल नहीं है। यानी राजनीतिक संकट का जो भूत संसदीय व्यवस्था के मार्फत खड़ा किया जा रहा है दरअसल उसमें लोकतंत्र है ही नहीं।

क्यों नहीं हो पा रहा है व्यवस्था परिवर्तन?

तकनीकी विकास ने अगर व्यक्ति की आत्मनिर्भरता को कम किया है और उसकी संवेदना को तकनीक में ही तब्दील कर दिया है तो उसके समानांतर उसे खारिज करने वाली स्थितियाँ भी अपने तौर पर इसी तरह की हो चली हैं। कहा जाए तो सामाजिक संगठनों का स्वरूप हो या राजनीतिक संगठन या फिर ऐसा कोई भी संस्थान जो कहीं स्थितियों को बदलने में लगा हो उसके अपने परिणाम, उसके अपने स्वरूप में एक जैसे ही हैं। विशेष तौर पर वे मानवीय गुण जिनके आधार पर मानवीयता टिकी होती है वह एक स्तर पर अगर साजिश के तहत खत्म की जा रही है तो दूसरे स्तर पर अपने आप खारिज हो रही है। इसके कारण कई हो सकते हैं। लेकिन इन सारी स्थितियों में जिस तरह एक खास दिशा को ही समाधान माना जा रहा है वह महत्त्वपूर्ण आधार है।

विकास के आधार क्या हों? वह किन आधारों या किस सीढ़ी के मार्फत सामने लाया जाए? उसका जो स्वरूप हो वह किस रूप में रखा जाए? बहुत कुछ ऐसे ही सवालों के अंतर्गत व्यवस्था के ढाँचे को बनाने की सोच या बदलने की सोच हावी है। देखा जाए तो व्यवस्था का जो स्वरूप है उसमें विसंगतियों को पनाह देने के लिए ही अच्छाइयों को ढाल के रूप में सामने लाया गया है। लिखित तौर पर संविधान बेहतर उदाहरण है जो अपने आप में यह दर्शा देता है कि एक आदर्श व्यवस्था क्या होनी चाहिए। सवाल है इसी तरह संसदीय लोकतंत्र की सोच और जनता द्वारा अपने अनुकूल सरकार बनाने की स्थितियाँ कहीं न कहीं इन तथ्यों को उभारती हैं कि सब कुछ जनता द्वारा किया जा रहा है। शायद इसीलिए जब विसंगतियों का सवाल खड़ा होता है तो उसमें जनता को गौण भी नहीं किया जाता है। इतना ही नहीं अगर विकास के स्वरूप को देखें तो तकनीक जिस तरह विकसित की जा रही है और सामान्य आदमी तकनीक की सुविधा का लाभ उठाने के लिए जद्दोजहद कर रहा है, उसमें यह कहना भी कठिन है कि जनता तकनीकी विकास को नकारती है। यह अलग बात है कि इस विकास का उपभोग करते हुए विसंगतियाँ आढ़े आती हैं और उस दौड़ में सभी शामिल हो जाते हैं। दिक्कत तकनीकी विकास या व्यवस्था के स्वरूप को लेकर नहीं है। दिक्कत इसके खिलाफ खड़े संगठन या समानांतर व्यवस्था को खड़े किए जाने का जो रूप अपनाया जा रहा है वह भी अपने तौर पर कुछ ऐसे ही परिणाम पा रहा है। एक तरफ तकनीक ने संवेदना खत्म की है। दूसरी तरफ

संगठन ने खिलाफत की सोच कुछ इस तरह विकसित की है जिसमें विरोध से हटकर अपने अनुकूल स्थितियों को पैदा करने की सोच खत्म हुई है।

यहाँ यह समझना जरूरी है कि सामाजिक संगठन या महिला अपने तौर पर उस तकनीकी विकास की आगे की कड़ी है जो सिर्फ मुनाफा टटोलती है। लेकिन अपने-अपने परिप्रेक्ष्य में सभी की मानसिकता सिर्फ मुनाफे के इर्द-गिर्द है। आखिर क्या कारण है कि संगठन अपना चौमुखी विकास कर पाने में अक्षम हैं। दरअसल वर्तमान व्यवस्था ने ऐसी स्थितियों को हावी जरूर किया है जहाँ उसके खिलाफ खड़े होने वाले संस्थानों का स्वरूप भी कहीं न कहीं उन्हीं की तरह हो। यहाँ यह कहा जा सकता है कि तमाम संस्थानों से जुड़ा व्यक्ति अंततः उसी समाज का भाग है जिस समाज के अंतर्गत तकनीकी विकास का ढाँचा खड़ा किया जा रहा है। आखिर किस तरह नौकरशाह या सामाजिक कार्यकर्ता की जरूरत के बीच लकीर खींची जा सकती है। किस तरह पूँजीवादी व्यवस्था को आश्रय देने वाले संस्थानों से हट कर उसके खिलाफ खड़े संस्थानों की जरूरतों के बीच लकीर खींची जा सकती है। इसका जवाब सतही तौर पर यह कहकर दिया जा सकता है कि दोनों की निर्भरता की स्थिति अलग-अलग है। नौकरशाह या पूँजीवादी संस्थान उस विकास को मान्यता देता है जो वर्ग विशेष के लिए खड़ा है। जबकि सामाजिक संगठन, कार्यकर्ता या वैसी कोई भी संस्था जो वर्ग विशेष के हित से हटकर बहुसंख्य समाज के विकास के लिए जुटी है उसकी निर्भरता कुछ और होती है। लेकिन यहाँ यह सवाल भी खड़ा होता है कि क्या संगठन अपने तौर पर इतने विकसित हैं कि वे कार्यकर्ताओं की संवेदनाओं की पूर्ति हर स्तर पर कर सकें या फिर चौबीसों घंटे संगठन की कार्य प्रणाली में उलझाए रखते हुए सभी चीजों की पूर्ति करें? जाहिर तौर पर यह तभी मुमकिन है जब समानांतर व्यवस्था संगठन में रेंगने लगे जो फिलहाल संभव नहीं है। ऐसे में सत्ता का विरोध करते हुए जिस दिशा में सोच जा रही है वह कितनी खतरनाक है इसको समझना जरूरी है। सिर्फ सत्ता हासिल करके ही बदलाव लाया जा सकता है या बहुसंख्यक जनता के अनुकूल स्थितियों को खड़ा किया जा सकता है अगर यह सोच सांगठनिक तौर पर हावी है और इसके लिए लोगों को गोलबंद करने का काम होता हो तो वहाँ निराशा ही होगी और जो हो रही है। इसमें दो मत नहीं कि शक्तिपुंज सत्ता जब तक बहुसंख्य लोगों के अनुकूल नहीं होगी तब तक उसके अनुकूल स्थितियाँ आएँगी भी नहीं। लेकिन सिर्फ सत्ता पर आँख टिकाकर काम करना अन्य कर्मों से अलग तो नहीं करता है। यहाँ महत्त्वपूर्ण ये भावनाएँ भी हैं जो धीरे-धीरे संगठन में प्रेम के नाम पर खत्म हो रही हैं। न सिर्फ वैज्ञानिक दृष्टिकोण से बल्कि प्राकृतिक तौर पर भी अगर मनुष्य का विश्लेषण किया जाए तो विकास की सोच अंततः उन जरूरतों को महत्त्वपूर्ण मानती है जिसे संगठन अपने तौर पर गौण कर रहा है और पूँजीवादी सोच तकनीकी विकास के नाम पर सब कुछ

के लिए अपने अनुकूल वातावरण बना रही है। यानी तकनीकी विकास को जहाँ मुनाफा होगा या मुनाफे को देखते हुए वह प्रेम और सेक्स जैसी स्थितियों को भी पैदा करेगी। दूसरी तरफ वे ढाँचे जो कहीं न कहीं परिवार, विवाह या सामूहिकता का बोध लिए व्यक्ति को एक खास ढाँचे में बाँध देते हैं उसे अपने प्रतिकूल मानने वाले कार्यकर्ता सत्ता पाने के बाद भी किस तरह इन भावनाओं को लागू कर पाएँगे।

यहाँ राष्ट्रीय स्वयं सेवक संघ के बनाए गए सामाजिक ढाँचे का जिक्र भी जरूरी है। इसमें दो मत नहीं कि संघ ने अपने तौर पर पूँजीवादी विकास के समानांतर अपने तरीके का विकास देने का प्रयास समाज में किया है जो जारी है। इतना ही नहीं महिलाओं को लेकर भी संघ का काम गौरतलब है। सामाजिक-राजनीतिक तौर पर अगर संघ की पहल का आकलन किया जाए तो तकनीकी विकास के मुनाफे वाली सोच से हटकर कहीं कुछ व्यापक अंतर नजर नहीं आता। और तो और महिलाओं को लेकर जिस रूप में दुर्गावाहिनी खड़ी है और कदमताल करते संघियों के ऊपर फूल छिड़कती महिलाएँ मिलती हैं उसके मार्फत किस तरह महिला के विकास की बात खड़ी हो सकती है। संघ की सोच के तहत कहा जा सकता है कि समाज के चौमुखी विकास के मद्देनजर ही न तो महिला अलग है न पुरुष, न ही संघर्ष की स्थितियाँ। शायद इसीलिए महिला फूल भी छिड़कती हैं और हथियार लेकर दुर्गावाहिनी के रूप में सामने भी आती हैं। लेकिन फिर यहाँ यही सवाल खड़ा होता है कि इन सारी स्थितियों को महिला चाहती हैं या वह सामाजिक-राजनीतिक स्थिति जिसे संघ अपने अनुकूल करना चाह रहा है एक खास वर्ग के लिए। अगर संघ को सही माना जाए तो महिलाओं के लगाए जा रहे आजादी के नारे बेमानी लगते हैं और अगर महिला संगठनों के उठाए जा रहे मुद्दों पर गौर किया जाए तो संघ में शामिल महिला गौण हो जाएँगी। यानी विरोधाभास की स्थिति इसी तरह हर अवस्था में उभारी जा रही है। एक त[illegible] केंद्र में सत्ता है दूसरी तरफ मनुष्य का विकास और तीसरी तरफ उसकी इच्छाएँ। तीनों को एक साँचे में क्यों नहीं रखा जा सकता है? क्या मनुष्य अपने आप में इतना अराजक हो चला है कि वह अपनी ही स्थितियों के अनुकूल सत्ता और विकास को न खड़ा कर सके या फिर उसकी आत्मनिर्भरता इस तरह खत्म हो चली है कि वह जो चाहता है उसे लागू कर पाने में सक्षम नहीं है। अगर ऐसा है तो यह सवाल भी उठेगा कि वर्तमान संवैधानिक ढाँचा संसदीय चुनाव के मार्फत इस अहसास को कैसे जिलाए हुए है कि जनता द्वारा जनता के अनुकूल ही सत्ता रेंगती है।

इन परिस्थितियों में दूसरा सवाल यह भी है कि जब सत्ता एक खास वर्ग द्वारा निर्मित की जा रही है तो उसके परिणाम सामूहिकता का बोध क्यों कराएँ। या फिर चौमुखी विकास की बात किस तरह सामने आए। जाहिर है बहुसंख्य जनता का सत्ता को बनाना या बहुसंख्य जनता का सत्ता में तब्दील हो जाना अलग-अलग बात हैं।

चूँकि एक खास वर्ग की निर्मित सत्ता का विरोध हो रहा है और विरोध के तरीके या बदलाव के लिए उपयोग में लाए जाने वाले औजार उसी वर्ग से निर्मित हैं तो परिवर्तन संभवत एक ही दिशा में होगा। यहाँ यह भी कहा जा सकता है कि परिवर्तन की जो सोच उभर रही है वह उसी व्यवस्था की देन है जिस व्यवस्था ने परिवर्तन की स्थितियों को उभारा है। यानी व्यवस्था/सत्ता के लिए यह मुनाफे का काम है कि अगर उसके विरोध में खड़ी शक्तियाँ उसके औजारों के मार्फत जनता को यह दिखलाती हैं कि इससे परिवर्तन हो जाएगा तो यह सिवाय सतही समाधान के और कुछ नहीं। जबकि समाधान या विकास के सही रास्तों की तलाश में जहाँ संघर्ष हो रहा है वहाँ की आवाज व्यवस्था सामने आने ही नहीं देगी। जो सवाल खड़े हो रहे हैं और विरोधाभास जिस रूप में सामने आ रहा है वह इसी व्यवस्था की देन है। यहाँ यह भी माना जा सकता है कि वैसे तमाम सामाजिक संगठन जो दबाव समूह के रूप में काम कर रहे हैं या फिर बदलाव का अहसास जिलाए हुए हैं वे व्यवस्था की ही देन हैं। यहाँ यह सवाल खड़ा होता है कि आखिर परिवर्तन अथवा विकास की सही सोच किस रूप में सामने आएगी। जाहिर है यह प्रोपेगंडा के रूप में सामने नहीं आएगी बल्कि उसके परिणाम ही सीधे बहुसंख्य जनता को यह अहसास दिलाएँगे कि वर्तमान सत्ता-व्यवस्था का त्याग किस रूप में हो? यानी विकल्प का जो स्वरूप सामने आ रहा है वह विकल्प नहीं है। अपने तौर पर वह एक वर्ग की जरूरत ही है। यह अलग बात है कि जरूरत के तरीकों में अंतर आया है मगर परिणाम फिर भी एक है। शायद इसीलिए एक समय वामपंथी सत्ता-व्यवस्था के विरोधी रहे और बाद में वे उसी में शामिल हो गए। ऐसा ही कुछ अतिवामपंथी संगठनों के साथ भी रहा। आईपीएफ, लिबरेशन या पीडब्ल्यूजी (रेड्डी गुट) संसदीय व्यवस्था में शामिल हो गए। यहाँ यह सवाल भी खड़ा होता है कि क्या एमसीसी अथवा पीडब्ल्यूजी अपनी जगह सही हैं? तो यह समझना जरूरी है कि जिस रूप में कल तक दूसरे अतिवामपंथी संगठन नजर आ रहे थे और उनकी जो वर्तमान स्थिति है उससे हटकर ये अति वामपंथी संगठन परिणाम नहीं दे पाएँगे। कहा जा सकता है कि इनका संघर्ष लंबा चलेगा। लेकिन सवाल संघर्ष का नहीं है, सवाल संघर्ष के दौरान अपनाए जाने वाले औजारों का है जो कहीं न कहीं इस व्यवस्था को जीवित भी रखता है और व्यवस्था का विरोध करने के लिए सामान्य जन को उकसाता भी है। यों इन्हें सीधे खारिज भी नहीं किया जा सकता है। लेकिन इनकी अवस्थाओं को लेकर यह सवाल जरूर खड़ा किया जा सकता है कि यह अन्यों से अलग कैसे होंगे? संभवतः यही वे स्थितियाँ हैं जहाँ कोई भी कार्य कोई भी परिणाम नहीं दे पा रहा है। इतना ही नहीं बल्कि शब्द तक कोई महत्त्व नहीं रखते हैं। क्रांति की बात जंगल में चल रहे संघर्ष के दौरान कोई कामरेड कहता है और बंबई में भाषण देते हुए शरद पवार भी कह देते हैं। इतना ही नहीं बिहार विधानसभा में वामपंथी

विधायक को लालू यादव लेनिन की औलाद कहने से नहीं चूकते और संगठन में लेनिन को अति सम्माननीय तरीके से लिया जाता है। इन सबका अंतर क्या होगा? या फिर सब चीजें इतने घालमेल तरीके से क्यों आ रही हैं जहाँ कुछ भी मायने न रखता हो। शायद इसके पीछे वही स्थितियाँ हैं जहाँ विरोध तो हो रहा है लेकिन विरोध एक सीधी लकीर की तरह है। सत्ता के साथ हमेशा यह सहूलियत तो रही है कि वह किसी एक नीति को सारी दिशाओं में लागू करा सकती है क्योंकि उसके अनुकूल सत्ता का निर्माण हुआ है। वहीं सत्ता-व्यवस्था को खारिज करते हुए विरोध में खड़ी शक्तियाँ जब कोई निर्णय लेती हैं और काम शुरू करती हैं तो यह हर स्तर पर सिर्फ इसलिए नहीं पहुँच पाता क्योंकि अपने तौर पर संगठन अपने ही कार्यकर्ताओं को हर स्तर पर विकसित कर पाने की स्थिति में नहीं है। कहीं न कहीं सामाजिक जरूरतें जो व्यवस्था द्वारा सत्ता के मार्फत उपजाई गई हैं, उसकी आवश्यकता संगठन को भी पड़ती है और कार्यकर्ताओं को भी। टूट यहीं से शुरू होती है। मान्यता पाने की सोच या खारिज करने की स्थितियाँ एक ऐसे द्वंद्व को जरूर पैदा करती हैं जो परिणाम के तौर पर विसंगति ही देता है। तब शायद यह सवाल खड़ा होता है कि सत्ता का विकल्प क्या हो या व्यवस्था परिवर्तन की जो सोच रेंग रही है यह कहाँ तक सही है।

फासीवाद और लेखक की भूमिका

फासीवाद का नया खतरा सीधे सत्ता से है। हिंदुत्व की सोच के लिए सत्तारूढ़ दल पहली बार जिस तर्ज पर शिक्षा-संस्कृति से लेकर इतिहास तक को अपने घेरे में ले रहा है उससे यह सवाल भी पैदा हो गया है कि फासीवाद के भारतीय अवतार से भारतीय तरीकों से कैसे निपटा जाए? सांप्रदायिकता के इस नए एजेंडे को राजनीति, पुलिस, सेना या फिर विचार खारिज नहीं कर सकते, उनसे लड़ा कैसे जाए यही सवाल मौजूदा स्थिति में सबसे महत्त्वूपर्ण है। इसी तरह का भाव समेटे दस साल बाद फिर से प्रकाशित 'आलोचना' में साहित्यकार और लेखकों की बेचैनी देखी जा सकती है। फासीवाद पर केंद्रित 'आलोचना' में भाजपा-आरएसएस जिस तरह बहस के केंद्र में है उससे यह बात भी उभरती है कि अगर संघ नहीं होता अथवा भाजपा सत्ता में नहीं आई होती तो क्या भारत में फासीवाद की जगह समाजवाद होता। संसदीय राजनीति के घेरे में जातीयता और संस्थानों पर कब्जा करने की मानसिकता फासीवादी ताकतों में कैसे रहती है और समाज के अंदर धीरे-धीरे हिंदुत्व की मार्फत वे किस तरह की विषमता खड़ी करती है, इसके हर कोण को 'आलोचना' ने उठाया है। मगर फासीवाद को लेकर 'आलोचना' की आलोचना भूमंडलीकरण के दायरे में भोथरी भी है। साहित्यकारों और लेखकों की बेचैनी न तो खुद को कहीं जन से जोड़ती नजर आती है और न ही इस बात को समझा पाती है कि जब उदारवादी-पूँजीवादी लोकतंत्र पूँजीवाद के आर्थिक हितों की हिफाजत करने में असफल होने लगता है तब पूंजीपति वर्ग झूठे नारों, फरेब और गोलीबाजी से एकता, अनुशासन तथा राष्ट्रहित के नाम पर जो क्रांति विरोधी तानाशाही स्थापित करता है उसे फासीवाद कहते हैं। यूँ फासीवाद को किसी परिभाषा में नहीं बाँधा जा सकता है क्योंकि फासीवाद एक तरह के व्यवहार का द्योतक है; सिद्धांतहीनता इसकी मुख्य विशेषता रही है। किंतु हर तरह के व्यवहार की कुछ अपनी विशेषताएँ होती हैं और उनके आधार पर ही उसमें जुड़ी विचारधारा या सिद्धांत का पता लगाया जा सकता है। भारत में अल्पसंख्यकों पर हमले से लेकर सरकारी कर्मचारियों तक को एक संगठन से जोड़ने की पहल को फासीवादी रूप में 'आलोचना' ने खुलकर देखा है। मगर संकट के वक्त सामाजिक-आर्थिक व्यवस्था को बचाने के लिए स्थापित किया जाता है और इसके खिलाफ जन-आंदोलनों के जरिये ही लड़ाई लड़ी जा सकती है और इस पर साहित्यकार-लेखक 'आलोचना' में मौन है।

दरअसल फासीवाद को जिस तर्ज पर 'आलोचना' ने परोसा है उससे यह सवाल उठता है कि हमारे यहाँ लेखक-साहित्यकार का कितना जुड़ाव इन से है। अगर फासीवाद को सिर्फ संघ या भाजपा के ही नजरिये से परचाना हो तो यह वैसी ही सोच है जिस तरह किसी व्यवस्था की विसंगतियों को उभारते हुए उसका समाधान उसी व्यवस्था के घेरे में टटोला जाए जहाँ से गड़बड़ी पैदा हुई है। यहाँ क्रिस्टोफर कॉडवेल को याद किया जा सकता है जो कहते हैं : 'जैसे ही कोई कलाकृतियों की रचना के आनंद से आगे बढ़कर कला की आलोचना पर पहुँचता है, वैसे ही यह साफ हो जाता है कि वह कला के बाहर जा पहुँचा है, कि वह कला को बाहर से देखना शुरू कर देता है। परंतु कला के बाहर है क्या? इसी तरह फासीवाद के आधारों से हटकर अगर उसके सतही रूप को ही सब कुछ मानकर उसके खिलाफ संघर्ष की बात खड़ी की जाए तो उसका कोई अर्थ है भी नहीं। सीधे कहें तो संघर्ष के दौर में कला-साहित्य के मायने भी किताब रखना है। संघर्ष की स्थितियों तक लाने में साहित्य-कला श्रेष्ठ हथियार हो सकते हैं मगर परास्त करने में नहीं। हमारे हिंदी लेखक-साहित्यकारों का अपना संकट कहीं ज्यादा बड़ा है। उत्पादन में इनकी भागीदारी शून्य है जबकि उत्पादन में भागीदारी और उसकी अभिव्यक्ति ही संस्कृति है। लेकिन पूँजीवादी व्यवस्था में फासीवाद का विरोध करते हुए खुद लेखक-साहित्यकार भी विशेषाधिकार संपन्न वर्ग में आना चाहते हैं। वर्ग-समाज में व्याप्त अन्य भेदभाव के साथ-साथ पूँजीवादी व्यवस्था में शारीरिक और मानसिक श्रम के विभाजन के कारण लेखक थोड़े से विशेषाधिकार संपन्न लोगों में आ जाते हैं। यह विशेषाधिकार समाज के उन करोड़ों लोगों के खून-पसीने की उपज होता है जो उत्पादन और संघर्ष में जुटे रहते हैं और अपने अवसरों को साहित्य के लिए होम कर देते हैं। बहुसंख्य वर्ग की बुनियादी सुविधाओं और आनंद का बलिदान ही अल्पमत का विशेषाधिकार बनता है। इस हकीकत की पहचान में ही लेखक की जन-आंदोलनों के प्रति प्रतिक्रिया और सहभागिता का दायित्व निहित है क्योंकि जन आंदोलन ही पहला स्रोत है जो लेखक बनाता है। चूँकि लिखना एक नई व्यवस्था का स्वप्न देखना भी है इसलिए लेखक अपने आसपास के तंत्र से हमेशा जूझता है ताकि बेहतर कल आ सके। इसलिए यह एक मानी हुई बात है कि वो किसी फासीवादी पर कोई भी सर्वश्रेष्ठ कविता नहीं रच सकता। यह सही है कि किशोरावस्था में सभी लेखक फूल-घास, बाग-झरने, चाँदनी-सूर्योदय जैसे संसार के सभी आनंद और आहलादकारी बातों पर लिखना चाहते हैं। मगर बर्तोलख ब्रेख्त के मुताबिक जब एक तानाशाह के बारे में लिखने को विवश हो जाता है। लेकिन 'आलोचना' का संकट यह है कि वो विरोध-संघर्ष की कौन सी दिशा फासीवाद के खिलाफ अख्तियार करे, उसे यही समझ में नहीं आ रहा। फासीवाद पर विमर्श तो बखूबी है मगर संघर्ष की शुरुआत सभी किसी हुंकार के साथ चाहते हैं। अपने-अपने स्तर पर आंध्रप्रदेश, महाराष्ट्र,

उड़ीसा, बिहार या कश्मीर या फिर उत्तर पूर्वी राज्यों में जो आंदोलन चल रहे हैं वहाँ की स्थिति से खुद को जोड़कर कोई लेखक फासीवाद के सवाल खड़ा नहीं करता। फासीवाद पर विमर्श करते हुए यह सवाल नहीं उठता कि जहाँ मजदूर-किसान को लेकर आंदोलन चले और चल रहे हैं वहीं फासीवादी ताकतें नहीं पनप पाईं। गुजरात का डांग इलाका इसका एक बेहतरीन उदाहरण है। 1980 के दशक में अतिवाम आंदोलन इस क्षेत्र में रहा। इरफान इंजीनियर ने वैचारिक तौर पर क्षेत्र के बहुसंख्यक आदिवासी मजदूर-किसानों की लड़ाई को गोलबंद किया। मगर इसे दबाने में क्षेत्र का पूँजीवादी प्रभावी तबका एकजुट हुआ। ईसाई-मुस्लिम-हिंदू यानी हर धर्म के संपत्तिवान एकजुट हुए और पुलिस की मदद से बाकायदा हिंसक तरीके से आंदोलन तोड़ा गया। 85-86 में इरफान इंजीनियर के साथ घनघोर ज्यादती हुई। गाड़ी (पुलिस) के पीछे बाँधकर सड़क-जंगल में रगड़ा तक गया। जन आंदोलन बिखरा तो *गरीब आदिवासी ईसाई-हिंदू-मुस्लिम* के झगड़ों की शुरुआत की गई और सांप्रदायिक रंग देकर फासीवाद का देसी चेहरा तैयार किया गया जिससे बहस का मुद्दा हिंदूवादी ताकतों की सांप्रदायिकता पर टिके न कि क्षेत्र में जमीन-रोजगार-मजदूरी की लूट के आधार पर, शोषण पर। सवाल है अगर संघ की तानाशाही ऐसी ही है जैसी विमर्श के जरिये खड़ी की गई तो अरुणाचल प्रदेश-त्रिपुरा में संघ कुछ क्यों नहीं कर पाया। त्रिपुरा में तो चार संघियों का अपहरण अतिवादी गुट ने किया। महीनों तो संघ केंद्र सरकार से ही नागपुर में अपने पहले भाषण में ही त्रिपुरा में संघियों के अपहरण का रोना रोया। कश्मीर में संघियों की क्या पहल है? नक्सली संगठन पीपुल्सवार के प्रभावित क्षेत्र दंडकारण्य में जो कि पाँच राज्यों के इलाकों को लेकर बनाया गया है, वहाँ संघ या भाजपा की सांप्रदायिकता तो रंग नहीं दिखा पाई है। सवाल है सांप्रदायिकता या फासीवाद के जरिये भाजपा या संघ बिचौलिए की भूमिका में आना चाहते हैं क्योंकि नई आर्थिक नीति और भूमंडलीकरण के नाम पर अमरीकी साम्राज्यवाद जिस तर्ज पर पूरी दुनिया के देशों को हड़प रहा है उसमें तीसरी दुनिया के देशों में उसे भाजपा-संघ जैसे बिचौलिए ही चाहिए जो सत्ताधीश के खुशी-खुशी तलवे चाटकर अपने घर में सत्ताधारी होने का सुख पा सके। अब का लेखन अगर इस चुभन को महसूस नहीं करता तो इसका मतलब यह भी है कि संघर्ष-शोषण से कहीं अलग होकर लेखक अपना रचनाकर्म कर रहे हैं। लेखक कैसे प्रतीक बनता है इसका श्रेष्ठ उदाहरण प्रेमचंद हैं। उपनिवेशवाद विरोधी लेखन खूब किया। वे भारतीय किसान के जीवन, उसके संघर्ष और सीमाओं तथा दमन से जूझने के उसके संकल्प को प्रतिबिंबित कर रहे थे। सभी जन आंदोलनों से उनका साहित्य गुजरा, भले ही वे अहिंसक संघर्षों से प्रभावित रहे हों या हिंसक लड़ाइयों से। बहुसंख्यक तबके को कुचलने वाली व्यवस्था की विसंगतियों को उभारते हुए उसके खिलाफ चल रहे जन आंदोलन में लेखक की भूमिका को दिखाने के लिए कोई भी दूसरा लेखक

प्रेमचंद से बेहतर 'मॉडल' नहीं हो सकता। हालाँकि आज के आधुनिक और वैज्ञानिक दृष्टिकोण से परखने पर उनमें कई विरोधाभास खोजे जा सकते हैं परंतु हर संकट और बाधा के सामने बिना किसी समझौते के सत्य की प्रखर अभिव्यक्ति उनकी रचनाओं में दिखाई देती है। यहाँ सवाल पैदा हो सकता है कि क्या हमारा वर्तमान लेखक कमजोर है। जवाब होगा शायद नहीं। दरअसल फासीवादी सोच सहमति के निर्माण का भी प्रयास करता रहता है। यह उसका असैनिक ध्येय है। किताबें, पत्रिकाएँ, सभी मुद्रण और इलेक्ट्रॉनिक माध्यम पाठकों और दर्शकों में नए मूल्य, रिवाजों, दैनंदिन जीवन व्यवहारों और वैयक्तिकताओं को गढ़ने में जुटे रहते हैं। अगर मैकाले की शिक्षा-प्रणाली के जरिये उपनिवेशवाद ने ऐसे लोग पैदा करने चाहे थे जो अपने खून और रंग में तो भारतीय थे, लेकिन रुचियों, मतों, बुद्धि और नैतिकता में अंग्रेज तो फासीवाद की वर्तमान अवस्था ऐसा ही कुछ व्यापक पैमाने पर भूमंडलीकरण के अनुकूल करना चाह रही है। हालाँकि इसका एक आर्थिक कोण भी है। फासीवादी सोच का जो नजरिया भारत में है और संघ एक तरफ स्वदेशी की बात कहता है तो दूसरी तरफ भाजपा सब कुछ बेचने पर उतारू है, उसके तहत संस्कृति को भी मुनाफे तले रखना सत्ता की जरूरत है। क्योंकि साम्राज्यवाद के लिए संस्कृति भी ऐसी बिकाऊ जिंस ही है जिससे मुनाफा कमाकर संपत्ति इकट्ठी की जा सकती है। फिर साम्राज्यवाद खुद को फैलाने के लिए फासीवादी ताकतों के जरिये जी-हुजूर मानसिकता की रचना और अपना माल बेचने का वातावरण भी तैयार करता है और वे ही साहित्य के प्रति उसका रुख और नीति निर्धारित करते हैं। इतना ही नहीं वे जन चेतना को विकृत करने और परिवर्तनकामी जन-प्रयासों को दिग्भ्रमित करने का काम भी अंजाम देते हैं। जाहिर है उसका असर हर उस लेखक-साहित्यकार पर पड़ेगा जो जन आंदोलन से न जुड़ा हो। वैचारिक तौर पर फासीवाद के खिलाफ संघर्ष का सवाल उठाने वाले लेखकों में एक अंतर्द्वंद्व इस बात को भी लेकर रहा है कि हर व्यक्ति का विरोध उसकी सोच की अपनी अहमियत है। दरअसल यहाँ लेखकों को सचेत रहना होगा क्योंकि फासीवादी संस्कृति की दूसरी साजिश जन-आंदोलनों, असहमतियों, विद्रोहों और प्रतिपक्षियों को आत्मसात कर पचा लेना है। इसके लिए वह जन आंदोलनों की संघर्ष शैलियों को सीखने, जीने, सुधारने और हस्तगत कर लेने के लिए खुद को तैयार करती है। इस बारीक फर्क के साथ कि जन संघर्षों का सत्व समाप्त हो जाए और उनके सतही और स्थूल रूप बचे रहें। भारत में एन.जी.ओ. का जो जाल है और सरकार इन्हें समाज सेवा के नाम पर जो सुविधा दे रही है वो दरअसल फासीवादी संस्कृति का ही एक रूप है। सवाल है अपने घेरे में जब लेखक विशेषाधिकार पाना चाहता है तो फासीवाद ताकतों के खिलाफ उसकी आवाज बिना आंदोलन के क्या मायने रखेगी। दरअसल संघर्ष की स्थितियों का एक माप यह भी है कि वो लड़ाई के तरीकों पर विमर्श नहीं करती। यही वजह भी है

स्पेनिस गृहयुद्ध में सत्य इतनी तेजी से उभरा कि लोकों, राल्फफोक्स, क्रिस्टोफर कॉडवेल, डेविड गेस्ट, स्टीफन स्पेंडर और अन्य तमाम लेखक स्वयं हथियार उठाकर तानाशाह फ्लैंको से लोकतंत्र की रक्षा के संघर्ष में कूद पड़े जिसने निर्वाचित स्पेनिस सांसदो को सत्ता सौंपने से इनकार कर दिया था। भारत से मुल्कराज आनंद भी इस युद्ध में शामिल हुए। जाहिर है यहाँ यह भाव साफ उठा कि लोकतंत्र या आजादी के सवाल पर जनता के साथ लेखक को भी उठ खड़ा होना होता है। गोर्की ने बहुत सटीक ढंग से कहा था–'लेखकों को अपने आप से यह सवाल करना ही होगा कि वे किसके पक्ष में हैं–नाजियों और फासीवादी शक्तियों का समर्थन करते हुए नष्ट हो जाने के या लोकतंत्र और समाजवाद की हिफाजत के लिए हथियार उठाने के?' यह अलग मसला है कि 'आलोचना' के जरिये लेखक-साहित्यकार अभी इसी विमर्श के जुटे हैं कि सेकुलर राजनीति के पास कोई वैकल्पिक आर्थिक ढाँचा नहीं है लेकिन इस पर विचार की जरूरत है कि फासीवाद के भारतीय अवतार से भारतीय तरीकों से ही कैसे निपटा जा सकता है?

नुक्कड़ पर क्रांति

मेरा खून करने वालो
मैं भी जानता हूँ
और तुम भी
अगर कहूँ तो जमीन हिलती है
न कहूँ तो आसमान फटता है
मैं सिर्फ जय भीम कहूँ
तो इनकी बोलती बंद हो जाएगी।

यह आक्रोश सिर्फ पंक्तियों पर सीमित नहीं है बल्कि नुक्कड़ पर हरकत करते हुए दर्शाता है कि क्रांति की सोच मरी नहीं है। दलित आंदोलन खत्म नहीं हुआ है। जिस रूप में नये तरीके से शोषण हो रहा है उसकी समझ इस नुक्कड़ को है। एक तरफ फिल्मी पर्दे और चकाचौंध से भरे नाटकीय दृश्य, दूसरी तरफ बिना किसी लल्लो-लुबाव के जिंदगी की हकीकत परोसने की सोच क्या मायने रख सकती है? यह दलित रंगभूमि के माध्यम से समझा जा सकता है। जो घट रहा है वह सच नहीं है। हर घटना के पीछे की हकीकत घटना के परिणाम से हटकर है। शायद इसीलिए जरूरी है जनता के बीच जनता की चीज को समझाने की। धर्म मायने नहीं रखता, जाति मायने नहीं रखती और शायद वर्ग भी मायने नहीं रखता। यह प्रतिक्रिया नुक्कड़ नाटक को लेकर अकसर उभरी है। लेकिन करीब दो दशकों से दलित रंगभूमि को एक पर्याय देने में लगे संजय जीवने के अनुसार जरूरी है नुक्कड़ नाटक में भी धर्म, जाति और वर्ग को टटोलना। सीधे-सीधे यह कह देना कि जिस चौक या चौराहे पर नाटक के जरिये बतलाया जाता है कि घटनाओं के पीछे की हकीकत क्या है? अगर उसमें घालमेल रहा और यह मान लिया गया कि देखने वालों का कोई धर्म या जाति नहीं होती तो असर बेअसर हो जाएगा। शायद इसीलिए फुले-अंबेडकर की सोच को सामने लाना जरूरी है और जनता में यह एहसास पैदा करना आवश्यक है कि विकास की जो सोच पूरे समाज पर हावी हो रही है वह अंततः दरिद्र और गुलाम बनाने के अलावा और कुछ नहीं देगी। जिसे अंबेडकर ने काफी पहले बतला दिया था।

1978-79 में नामांतरण आंदोलन को लेकर खड़ी हुई इस नाट्य मंडली के समक्ष उस समय यह साफ नहीं था कि डेढ़ दशक बीतते-बीतते शोषण की नयी सोच भी व्यवस्था पैदा कर लेगी और जिस रूप में संघर्ष या आंदोलन चलते हैं और सांस्कृतिक माध्यमों के जरिये बहुत कुछ बचाने की सोच पैदा हुई है उसके समानांतर भी अपसंस्कृति का नया स्वरूप ला दिया जाएगा। अब एहसास होने लगा है कि अपसंस्कृति के क्या मायने हैं। वह किस तरह जनता को खत्म कर रही है। उपभोक्तावादी सोच जनता को पूँजी का गुलाम तो बना देगी लेकिन उसकी आवाजाही भी सड़क पर रोक देगी, यह सोच डेढ़ दशक पहले दलित रंगभूमि की नहीं थी।

सैकड़ों नाटकों के हजारों प्रदर्शन कर चुका दलित रंगभूमि सीधे तौर पर यह नहीं स्वीकारता कि जहाँ उत्पीड़न है वहीं से बदलाव की स्थिति भी पैदा होगी। यह संभव नहीं है। क्योंकि जहाँ उत्पीड़न है वहाँ संकट अलख जगाने वालों पर भी है। और समाज के अंदर विभिन्न माध्यमों से जुड़े जो दबाव समूह है। अगर इन्हें साथ नहीं लिया गया तो फिर सामूहिकता का बोध संघर्ष में नहीं होगा। ...कुछ ऐसी ही सोच लिए दलित रंगभूमि बंबई की झोपड़पट्टी में भी नाटक करती है और गढ़चिरोली में जाकर भी। 1991 में बंबई के शिवाजी पार्क के करीब झोपड़पट्टी में जब नाटक होता है तो पुलिस 11 कलाकारों को गिरफ्तार कर लेती है। नंगा कर मारती-पीटती है। और नक्सलवादी भी करार देती है। उस वक्त अघाड़ी आंदोलन जोरों पर था। नाटक 'अमन के चेहरे' के मार्फत कलाकार यह दिखलाना चाह रहे थे कि सत्ता के विरोधाभास क्या हैं। वह किस तरह आंदोलन पनपाती भी है, रोकती भी है और संसदीय व्यवस्था के अनुकूल वोट बैंक भी बना लेती है। इस नाटक को प्रतिबंधित कर दिया गया, क्योंकि राजनीति और सत्ता का चेहरा साफ दिखाने की कोशिश की गयी थी। 1991 में खाड़ी युद्ध को लेकर शांति का सतही प्रयास जो विश्व राजनीति कर रही थी, उस पर भी नाटक के मार्फत अटैक किया गया। यह सरकार-प्रशासन को बर्दाश्त नहीं था। ऐसे में नागपुर के धनवटे रंगमंदिर के बाहर कलाकारों को गिरफ्तार किया गया। स्क्रिप्ट जब्त कर ली गई। रंगकर्म का सारा सामान पुलिस ने अपने कब्जे में कर लिया। चूँकि नाटक कई माध्यमों से दर्शकों के समक्ष रंगभूमि परोसता रहा है इसलिए नाटक के बीच में कविता पाठ भी होता। ऐसे में रंगकर्मी संजय जीवने की कविता घुँघरू की मूल प्रतिलिपि भी जब्त कर ली गई। उस वक्त इन कलाकारों को यह नहीं पता था कि यह हादसा खुद उनके साथ भी हो सकता है। बंबई में सराहने के बाद नागपुर की गिरफ्तारी और फिर तत्कालीन कलाकारों की रिहाई आखिर क्या दर्शाती है? यह हादसा पहली बार नहीं हुआ। 1982 में संजय जीवने और उनकी पत्नी वंदना के खिलाफ राष्ट्रीय सुरक्षा अधिनियम की धाराएँ लगाई गई थीं। यह अलग बात है कि उस दौरान भी इन्हें कलाकारों के रूप में 'इप्टा'

सहित अनेक सांस्कृतिक संगठनों ने सराहा था।

1984 में इन कलाकारों की गिरफ्तारी फिर हुई। और 1989 में तो इन्हें नक्सली कह प्रताड़ित किया गया। यह अलग बात है कि इसी साल स्मिता पाटिल पुरस्कार वंदना को मिला। नागपुर के रामगिरी में शरद पवार ने उन्हें खुद यह पुरस्कार दिया। कलाकारों ने विरोध किया कि जिस रूप में पुलिस प्रशासन हरकत करती है और राजनीति अपनी स्वार्थपूर्ति करती है उसमें किस तरह सरकार के हाथों से पुरस्कार लिया जाए। उस वक्त पवार ने आश्वासन दिया था कि कलाकारों के साथ अब ऐसे हादसे नहीं होंगे। लेकिन 1992 में नागपुर के शिवाजी साइंस कॉलेज के बाहर इन कलाकारों की गिरफ्तारी फिर हुई। उस वक्त वहाँ अपना कार्यक्रम पेश करने के लिए क्रांतिकारी सांस्कृतिक जन संगठन के गदर आने वाले थे। पुलिस ने इन कलाकारों को गिरफ्तार कर इन पर 'टाडा' लगाने का प्रयास किया। कॉलेज के बाहर जमकर कलाकारों को मारा-पीटा गया। कुछ कलाकार भाग निकले। जो पकड़े गए उन्हें प्रताड़ित कर छोड़ा गया। जबकि इसके पाँच दिन पहले नागपुर में ही नाटक खेलते पाँच कलाकारों को पकड़ा गया था। उस वक्त सिर्फ कलाकारों के बीच ही नहीं बल्कि सामाजिक कार्यकर्ताओं व राजनीतिक दलों के जागरूक नेताओं के समक्ष यह सवाल भी उभरा कि किस तरह अभिव्यक्ति की स्वतंत्रता पर प्रतिबंध लगाया जा सकता है। जबकि मुद्दों के आधार पर नाटक खेला जा रहा हो। सवाल दलित-पिछड़ों का है। ऐसे में उन पर किया जाने वाला शोषण नये स्वरूप में क्या कलाकारों को खत्म कर होगा? महत्त्वपूर्ण है इस नाट्य संस्था के कलाकार न सिर्फ शिक्षित हैं बल्कि विश्वविद्यालयों की तमाम डिग्रियाँ भी इनके पास हैं। रंगकर्मी राजेन्द्र पुले, दीपक खोब्रागडे, संजय मेश्राम और विशाखा स्नातकोत्तर हैं। तो शुद्धोधन, प्रमोद, अरुण भांगे, विनोज गजभिये, प्रीतम बुरकुंडे, संघमित्रा सामरे स्नातक हैं। राजेन्द्र फुले और मनोज गणवीर तकनीकी शिक्षा ग्रहण किए हुए हैं। नुक्कड़ पर नाटक दिखाने के दौरान पुलिस प्रशासन की पहल दमनात्मक क्यों होती जा रही है? यह इन शिक्षित रंगकर्मियों के लिए कोई बड़ा सवाल नहीं है। लेकिन यह सीधे कहते हैं कि संस्थानों के मार्फत और रोजमर्रा की न्यूनतम जरूरतों को देने की सरकारी विसंगति खत्म कर रही है जनता को। संस्थान या नौकरी की मजबूरी इस तरह हावी कर दी गई है कि कोई दलित पिछड़ा कांस्टेबल भी दमन करने से नहीं चूकता। शायद इसीलिए शोषण की लकीर पतली हो गई है मगर ज्यादा तीक्ष्ण हो गई है। सवाल सिर्फ संसदीय राजनीति की विसंगतियों का नहीं है। और न ही इसके मार्फत समाधान का है। जरूरी है हर तरह से हर आधारों पर चोट की जाए, तभी समाधान के रास्ते निकलेंगे। शायद इसीलिए दलित रंगभूमि का कोई एक नाटक, कोई एक विषय भर को नहीं छूता बल्कि हर मुद्दे को उठाते हुए हमला करता है।

'एक खुशखबर भारत भोगवादी हो गया है' हो या पैदागीर अथवा मृत्यु दिन व मुक्ति दिन या फिर 15 अगस्त 1995 को दिखाया गया 'नहले पे दहला'। सभी में हर उस विषय को छूने का प्रयास किया गया जो हर पूर्व के नाटक और नये नाटक के बीच में विसंगति के रूप में सामने आए। एक खुशखबर के मार्फत डंकल की स्वीकारोक्ति और पैदागीर के मार्फत जेबकतरों का मुद्दा इसलिए अलग नहीं है क्योंकि इनके परिणाम जिस रूप में समाज के समक्ष आ रहे हैं वह सिवाय गुलाम बनाने के अलावा कुछ नहीं है। किस रूप में सत्ता घबराती है इसका एहसास 15 अगस्त 1995 को 'नहले पे दहला' के मार्फत भी हो गया। एक प्रदर्शन के बाद शिवसेना के कार्यकर्ताओं ने दूसरा प्रदर्शन नहीं होने दिया, पुलिस ने भी साथ दिया। जाहिर है महाराष्ट्र में तत्काल में सत्ता शिवसेना के पास है और नाटक विदर्भ के विकास को हर उस मुद्दे को लेकर खड़ा है जो राजनीति के मार्फत पैदा किया जा रहा है। चूँकि नाटक का एक चरित्र बाल ठाकरे को भी जीता है इसलिए भी बर्दाश्त नहीं हुआ शिवसैनिकों को। नागपुर में हुआ मनोरमा बलात्कार कांड या नैना साहनी अथवा एनरॉन प्रकरण एक-दूसरे से कतई अलग नहीं हैं। सबके परिणाम अगर सामूहिक रूप से समाज को कुंद कर रहे हैं और पूरे समाज में एक ऐसी स्थिति व्याप्त कर रहे हैं जो कुछ न करने की स्थिति को ही कुछ होने की स्थिति बता रहे हैं तो सँभलेगा कौन? शहरी और राष्ट्रीय समस्या अपनी जगह है। इनके मार्फत समाधान टटोलना भी मूर्खता है। यह अलग बात है कि इन्हें बताना हमारे लिए महत्त्वपूर्ण है, इसलिए इन्हें नाटक के बीच डायलॉग के रूप में रखते हैं लेकिन हमला अंततः उस अवस्था पर ही करते हैं जो आदमी को गुलाम बना रही है। व्यक्ति की आत्मनिर्भरता खत्म की जा रही है। जिस वक्त नामांतरण आंदोलन शुरू हुआ था उस वक्त गाँव में वह उपभोक्तावादी संस्कृति नहीं पहुँची थी जो आज पहुँच गई है। शायद इसीलिए हमें दर्शकों को यह एहसास कराना पड़ता है कि दलित रंगभूमि वाकिफ है देश-दुनिया में घटने वाली हर उस घटना से जो टीवी और कई चैनलों के माध्यम से गाँव के हर घर में दिखाए जा रहे हैं। लेकिन हकीकत यह नहीं है। हकीकत कुछ और है। किस तरह औद्योगीकरण के नाम पर कृषि अर्थव्यवस्था को खत्म किया जा रहा है और किसान को मजदूर में तब्दील किया जा रहा है। संजय जीवने न वर्ग चरित्र को भुलाना चाहते हैं और न ही जाति को। उनके अनुसार अगर जाति की अवस्था खत्म कर दी गई और यह मान लिया गया कि उपभोक्तावाद ने जाति खत्म कर दी है तो फिर समाधान कभी नहीं मिलेगा। इस एहसास को जगाए रखना जरूरी है कि दलित कौन है और पिछड़ा कौन? क्योंकि वर्ग के लिहाज से उपभोक्तावाद अपने अनुकूल जिन स्थितियों को खड़ा कर रहा है उसमें वह चाहता है कि सब कुछ खत्म हो जाए और नए तरीके से शोषण की स्थितियाँ पैदा हों।

जब शोषण की कोई बोली नहीं होती तो फिर संघर्ष की क्या होगी?...इसीलिए

भाषा कोई मायने नहीं रखती। ये कलाकार बंगाल में बंगाली, पंजाब में पंजाबी और तमिलनाडु में तमिल में नाटक खेल लेते हैं। जब दलितों को लेकर अंतर्राष्ट्रीय सम्मेलन होता है तो अंग्रेजी में भी नाटक खेल लेते हैं। जब 'गोल' एक है, उत्पीड़न की स्थितियाँ एक हैं तो फिर उसे किसी भी भाषा में किसी भी रूप में रखें उसके तेवर वही होंगे, उसको समझने की जिजीविषा वही होगी जो विदर्भ के गाँव-गाँव में मराठी नाटक के दौरान होती है। भारत की स्थिति तो और ज्यादा नाजुक है। अमेरिका में तो फिर भी विद्रोह की स्थिति आई थी। लोग रिबेल हुए थे और जिप्सी संस्कृति ने पूरे विश्व में उथल-पुथल मचा दी थी। लेकिन भारत में ऐसा कहाँ है कुछ भी? उपभोक्तावाद ने फैशन को नया स्वरूप दे दिया है। भोगने की संस्कृति ने पूँजी पर आश्रित बना दिया है। और उसे मध्यम वर्ग कुछ इस तरह अपना रहा है जो उन्हें रिबेल के समानांतर खड़ा कर सके। समस्या यह है कि यह सोच हर क्षेत्र में अपने तरीके से व्याप्त है और परिणाम एक ही दे रही है। मानवीय अस्मिता को नष्ट-भ्रष्ट किया ही जा रहा है बल्कि शहरी मध्यम वर्गीय मानसिकता अब यह आवाज भी लगाने लगी है कि शोषण की वह सोच अब समाज में व्याप्त नहीं है जिसे लेकर नुक्कड़ नाटकों का आंदोलन शुरू हुआ था। सवाल है मीडिया भी उस मध्यम वर्न के घेरे में है और हर वैसे आधार भी जो कहीं न कहीं किसी न किसी रूप में बहुसंख्य जनता को तरंगित करने का काम करते हैं। अब यह कौन बताए कि शोषण प्रक्रिया जितनी महीन हो गई है और अर्थव्यवस्था जिस रूप में चरमरा रही है वह संस्कृति के बीच एक टकराहट को ही पैदा कर रही है जिसके मद्देनजर संघर्ष तक में खेमेबाजी या स्तर खोजे-बनाए जा रहे हैं। रंगकर्मी वंदना के अनुसार महिलाओं को लेकर संकट और ज्यादा हैं। वे नाटक देख यह तो समझ जाती हैं कि उनके साथ जीवन में गलत घट रहा है लेकिन प्रतिकार कैसे करें इसका विकल्प उनके पास भी नहीं है। 'आमचा आमी' महिलाओं के लिए खेला गया। 19 लड़कियों ने यह नाटक चंद्रपुर में खेला। लेकिन अब सिर्फ साथ में आठ लड़कियाँ हैं। यानि महिलाएँ जानती-समझती भी हैं उसके बावजूद समाज के दबाव उन्हें बाहर आने से रोकते हैं।

नुक्कड़ नाटक के माध्यम से संघर्ष की स्थिति क्या कोई परिणाम दे सकती है? इस सवाल पर सिर्फ संजय ही नहीं बल्कि अधिकतर कलाकार यह मानते हैं कि नुक्कड़ नाटक सिवाय व्यायाम के और कुछ नहीं हैं। मोर्चा विरोध या संघर्ष की सीधी स्थिति आने पर सीधी हरकत भी कलाकारों को करनी होगी। हालाँकि विसंगतियों में फँसी व्यवस्था हर तरीके से कलाकारों को प्रताड़ित करती रही है। विदर्भ के अनेकों गाँव में पुलिस-पटेल ने मिलकर उस ट्रैक्टर तक में आग लगाई है जिस ट्रैक्टर को रंगकर्मियों ने मंच बनाया। कई-कई गाँवों में खाने की कोई व्यवस्था नहीं होने दी। गाँववासियों को नाटक देखने से रोका गया। बल्लापुर, चंद्रपुर,

पुंसद, कामठी, वर्धा में तो भाजपाई व कांग्रेसियों तक ने नाटक न होने देने की पहल की। राजनीतिक नहीं चाहते हैं कि जनता जागरूक हो। गाँव का जमींदार वर्ग नहीं चाहता है कि मजदूर वर्ग अपने अधिकारों को पहचाने। पुलिस प्रशासन की यह पहल रहती है कि पिछड़ा तबका कहीं अगुवाई करने न निकल पड़े। जमींदारी क्या है और यह किस तरह दलित-पिछड़ों को खत्म करती है? इसे जब अगर रामटेके के नाटक युद्ध यात्रा के मार्फत दिखलाने की पहल रंगकर्मियों ने की तो उन्हें हर गाँव में जमींदारों की हिंसा का ही सामना करना पड़ा। गाँव के उत्पीड़न को लेकर प्रेमानंद गजभिये के नाटक घूँटभर पानी को दिखाने के दौरान गाँववासी खुलकर सामने भी आए। नामांतरण पर राजेन्द्र फुले के मोर्चा को देखने के बाद अंबेडकर के प्रति नयी चाहत दलितों में पैदा हुई। तमाशा ने तो उस व्यवस्था को नंगा किया जो शिक्षा के नाम पर परंपराओं को तोड़ रही है और परिवारों को बिखरा रही है। इसे लेकर भी पुलिस प्रशासन ने हंगामा खड़ा किया। इन स्थितियों को भोगने के बाद दलित रंगभूमि के लोग यह नहीं स्वीकारते कि सिर्फ सांस्कृतिक लड़ाई नुक्कड़ नाटक के माध्यम से लड़ी जा रही है या नुक्कड़ नाटक अपने तौर पर सिर्फ कला की देन है, बल्कि यह अपने आप में आंदोलन है।

नक्सली संघर्ष रोकने के लिए 'एनकाउंटर' का मतलब

नक्सली आंदोलन ने पिछले तीन दशकों में न सिर्फ खुद को विस्तृत किया बल्कि नक्सली राजनीति को एक पुष्ट आधार भी दिया। नक्सली राजनीति का चिंतन इस दौर में संसद की विसंगतियों को ही आधार बनाकर विकसित हुआ इसे भी नकारा नहीं जा सकता। लेकिन इस दौर में सबसे बड़ा सवाल बार-बार यही उभरा कि संसदीय राजनीति का विकल्प नक्सली आंदोलन नहीं बल्कि संसदीय प्रणाली में कुछ परिवर्तन हो सकते हैं। मुद्दा है कि करीब आधी सदी से जो आंदोलन लगातार संसदीय धारा को मुँह चिढ़ाता ही नहीं रहा बल्कि तेलंगाना के किसान विद्रोह (1946-51) से लेकर दंडकारण्य (1991 से जारी) की थ्योरी तक के रूप में बादलाव या विकल्प रखता आया वो मायने क्यों नहीं रखता। कहा जा सकता है कि संसदीय व्यवस्था के घेरे में नक्सली आंदोलन की राजनीति की जड़ों को खोजना मूर्खता होगी। साथ ही इस चिंतन को भी खारिज करने का कोई मतलब नहीं है कि नक्सली प्रभावित इलाकों में ऐसा कोई विकल्प पैदा किया गया है जिस वजह से वहाँ संसद की धार दिखायी नहीं देती। शायद इसीलिए इस मुद्दे पर बहस करना कि संसद का विकल्प क्या होगा और नक्सली राजनीति कितनी विकसित हुई है, सही नहीं है। महत्त्वपूर्ण है कि राज्य लगातार नक्सली राजनीति को अपना एक नंबर का दुश्मन क्यों मानता है और उसी तर्ज पर आंदोलन प्रभावित इलाकों में दमन क्यों चलाता है। दूसरी तरफ संसदीय व्यवस्था/राज्य/वर्ग-विशेष को समाज में जानते-समझते हुए भी नक्सली इन्हें ही लेकर क्यों टूटते-बिखरते हैं। ऐसे में क्या नक्सली राजनीति अभी भी प्रायोगिक दौर में है। या फिर राज्य इतना शातिर है कि अपनी व्यवस्था के घेरे में आंदोलन के एक हिस्से को लेकर आंदोलन को तोड़ता है और चिंतन तले इसे प्रयोग माना जाता है। बहरहाल, इन स्थितियों को परखने के लिए हाल की घटनाओं को देखा जाए। आंध्रप्रदेश ही अभी एकमात्र ऐसा राज्य है जहाँ नक्सली आंदोलन राज्य/संसदीय व्यवस्था से सीधी लड़ाई लड़ रहा है। वैचारिक तौर पर अगर यह संघर्ष न भी हो तो भी हिंसा तो इसका प्रतीक है। पिछले दस वर्षों में राज्य की शिकायत है कि नक्सली हिंसा में करीब पचास करोड़ की संपत्ति नक्सलियों ने नष्ट की है और एक हजार से ज्यादा पुलिस/अधिकारियों को मारा है। वहीं नक्सलियों के मुताबिक इस दौरान पिछड़े इलाकों का करीब सौ करोड़ रुपया अधिकारी और

राजनीतिज्ञ हड़प गये और राज्य की हिंसा में उनके दो हजार से ज्यादा आंदोलनकारी मारे गये। जाहिर है हिंसा-प्रतिहिंसा के सवाल पर राज्य और नक्सली एक-दूसरे के खिलाफ न सिर्फ बहुत साफ नजर आते हैं बल्कि आंदोलन का एक बड़ा आधार भी यही नजर आता है। 11 नवंबर 1999 को आंध्र के वारंगल जिले में पुलिस ने सी.पी.आई. (एम.एल.) जनशक्ति के चार कार्यकर्ताओं की हत्या 'इनकाउंटर' में दिखाकर कर दी। इनमें दो महिलाएँ भी थीं। जिसमें से एक प्रांतीय कमेटी की सदस्य रंगवेल्ली भी थी। मारे गये चारों लोग जनशक्ति में न सिर्फ महत्त्वपूर्ण स्थान रखते थे बल्कि आंदोलन चलाने वाले मुख्य आधारों में से एक थे। जनशक्ति ने इसके विरोध में दिल्ली में संसद के सामने धरना देने का ऐलान किया। सभी अतिवाम संगठनों की बैठक में सहमति बनी। लेकिन अंतिम समय में आंध्र के सबसे बड़े नक्सली संगठन पीपुल्स वार ग्रुप ने अपने हाथ पीछे खींच लिये। करीब दो से चार सौ लोगों को लेकर 30 नवंबर को दिल्ली में धरना हुआ। जिसमें जनशक्ति, न्यू डेमोक्रेसी, रेड फ्लैग, पीपुल्स फ्रंट, लिबरेशन सरीखे आधा दर्जन संगठन शामिल हुए। सभी संगठनों का अपने-अपने इलाके में न सिर्फ खासा प्रभाव है बल्कि महिला, जाति-व्यवस्था से लेकर संसदीय व्यवस्था का रूप उनके शासनकाल में क्या होगा इसकी भी स्पष्ट दृष्टि सभी के पास है। खैर, इस धरने के एक दिन बाद ही पीपुल्स वार की केंद्रीय समिति के तीन सदस्य समेत चार लोगों के 'इनकाउंटर' में मारे जाने की खबर करीम नगर से आयी। पीपुल्सवार के लिए यह अब तक का सबसे बड़ा धक्का था क्योंकि मारे गये नालअदि रेड्डी उर्फ श्याम और अरीमरेड्डी संतोष रेड्डी उर्फ महेश संगठन में दलम और संगठनकर्ताओं के बीच पुल का काम कर रहे थे। एक हद तक दोनों के ही प्रयास से दंडकारण्य और सैनिक दस्ते पुख्ता बने। ऐसे में पीपुल्सवार में इस घटना को लेकर खासा आक्रोश भी है। मगर यह खबर आने पर कि पीपुल्सवार के मारे गये सदस्यों को बेंगलूर के एक घर से उठाया गया और उन्हें मारकर करीमनगर के जंगल में डाल दिया, दिल्ली में दोबारा प्रदर्शन/धरना की पहल हुई। छह दिसम्बर को पीडब्ल्यूजी के अलावा कुछ उसके साथी संगठनों ने दिल्ली के आंध्र भवन के बाहर मोर्चा निकाला। संख्या करीब सौ से दो सौ लोगों की थी। एक हफ्ते के अंदर इस तरह एक ही मुद्दे पर दो प्रदर्शन हुए और किसी ने भी कोई छाप छोड़ना तो दूर ऐसा कोई प्रभाव दिल्ली की सड़कों पर नहीं छोड़ा जिससे यह बहस छिड़ती कि राज्य का दमन बढ़ गया है या आंदोलन को खत्म करने के लिए व्यवस्था को कठोर बनाया जा रहा है। खास बात यह है कि दोनों प्रदर्शनों (30 नवंबर और 6 दिसंबर) को अपने-अपने तौर पर नक्सली संगठन ने सबसे कमजोर माना। लेकिन यह मुद्दा सबसे अहम है, इसे भी लगभग सभी दर्जनों अतिवाम संगठनों ने माना।

असल में पहली बार नक्सली आंदोलन को लेकर यह सवाल दोहरे स्तर पर

खड़ा हुआ कि जिन मुद्दों के आधार पर संघर्ष हो रहा है वो रणनीति के तौर पर है या राजनीति का हिस्सा है, क्योंकि वैसे वामपंथी संगठनों के सामने जो धीरे-धीरे संसदीय धारा से जुड़े हैं, सबसे बड़ा संकट यही रहा कि राज्य की हिंसा के खिलाफ टिकें कैसे। साथ ही राज्य की हिंसा को मुद्दा बनाकर रणनीति के तौर पर लोगों को राज्य के खिलाफ गोलबंद कैसे किया जाये। संसदीय राजनीति से जुड़ने पर एक लाभ सीधा है कि हिंसा से कैडर को बचाया जा सकता है साथ ही राज्य के खिलाफ तो नहीं लेकिन अपने पक्ष में लोगों को गोलबंद किया जा सकता है। पहले पहल इसे सीपीएम ने सीखा। फिर आईपीएफ/लिबरेशन से लेकर जनशक्ति और पिछले चुनाव में रेडफ्लैग ने चुनाव की रणनीति के बदले संगठनों की जरूरत बना और वैसे तथ्य इन संगठनों की राजनीति में खारिज हो गये जो सीधे कैडर/संगठन को प्रभावित करते। दरअसल, गैरसंसदीय नक्सली संगठनों में भी अब ऐसी स्थिति ऊपरी तौर पर नजर आने लगी है। हालाँकि उसका तरीका अलग है, घेरा अलग है। मगर यह गौर करने वाली स्थिति है कि अपने कार्यकर्ताओं की हत्या का जिम्मेदार जब नक्सली संगठन पुलिस-प्रशासन के साथ-साथ सीधे मुख्यमंत्री और राज्य को ठहराते हैं तो विरोध या न्याय की गुहार राज्य से क्या मायने रखती है? कहा जा सकता है संगठन अपने तौर पर हिंसा-प्रतिहिंसा को क्रांतिकारी आह्वान के दायरे में ही देखते हों लेकिन राज्य का नजरिया अपनी जगह ऐसा ही नहीं होगा, यह सोचना बचपना नहीं तो और क्या है। फिर संसदीय धारा सतही मुद्दों को उठाकर बहुसंख्य तबके को अपने साथ खड़ा मानती भी है और चुनाव में तो हिस्सेदारी के जरिये दिखती भी है। यही स्थिति नक्सली संगठनों की भी क्यों हो चली है। टरमिनेटर बीज से लेकर पेटेंट कानून, डब्ल्यूटीओ और अंतर्राष्ट्रीय बाजार अर्थव्यवस्था के खिलाफ नक्सली संगठनों के प्रदर्शन आज से नहीं 1991 से होते आये हैं। ऐसा नहीं है कि इसका लाभ नहीं है। पेटेंट कानून के खिलाफ दिल्ली की सड़कों पर और डब्ल्यूटीओ को लेकर बेंगलूर/हैदराबाद का मोर्चा तो लाल धड़ों का समुद्र-सा लगता था। अयोध्या मसले पर सांप्रदायिकता को लेकर 1996 में अतिवाम संगठनों की दिल्ली और लखनऊ की रैली ने यह भी सवाल खड़ा किया था कि जिस मुद्दे पर राजनीतिक दल चुनाव लड़ते हैं उस मुद्दे पर गैरसंसदीय राजनीतिक संगठनों की जबरदस्त रैली में जनसहयोग का मतलब क्या है। एक तरफ 'ग्लोबलाइजेशन' का जो संकट तीसरी दुनिया पर छाया हुआ है उसमें अतिवाम-गैर संसदीय दलों की पहल से लग सकता है कि 'दुनिया के मजदूरो एक हो' का नारा मरा नहीं है। वहीं दूसरी तरफ यह सवाल भी उठता है कि वैसे हर मुद्दों को जो कहीं न कहीं बहुसंख्य तबके को प्रभावित करते हैं अगर नक्सली संगठन की राजनीति या 'भीड़तंत्र' के तहत उठाते हैं तो उसका प्रभाव भी 'लोकप्रिय राजनीति' की ही तर्ज पर उभरेगा। बड़ा सवाल यह भी है, नक्सली आंदोलन का जो आधारभूत ढाँचा है क्या उस पर बहस की गुंजाइश नहीं

के बराबर है या फिर नक्सली उसे व्यापक मुद्दा बनाने से कतराते हैं। अथवा कहीं न कहीं पूँजी के विस्तृत चरित्र तले आंदोलन प्रभावित क्षेत्रों में विसंगतियाँ खड़ी हैं और पहले संघर्ष का आह्वान बड़े स्तर पर ही देना होगा। लेकिन संघर्ष प्रभावित हिस्सों में जो जड़मूल के मुद्दे हैं उन्हें क्या इस तर्ज पर खारिज किया जा सकता है। फिर स्वावलंबन के आधार पर विकल्प और बदलाव के लिए हर क्षेत्र में बहुसंख्यक वर्ग की बात को अगर सड़क पर आने से रोका जाता है तो संसद का इस्तेमाल अपनी रणनीति के तौर पर करने वाले वामपंथी दलों की थ्योरी तो यूँ ही खारिज हो जाएगी। नक्सली संगठनों के नजरिये से अगर तथ्यों को उठाया जाए तो राज्य की हिंसा का जवाब प्रदर्शन/मोर्चा कभी नहीं होता। प्रतिहिंसा या क्रांतिकारी हिंसा ही उनका जवाब रहा है। आंध्रप्रदेश की हाल की घटनाओं में यह साफ दिखायी देता है। तेलंगाना में हाल के 'इनकाउंटर' के बाद नक्सली संगठन एक दर्जन से ज्यादा हिंसक कार्रवाई कर चुके हैं। सिर्फ 10 दिसंबर को आंध्र के एक मंत्री के घर को विस्फोट से उड़ाने की कार्रवाई विफल करने के अलावा पुलिस-प्रशासन हर जगह असफल रहा। इस दौरान (15 दिनों में) नौ कर्मचारी-पुलिस मारे गये और तीन से पाँच करोड़ का नुकसान राज्य सरकार का हुआ। मतलब साफ है कैडर/संगठनकर्मियों की हत्या का सवाल नक्सली संगठन अगर सड़क पर उठाते हैं तो वो मुद्दा नहीं बन पाता लेकिन प्रतिहिंसा के तहत वो सफल रहता है। लेकिन ऐसे मुद्दे जो सीधे कैडर को प्रभावित करते हैं या संगठन कमजोर करते हैं संघर्ष की हकीकत होते हुए भी सभी अतिवाम संगठनों को सड़क पर एक साथ नहीं ला पाते। ऐसे में यह भी कैसे माना जा सकता है कि वैकल्पिक स्थितियों में सत्ता बहुसंख्यक तबके के कब्जे में होगी। दरअसल, संसदीय धारा को छोड़ भी दिया जाए तो भी वामपंथी दल और संसदीय चुनाव में शामिल हुए अतिवाम संगठनों के नजरिये से भी यह मुद्दा बन सकता है कि गैरसंसदीय राजनीति करने वाले नक्सली संगठन अपनी हकीकत से भागते हैं। मगर इस पूरी प्रक्रिया को अगर नक्सली चिंतन तले परखा जाए तो मोर्चा/प्रदर्शन सिवाय व्यायाम के अलावा कुछ है भी नहीं। खेती से लेकर भूमि सुधार और मजदूरी के साथ-साथ संघर्ष में जन भागीदारी ने अपने स्तर पर संसदीय व्यवस्था में खुद को विकल्प के तौर पर चाहे न पेश किया हो मगर विकल्प का सवाल संसदीय ढाँचे में ही जरूर पैदा किया है। साथ ही इसका अंदेशा भी दिया है कि 'हत्या या हिंसा' मुद्दा बनकर सड़क पर नहीं उतरते तो कारण जन भागीदारी बढ़ना है। मसलन हिंसा अगर राज्य कर रहा है तो वो उसकी कमजोरी का प्रतीक है। कहीं न कहीं पर स्थिति अब धीरे-धीरे राज्य के हिस्से में आ रही है जहाँ वो अपनी विसंगतियों को छुपाने के लिए 'सीधी कार्रवाई' पर उतर आये। मगर जनशक्ति या पीपुल्सवार से जुड़े कार्यकर्ताओं की हत्या कर 'इनकाउंटर' बताया जाता है तो संसदीय धारा यह कह सकती है कि नक्सली जब अपनी हिंसा से बाज नहीं आ रहे हैं तो राज्य अपने

स्तर पर हिंसक होगा। ऐसा जवाब आंध्र पुलिस-प्रशासन 1988 से लगातार देता भी आया है। सत्तर के दशक में बिहार में भी यही आलम रहा है और साठ के दशक में प. बंगाल ने भी इसे इसी तरह भोगा है। फिर हाल में गृहमंत्री लालकृष्ण आडवाणी तक ने नक्सली आंदोलन को लेकर इसी भाषा का प्रयोग भी किया और यह भी कहा कि भारत 'सॉफ्ट स्टेट' है इसे 'हार्ड' बनाना होगा। आंदोलन को संसदीय नजरिये से देखने पर यह सब सही लग सकता है मगर इसका बड़ा सत्य यही है कि जब मुद्दों पर व्यवस्था के साथ बहुसंख्यक तबका नहीं होता तभी हिंसा या आतंक पैदा करने की जरूरत पैदा होती है। ऐसे में नक्सली हिंसा के समानांतर राज्य की हिंसा का विश्लेषण किया जाए तो संस्थानों के खत्म होने की प्रक्रिया एक बड़े बिंब का काम कर सकती है। उसके दायरे में यह तथ्य नगण्य हो जाएगा कि राज्य की हिंसा तले अलग-अलग घेरे में सब कुछ कैसे समाप्त हो रहा है। जाहिर है ऐसे में नक्सली हिंसा की राजनीति-रणनीति को संसदीय घेरे से बाहर रखकर छठे दशक के अंतिम तीन वर्षों के अतिवाम संघर्ष के मद्देनजर समझना होगा। नव युवा और उग्र वामपंथियों का संघर्षशील तबका परंपरागत भारतीय वामपंथी आंदोलन से पूरी तरह अलग होने की प्रक्रिया में व्यक्तिगत हिंसा, चुनावों का पूर्ण बहिष्कार और किसान को भारत के लिए आदर्श मानते हुए उसे ज्यों का त्यों रखकर भारतीय जनवादी आंदोलन को सशस्त्र क्रांति के रास्ते एक संपूर्ण नयी दिशा देने का प्रयत्न कर रहा था। उस वक्त पहली बार देश में व्यापक 'जन आंदोलन छिड़ा था जिसने नक्सलवाद के माध्यम से भारतीय कृषक शक्ति की क्रांतिकारी संभावनाओं को तलाशने का एक विलक्षण प्रयोग शुरू किया था। दरअसल, नक्सली संघर्ष का नया संकट इस मायने में अलग है क्योंकि बाजार ने राजनीति को ही नहीं उत्पाद को भी बदला है। खेत/किसान/मजदूर की धारा अलग हुई है। जाहिर है ऐसे में सड़क के मुद्दे कौन से होंगे और खेत-खलिहानों में कौन से मुद्दे उठाये जाएँगे वो भी बदलेंगे। और तो और संघर्ष के उन तौर-तरीकों में भी बदलाव होगा जो पिछले तीन दशकों के दौरान नजर आये। यह सब बदला भी है लेकिन राज्य का संकट इस नक्सली संकट से कहीं ज्यादा भयावह है क्योंकि उसके पास तो धीरे-धीरे कोई मंच भी नहीं बच रहा है जहाँ वो अपने हितों, अधिकारों के लिए आवाज उठा सके। संसद खुद बाजार की हिमाकत कर अपनी साफगोई का अखाड़ा बनता जा रहा है। ऐसे में अब चाहे नक्सली संघर्ष को विकल्प के तौर पर न देखा समझा जाता हो, मगर स्थितियाँ बदलनी चाहिए, जब इसे संसदीय धारा स्वीकारर रही है तो अंदेशा यह भी स्पष्ट है कि जिन स्थितियों को भोगते हुए नक्सली मिजाज जिस छोर पर पहुँचा है, वहाँ यह विश्वास के साथ कहा जा सकता है कि भारतीय राजनीति के अगले निर्णायक दौर में इसकी भूमिका को नकार कर कोई भी परिवर्तन संभव नहीं है, क्योंकि जब 'इनकाउंटर' राज्य का हथियार बन जाए तो यह समझ जरूरी है आंदोलन अपने घेरे में सार्थक हस्तक्षेप करने की हैसियत रखने लगा है।

भूमिका बदलेगी संघ की

भाजपा गठबंधन की सरकार जिस तरह चल रही है उसमें यह साफ हो गया है कि संसदीय प्रणाली चाहे राष्ट्रपति प्रणाली में न बदले, लेकिन जो रूप 1989 के बाद से राजनीति में तीसरे फ्रंट के रूप में आया था, वह बदलेगा। इतना ही नहीं गठबंधन का जो स्वरूप पहले वीपी ने और उसके बाद मोर्चा सरकार के मार्फत उभरा वह भी अब खत्म होगा। खासतौर से क्षेत्रीय राजनीतिक दल जितने प्रभावशाली होकर उभरे और इसी दौर में जिस तरह राजनीति असंतुलित रही अब उसके स्वरूप में भी परिवर्तन होगा। अगर फिलहाल भाजपा पर यह दबाव लगातार बना हुआ है कि वह गठबंधन साथियों की बात को नकार नहीं सकती है अन्यथा उसकी सरकार गिर जाएगी तो महत्त्वपूर्ण यह भी है कि कांग्रेस ही अब सरकार न गिरने की गारंटी भाजपा को देगी, जो कई माध्यमों से नजर भी आ रहा है। इतना ही नहीं चुनाव से ठीक पहले कांग्रेस की जो स्थिति थी और जिस तरह यह माना जा रहा था कि कांग्रेस की जो स्थिति थी और जिस तरह यह माना जा रहा था कि कांग्रेस अब खत्म हो चली, वह भी 144 सीट पाने के बाद कांग्रेस न सिर्फ बची है बल्कि बड़ी शक्ति के रूप में सत्ता के बाहर रहते हुए अपनी मौजूदगी दर्ज कराये हुए है। यानी नयी स्थिति इस दिशा की ओर बढ़ रही है कि केंद्र में सिर्फ दो ध्रुव ही मौजूद रहे और बाकी उन्हीं में सिमट जाएँ। यह जरूरत कांग्रेस की भी है और भाजपा की भी। महत्त्वपूर्ण यह भी है कि गठबंधन के दौर से पहले वाम मोर्चा सत्ता से बाहर अपनी मौजूदगी बनाये रहा, लेकिन पहली बार खतरा उसके अस्तित्त्व पर भी आया है। कारण बहुत साफ है, जिन स्थितियों को लेकर वामपंथ संसदीय ढाँचे में घुसा अब सिवाय सत्ता की दौड़ के उसके सामने और कुछ बच नहीं रहा है। फिर यह काम भाजपा और कांग्रेस बखूबी कर रही है।

भाजपा इस तथ्य को बखूबी समझती है कि उसका फैलाव या विकास सिर्फ इस आधार पर नहीं हो सकता कि वह राजनीतिक दल है। उसके लिए जरूरी है आर.एस.एस. का साथ होना, क्योंकि भाजपा जिन आधारों पर बढ़ी है उन्हीं आधारों को वह संसदीय खाखे में विकसित नहीं कर सकती। इसके लिए जरूरी है समानांतर में कोई दल या संगठन उस विचारधारा को समाज में लगातार खँगालता रहे जो एक खास समय सीमा के बाद भाजपा की राजनीतिक सफलता बन जाए। हालाँकि नयी स्थितियों में भाजपा ने यह भी साफ किया कि आर.एस.एस. की भूमिका अभी तक

भाजपा के लिए रही है अब भाजपा खुद वह भूमिका सरकार के लिए अपनाएगी। इसका बेहतर रूप गुजरात के परिवर्तन नगर में भाजपा के राष्ट्रीय अधिवेशन में भी खुलकर उभरा। पार्टी के अध्यक्ष कुशाभाऊ ठाकरे ने जिस तर्ज पर भाजपा को हिंदुत्ववाद से जोड़ा और वाजपेयी ने अपनी सरकार को लोकतांत्रिक पद्धति पर चलाने की ठोस वकालत की उससे यह सवाल भी सामने आया कि नयी स्थितियों में आर.एस.एस. की भूमिका सिर्फ भाजपा की सफलता तक सीमित नहीं रहेगी बल्कि देश में कौन सी व्यवस्था किस रूप में चले या व्यवस्था का नया रूप क्या हो? इस पर उसकी ठोस पहल होगी। विशेषकर इस घेरे में दूसरे राजनीतिक दल भी आएँगे, इसका एहसास भी उसने करा दिया। पहला एजेंडा आर.एस.एस. का यही है कि संसदीय व्यवस्था के सवाल पर पूरे देश में बहस हो। लेकिन इस घेरे में दूसरे दल कैसे आ रहे हैं इसका अंदेशा इसी से लग सकता है कि 14 मई को सी.डब्ल्यू.सी. की बैठक में मुख्य एजेंडा राष्ट्रपति प्रणाली या संसदीय प्रणाली की उपयोगिता पर बहस का भी है। महत्त्वपूर्ण यह इस मायने में है कि संविधान सभा जब गठित की गयी थी तो संविधान बनते-बनते इस सभा में 80 प्रतिशत सदस्य कांग्रेस का ही प्रतिनिधित्व कर रहे थे और कम्युनिस्टों, समाजवादियों ने इस सभा का बहिष्कार किया था। यहाँ तक कि हिंदू महासभा और मुस्लिम लीग के सदस्य भी इसमें शामिल नहीं हुए। ऐसे में संविधान के तहत संसदीय व्यवस्था पर पहली उँगली अगर कहीं से उठनी चाहिए थी तो वह समाजवादी या कम्युनिस्ट हो सकते थे लेकिन कांग्रेस द्वारा इस पहल में शिरकत करने का अर्थ सिर्फ संसदीय प्रणाली तक सीमित नहीं है बल्कि उसकी अपनी स्थिति जो वह अपने अस्तित्त्व को लेकर लड़ रही है, का भी है।

कांग्रेस यह बखूबी समझ रही है कि जिस तर्ज पर राजनीति विकसित हो रही है उसमें अगर उसने ठोस शिरकत नहीं की तो उसकी स्थिति भी किसी क्षेत्रीय दल के समान ही हो जाएगी या क्षेत्रीय दल जिस मनमर्जी से राजनीति को अपने अनुकूल घूमा रहे हैं और राजनीति हर क्षण संसदीय अस्थिरता ही फैला रही है उसमें जरूरी है कि सत्ता में अगर भाजपा है तो वह फिलहाल ठोस रूप में मौजूद रहे और एक लंबे समय तक ये मौका उसे दिया जाए कि वह शासन चला सके, जिससे यह बात आम जनता में जाए कि राष्ट्रीय पार्टी का केंद्र में रहना कितना आवश्यक है। जाहिर तौर पर ऐसे में अगर आज जयललिता और कल ममता वाजपेयी सरकार को गिराने की धमकी देंगी तो कांग्रेस विपक्ष में रहते हुए भाजपा को इसके ठोस आश्वासन भी देगी कि उसकी सरकार नहीं गिरेगी। 'अदृश्य समर्थन' कांग्रेस का है। जाहिर तौर पर अगर कांग्रेस इस सोच को फैला सकी कि राष्ट्रीय दल का केंद्र में रहने का मतलब सिर्फ स्थायित्व है बल्कि विकास भी है तो अगले चुनाव तक जो चाहे दो साल बाद ही क्यों न हो, लेकिन यह स्थिति जरूर उभरेगी कि चुनाव सिर्फ कांग्रेस

और भाजपा के ही इर्द-गिर्द घुमड़े।

दरअसल, यही जरूरत भाजपा की भी है क्योंकि वह खुद जिस हद तक आगे बढ़ चुकी है और अब उन राज्यों में सीटें गँवा रही है तो उसकी अपनी सरकार है तो उसका सबसे बड़ा कारण सिर्फ राजनीति के ही इर्द-गिर्द स्थितियों को विकसित करना है। महाराष्ट्र में शिवसेना के साथ मिलकर भाजपा ने सरकार तो बनायी, लेकिन यह भी सच है कि आर.एस.एस. का मुख्यालय महाराष्ट्र में होने के बावजूद सत्ता मिलने के बाद यहाँ सबसे कम काम आर.एस.एस. ने किया। दलित और पिछड़ों को छुआ तक नहीं। हालाँकि चित्तपावन ब्राह्मणों से हटकर संघ ने सोचना जरूर शुरू किया, लेकिन यह भी सीमित ही है। कुछ आगे बढ़ा तो वह भारतीय मजदूर संघ यानी ट्रेड यूनियन यानी बी.एम.एस. है। मगर यहाँ भी संकट भाजपा के समक्ष इस रूप में आया कि जिस अर्थव्यवस्था को वह राज्य में विकसित कर रही है उसमें ट्रेड यूनियन के मार्फत वह सिर्फ राजनीति कर सकती है, आधार नहीं फैला सकती। यही स्थिति राजस्थान में भी रही, शेखावत से हटकर दूसरा नेता भाजपा को नहीं मिला। कहा जाए तो किसी जाट को वह अपनी हद के अंदर नहीं ला सकी। और शेखावत का वर्चस्व इस रूप में ज्यादा रहा कि वह सबसे बड़े और पुराने नेता हैं, लेकिन यह राजनीति भाजपा को आगे नहीं बढ़ा सकी। आर.एस.एस. की जरूरत यहाँ उसको सबसे ज्यादा है जो सामाजिक और सांस्कृतिक स्वरूप के माध्यम से राजनीतिक स्थितियाँ भाजपा के अनुकूल करे और एक लंबे समय तक उसे बरकरारभी रखे। यहाँ कर्नाटक, आंध्रप्रदेश और उत्तर पूर्वी राज्यों में संघ की पहल का नतीजा देखा जा सकता है, जिसका परिणाम सिर्फ भाजपा को कुछ सीटें मिलने भर से सामने नहीं आया बल्कि राष्ट्रीय प्रणाली की बात चलने पर नेतृत्व ही भाजपा नेता में ही सिमटा। वाजपेयी से बड़ा कद किसी में इन क्षेत्रों के लोगों को नहीं दिखा। जाहिर है, इसका लाभ जब राष्ट्रपति प्रणाली आये तो मिले, यह दूर की बात है। हकीकत यह भी है कि लोकसभा चुनाव में यहाँ मिली सफलता के बाद ही भाजपा खुद को न सिर्फ कांग्रेस से आगे बता पायी बल्कि राष्ट्रीय पार्टी के तौर पर भी खुद को दिखलाने में सक्षम है। हालाँकि, इन सबसे हटकर उसकी सबसे बड़ी सफलता इस मायने में है कि जो संघ भारतीय राजनीति में 'अछूत' के रूप में देखा जाता रहा है और 70 के दशक तक खाकी हॉफ पैंट को पहनने के बाद खुले रूप में सामने आने से संघी भी कतराता रहा, अब वह स्थिति न सिर्फ दूर हुई बल्कि उसे ठोस मान्यता दिलाने में भी नयी स्थितियों का ही हाथ है। यानी ज्यादा बड़ी विसंगतियों ने छोटी विसंगतियों को मान्यता दिलायी है और अब इसी तर्ज को राजनीति में भाजपा भी अपनाना चाहती है और कांग्रेस भी।

हालाँकि, यह सवाल भारतीय राजनीति में फिलहाल नहीं पच सकता कि नयी स्थिति सिर्फ दो दलीय वाली होगी। ऐसे में वाम मानसिकता या तीसरे फ्रंट का

चिंतन किस घेरे में आएगा, यह अपने आप में एक सवाल है, लेकिन राज्यों की राजनीति जिन आधारों पर विकसित हो रही है उसमें बहुदलीय चुनावी राजनीति के बावजूद मतों का सिमटना दो दलों के ही इर्द-गिर्द 1998 के चुनाव में खुलकर उभरा है। महाराष्ट्र में कांग्रेस के चुनावी तालमेल ने इस नयी स्थिति को और साफ किया कि मतदान का आँकड़ा या आँकड़े की राजनीति संसदीय व्यवस्था में कितना महत्त्व रखती है और किस तरह सिर्फ दो गुटों के ही इर्द-गिर्द सिमट रही है। कहा जाए तो केरल में जिस तरह एल.डी.एफ. और यू.डी.एफ. अरसे से चुनाव लड़ रहे हैं और बारी-बारी सरकार बनाने की स्थिति में आते रहे हैं, वह स्थिति किसी भी कम्युनिस्ट के लिए उस पश्चिम बंगाल से अच्छी है, जहाँ ज्योति बसु दो से ज्यादा दशकों से न सिर्फ सत्तारूढ़ है बल्कि इस दौरान केरल की तुलना में विकास तो दूर साक्षरता भी दस गुना कम है। नया सवाल सिर्फ कांग्रेस के विपक्ष में रहते हुए भाजपा गठबंधन या कांग्रेस गठबंधन के सरकार में रहते हुए भाजपा का विपक्ष में रहना भर नहीं है। बल्कि भारतीय सामाजिक ढाँचे में राज्यों की सांस्कृतिक, भौगोलिक और विविध विकास के चिंतन की जो स्थिति है उसे भी एक खाखे में समेटना है। जाहिर तौर पर यह काम राजनीतिक दल नहीं कर सकते इसे भाजपा भी समझती है और कांग्रेस भी। दोनों के पास इतना बड़ा कैडर भी नहीं है कि कार्यकर्ताओं के मार्फत अपने अनुकूल स्थिति विकसित कर सकें। ऐसे में संघ की भूमिका क्या होगी, यह सिर्फ भाजपा की पहल पर नहीं टिका है बल्कि कांग्रेस ने भी केसरी के खिलाफ मानहानि मुकदमे में अपनी एकजुटता से इसका एहसास करा दिया है कि संघ आगामी वर्षों में नयी भूमिका में सामने आएगा। जिस तर्ज पर कांग्रेस के नेता अदालत के परिसर में संघ हाय-हाय के नारे लगा रहे हैं वह चाहे संघ के प्रति आक्रोश का द्योतक हो, लेकिन इसका स्वरूप वही कट्टरवाद है, जिसे ठीक आजादी के बाद संघ ने अपनाया था और इसी को सीढ़ी बनाते हुए आगे बढ़ा था। कांग्रेस का संघ को महत्त्व देना यह मायने नहीं रखता कि वह इसके मार्फत भाजपा पर आक्रमण कर रही है बल्कि नयी स्थिति में जब वाजपेयी सरकार खुद को भाजपा से अलग कर आँक रही है तो इसका अर्थ यह भी है कि संघ के मार्फत नयी सामाजिक रचना का सवाल भी समेटा जाएगा, यह बात घर कर रही है। दलितों का सवाल, अल्पसंख्यकों का सवाल, महिलाओं का सवाल और जरूरी हुआ तो आर्थिक विकास का सवाल, सब कुछ एक घेरे में कैसे लाया जा सकता है और किस तरह लागू किया जा सकता है। यह संसद में तय नहीं हो सकता। इसके लिए जरूरी है क्षेत्रीय दल या विभिन्न गुटों की राजनीति जो अपनी स्वतंत्रता और अधिकार की बात अलग-अलग खेमे में कर रही है, उसे खत्म किया जाए और यह सिर्फ राजनीतिक फ्रंट पर संभव नहीं है। दक्षिणी राज्यों में संघ की पहल और उत्तरी-पूर्वी राज्यों में वाजपेयी की शिरकत ने क्षेत्रीय दलों को यह एहसास जरूर कराया कि केंद्र को लेकर

दो तरह की राजनीति नहीं चल सकती। यह एहसास अगर तमिलनाडु के प्रमुख दलों ने चुनाव से पहले समझा तो आंध्र प्रदेश के तटीय क्षेत्र में मछुआरों के बीच संघ की पहल ने चुनाव के बाद तेलुगुदेशम के चंद्रबाबू नायडू को समझा दिया। यही स्थिति पंजाब, हरियाणा, राजस्थान, बिहार और पश्चिम बंगाल में भी बनी है। यह सिर्फ इस मायने में सीमित नहीं है कि क्षेत्रीय दल गठबंधन के तौर पर भाजपा या कांग्रेस से जुड़े हैं बल्कि भाजपा ने इस हकीकत को भी समझा है कि भारतीय व्यवस्था में जाति का क्या महत्त्व है इस वजह से उसके गठबंधन जातीय समीकरण के आधार पर ही विकसित हुए हैं। बिहार में नीतीश के मार्फत कुर्मी जाति की पहल तो पंजाब और हरियाणा में प्रकाश सिंह बादल और बंसीलाल के मार्फत अपनी पहुँच से बाहर वाली जाति को साथ लाने का प्रयास है। कुछ हद तक उड़ीसा में नवीन पटनायक और पश्चिम बंगाल में ममता बनर्जी के साथ जाना भी इसी तर्ज पर है। यह पहला कदम है जो भारतीय सामाजिक व्यवस्था को एक खाखे में समेट रहा है और अगले कदम में सब कुछ राष्ट्रीय दल के इर्द-गिर्द समेटने का प्रयास ही है। यानि अगले चुनाव हुए तो अगर सीधे दो ध्रुव ही रहे तो भाजपा और कांग्रेस दोनों के लिए यह स्थिति बनाना आसान होगा कि भारतीय समाज में परिवर्तन का दृष्टिकोण 'राष्ट्रवाद' के तहत ही विकसित हुआ। यह अलग बात है कि राष्ट्रवाद का चिंतन क्या होगा यह संघ की पहल पर ज्यादा निर्भर करेगा, लेकिन यह स्थिति पूर्ण रूप से स्वीकृत हो, इसके लिए कांग्रेस और भाजपा की आवश्यकता ठोस केंद्र को पेश करने की भी है। यही वजह है कि आर्थिक उदारवाद का जो सुर भाजपा और कांग्रेस गा रही हैं संघ उसे खारिज कर रहा है। यहाँ तक की भाजपा अपनी आर्थिक नीतियों को पेश करते हुए यह कहने से नहीं चूक रही कि भारत हिंदू राष्ट्र नहीं है। वहीं संघ हिंदू राष्ट्र के नारे तले स्वदेशी को अध्यात्म से जोड़ अर्थव्यवस्था को सांस्कृतिक विरासत के घेरे में ला रहा है। यानी स्वदेशी एक दृष्टिकोण है जिसमें स्पर्द्धा नहीं है, यह संघ का मानना है। यही स्थिति अंतर्राष्ट्रीय क्षितिज पर भी खुद को पेश करने की है। यूरोपीय समुदाय का साथ भी रहे और भारतीय मतदाताओं को क्षेत्रीय राष्ट्रवाद के धेरे में रखा जा सकता है। इसका प्रयोग भी कांग्रेस-भाजपा और संघ का अपने-अपने स्तर पर चलना जारी है। महत्त्वपूर्ण है कि यह राजनीतिक प्रयोग भारतीय राजनीति को नयी दिशा चाहे दे, लेकिन संघीय राष्ट्र की भावना और राजनीति की स्थिति भी नयी अवस्था में खत्म होगी, जो संसदीय राजनीति में ही राष्ट्रपति प्रणाली के चेहरे को साफ दिखा सकती है।

राजनीति और रणनीति में उलझा परिवार

संघ को राजनीतिक शक्ति चाहिए और भाजपा को सत्ता। सत्ता के बगैर भाजपा राजनीतिक शक्ति नहीं कहला सकती और भाजपा अगर राजनीतिक शक्ति नहीं रही तो संघ परिवार समाज में अपना अस्तित्त्व कहाँ टटोलेगा। पहले सत्ता तक पहुँचने की राजनीति और अब सत्ता में बने रहने की राजनीति। भारतीय जनता पार्टी की नई कवायद ने कई सवाल भाजपा को लेकर भाजपा के भीतर ही उभारे हैं। मसलन असल चेहरा बदल रहा है या मुखौटा लगाया जा रहा है। या फिर मुखौटा हटाकर असल चेहरा दिखाया जा रहा है। कशमकश भाजपा के भीतर भी है और बाहर भी। लेकिन सच ये भी है कि पहली बार सच से भाजपा घबरा रही है, कतरा रही है। सत्ता हाथ से निकल गई तो विकासपुरुष का आवरण अटल बिहारी वाजपेयी के इर्द-गिर्द कैसे घुमड़ेगा। लौहपुरुष की काया ओढ़े और आभामंडल के सहारे लालकृष्ण आडवाणी का हाथ मलना कितना मान्यता पाएगा। सत्ता न रही तो अरुण शौरी या अरुण जेटली जो अभी सब कुछ बेचने को उतारू हैं और इस थ्योरी को पुख्ता अर्थव्यवस्था से जोड़ने में भी नहीं कतरा रहे उन्हें बतौर अर्थशास्त्री कितनी मान्यता मिल पाएगी। सत्ता में रहते हुए जो जसवंत और यशवंत विदेश और वित्त मंत्रालय को अपनी बाईं उँगली पर न सिर्फ नचाते हैं बल्कि विकासपुरुष और लौहपुरुष के आपसी चिंतन के जरिये दोनों विभागों में कोई अंतर भी नहीं समझते अगर सत्ता न रहे तो अंतर्राष्ट्रीय नीति या ग्लोबल अर्थव्यवस्था के मद्देनजर कौन जसवंत-यशवंत को पूछेगा। जो मुरली मनोहर जोशी समूची शिक्षा प्रणाली में आमूलचूल परिवर्तन कर मैकाले को ठेंगा दिखाने की मशक्कत में जुटे हों वो सत्ता न रहने पर शिक्षा में सुधार के लिए जाने जाएँगे या सरकारी स्कूलों की बदहाली या केंद्रीय विद्यालय का स्तर गिराने के लिए वही जो शहनवाज या मुख्तार अब्बास नकवी मुसलमानों को संघ के आतंक से आतंकित न होने की सलाह देते हुए अपने होने का प्रमाण देते हैं जो सत्ता में न रहे तो अपने होने की बात भी वो कैसे कह पाएँगे। जाहिर है ऐसे बहुत सारे सवाल उनके भीतर घुमड़ रहे हैं और सत्ता में बने रहने के पाँचवें साल खासतौर से अंदर से सभी को बेचैन भी किए हुए हैं।

अगर सत्ता में बने रहने की कवायद पर गौर करें तो सत्ता भाजपा के रिश्तों का सच भी साफ होगा। फेहरिस्त की शुरुआत तत्काल से भाजपा अध्यक्ष वैंकेया नायडू मुस्लिम बहुल रामपुर में जाकर अयोध्या में मंदिर के बगल में मस्जिद बनाने की वकालत करते हैं। संघ परिवार में उथल-पुथल होती है तो वक्तव्य से इनकार

कर देते हैं। लेकिन इस वक्तव्य पर कायम रहते हैं कि मुसलमान भाजपा के साथ खड़े हों तो वे कुछ और मुसलमानों को मंत्री बना देगी। `वसुंधरा राजे सिंधिया राजस्थान में परिवर्तन यात्रा निकाल रही हैं। पहला मौका है जब संघ परिवार की तीन महान विभूतियों के साथ बाबासाहब अंबेडकर की तस्वीर टाँगी गई। यहाँ ये भी समझना होगा कि अंबेडकर ने दलित या पिछड़ों को सुविधा की जगह संघर्ष सिखाया। संविधान में जब आरक्षण की बात आई तो अंबेडकर एक सीमित समय के भीतर समाज का कायाकल्प देख रहे थे। लेकिन भाजपा अंबेडकर को भी साथ लिए हुए है और मंडल को खुल्लमखुल्ला राजनीतिक स्टंट करार देने वाली भाजपा अब चुनावी साल में मंडल से कई कदम आगे निकलकर अगड़ों को आरक्षण न देने की वकालत कर रही है। महत्त्वपूर्ण यह भी है कि विनिवेश को लेकर सरकार अगर अपनी नीति को आमूलचूल लागू कर दे तो दस फीसदी आरक्षण देने की हैसियत भी सरकार की नहीं बचेगी। वहीं इसी नीति के मद्देनजर अनुसूचित जाति-जनजाति आयोग ने निजी क्षेत्र में आरक्षण की वकालत की है तो सरकार भी इस पर खामोश है। सब कुछ अपने अनुकूल करने और होने की चाहत का दूसरा पैमाना संघ परिवार-प्रेम भी है। बाकायदा प्रधानमंत्री वाजपेयी और उपप्रधानमंत्री आडवाणी ने संघ परिवार के चिंतन शिविर में जाकर स्वयंसेवकों को ये वचन भी दिया कि जिन मंत्रालयों से जुड़े मुद्दे पर परिवार के संगठनों को आपत्ति है उसकी सफाई भाजपा के मंत्री खुद स्वयंसेवकों के बीच आकर देंगे। यहाँ यह समझना होगा कि किसी मंत्रालय ने क्या-क्या किया है इसकी जानकारी किसी आम से लेकर किसी खास तक को आसानी से नहीं मिलती। अकसर संसद के प्रश्नोत्तर काल में भी मंत्री समूचा तथ्य नहीं रखते। चुनावी साल में भाजपा कुछ छुपाना भी नहीं चाह रही है स्वामी चिन्मयानंद और प्रहलाद पटेल इसके एक बेहतर प्रतीक हैं। दरअसल इसी दौर में भाजपा ने भ्रष्टाचार को भी आत्मसात करना सीखा है। बंगारू लक्ष्मण ज्यादा दिन खारिज नहीं रह सकते। अब उन्हें चुनाव में बतौर प्रचारक उतारने की तैयारी भी हो रही है। जार्ज फर्नाडीज के बगैर एनडीए गठबंधन चल नहीं सकता ऐसे में रक्षामंत्रालय के घोटालों पर बहस बेमानी है। डीएमके के जिं.जी. रामचंद्रन भ्रष्टाचार के कारण इस्तीफा तो दे देते हैं लेकिन मंत्रिमंडल विस्तार के दिन ही ये बात सामने रख दी जाती है कि सीबीआई जाँच के बाद रामचंद्रन भी पाक साफ होकर निकलेंगे तो उन्हें दोबारा मंत्रिमंडल में शामिल कर लिया जाएगा जैसे जार्ज को कर लिया गया। लेकिन सत्ता में बने रहने की राजनीति को लेकर चेहरा या मुखौटा दिखाने-उतारने की कवायद भाजपा कहीं खतरनाक तरीके से भी कर रही है। गठबंधन की राजनीति कोई सामूहिकता का बोध कराती है ऐसा भी नहीं है। गठबंधन शुद्ध सत्ता के लाभ पर टिका है। डीएमके के सहयोग और उसकी विरोधी एआईडीएमके से गलबहियाँ डालना। फिर वाइको को लेकर चुप्पी साधना। मौका

प्रतिकूल लगा तो अजित सिंह को बाहर करना। एक कदम आगे बढ़कर तृणमूल कांग्रेस के भीतर लकीर खींचने की रणनीति बनाना। सुदीप बंद्योपाध्याय को बरगलाना और ममता को 'गोली देना' दरअसल भाजपा के सत्ता में बने रहने के कई अंदाज हैं। उत्तर प्रदेश का गठबंधन अपने आप में नायाब है। मायावती के घुटनों तले भाजपा के उन नेताओं को झुकाना जिन्होंने भाजपा के लिए उत्तर प्रदेश में जगह बनाई ठीक समानांतर गिरोह की राजनीति करने वालों को उभारना। दरअसल विनय कटियार और लालजी टंडन एक प्रतीक हैं कि भाजपा की राजनीतिक दिशा कैसी है।

चुनावी साल की राजनीतिक मजबूरियाँ मुद्दों या दल का आसरा नहीं लेतीं। वाजपेयी का स्टेट्समैन और आडवाणी का लौहपुरुष दिखाई देने के पीछे दरअसल ऐसे भाजपा के ही कई नेता हैं जिनके कंधों को तो इस्तेमाल किया गया लेकिन जब राजनीतिक साफगोई की बात आई तो एक झटके में झटक दिया गया या हलाल किया गया। कल्याण सिंह, शांताकुमार, गोविंदाचार्य कुछ ऐसे ही नाम हैं जिन पर भाजपा का कोई नेता अब नहीं बोलना चाहता जबकि एक वक्त ये तीनों भाजपा की जुबान रहे हैं। इतना ही नहीं इसी जुबान के जरिये भाजपा ने तेवर भी पाए और मुद्दों को अपने अनुकूल भी बनाया। कल्याण सिंह की अयोध्या और गोविंदाचार्य का सोशल इंजीनियरिंग। भाजपा चाहकर भी इन दो स्थितियों से पीछा नहीं छुड़ा सकती, लेकिन कल्याण और गोविंदाचार्य हाशिए पर हैं।

दरअसल सत्ता स्वाद यानी सिर्फ अमृत की चाहत भाजपा के लिए नायाब है, ऐसा भी नहीं है यह संघ परिवार के उस चिंतन से जुड़ी है जो स्वयंसेवक को घोंट-घोंटकर पिलाई जाती है। संघ परिवार के भीतर हर संगठन की चाहत यही है कि जिस शाखा से वो जुड़ा है उस शाखा का काम उसके अनुकूल हो और शाखा के अनुकूल समूचा समाज हो। यही वजह है कि स्वदेशी जागरण मंच अभी भी देशी अर्थव्यवस्था की बात ठोंक बजाकर करता है क्योंकि उस संगठन का अस्तित्त्व उसी से जुड़ा है। वो बदलेगा या आधुनिक स्थितियों में अपने स्वावलंबन से खारिज करेगा, ऐसा कोई प्रयोग उसके जरिये सामने आ पाएगा, ये सोचना बेमानी लगता है क्योंकि अभी भी जब मुद्दों को लेकर सरकार से टकराव की स्थिति बनती है तो संघ का तर्क यही रहता है कि संगठन की अपनी पहल अपने दायरे में सही है और उसका विरोध जायज है। यही आलम विश्व हिंदू परिषद का भी है और किसान संघ सरीखे संगठनों का भी। भारतीय मजदूर संघ के तौर-तरीके भी नायाब हैं, उसके दायरे में श्रमनीति आर्थिक स्थितियों में बदलाव के बावजूद जस की तस है। मजदूरों को अधिकार देने और दिलाने की बात भारतीय मजदूर संघ अभी भी उन्हीं सैद्धांतिक आधारों पर करता है जिसके तहत ये मानना होगा कि सारे उपक्रम सरकार के हैं। निजी क्षेत्रों से लड़ाई कैसे हो, वहीं मजदूरों के अधिकारों की बात किस तर्ज पर हो।

खासकर तब जब न्यूनतम मजदूरी अभी भी न मिल रही हो। फिर ट्रेड यूनियन की भूमिका पर भी जब सवालिया निशान उदारवादी अर्थव्यवस्था उठाने लगे तो बीएमएस सरीखे यूनियन को क्या करना चाहिए। जाहिर तौर पर दत्तोपंत ठेंगड़ी की सरकार से आँखमिचौली भावनाओं को उभार सकती है, संघ को नहीं। ऐसे राज्य सत्ता तक पहुँचने का रास्ता भी दिखा सकते हैं लेकिन उसके बाद जोड़-तोड़ की राजनीति ही हावी होगी।

भाजपा का अपना संकट भी यही है कि सत्ता चलाने और उसे टिकाए रखने का मंत्र उसके पास नहीं है। ऐसे में मुद्दों को लेकर टकराव भाजपा और परिवार के बीच एक ऐसी राजनीति को जन्म भी देता है जिसमें अपने साथ खड़े को भी गिराने में कोई चूक नजर नहीं आती। जाहिर है ये रंगत भाजपा में पार्टी के तौर पर भी उभरी और सरकार में शामिल सबसे बड़े दल के तौर पर भी। सीधे कहें तो सत्ता के लिए स्थिति की नजाकत के अनुकूल सब कुछ बदलता रहा है। दरअसल वजह भी यही है, भाजपा के भीतर दूसरी लाइन इतनी चतुर दिखाई नहीं देती। अगर नरेंद्र मोदी को छोड़ दिया जाए तो राज्य स्तर पर भी भाजपा के भीतर कोई नेता नहीं है जिसके सहारे किसी राज्य में नैया पार लगाने की बात हो। यूँ मोदी खुद को भाजपा का कम संघ परिवार का ज्यादा मानते हैं। जाहिर है ऐसे में भाजपा अब खुले तौर पर संघ की उस धारा को ही मान्यता देते हुए आगे बढ़ना चाह रही है जिसके जरिये समाज साथ नजर आए लेकिन राजनीतिक बिसात पर सत्ता हमेशा साथ रहे। इसकी बेहतरीन पहल आडवाणी और वाजपेयी के संगम के तौर पर देखी जा सकती है। कोई एक खोटा साबित हुआ तो दूसरा चल निकलेगा या फिर दूसरे को खोटा साबित कर खुद की लीक चलने वाली बना ली जाएगी यानी परिवार के भीतर का सच बतौर सच कभी न उभरे।

संघ के बदलते ढंग

इन वर्षों में विकसित हुए एक तथ्य पर ध्यान देना चाहिए। राष्ट्रीय स्वयंसेवक संघ की कार्यशैली और उसके तौर-तरीके बदल चुके हैं या तेजी से बदल रहे हैं। खासकर पिछले तीन सालों में जब से संघ ने यह देखा है कि केंद्र में दो दर्जन राजनीतिक दल भाजपा और एक वरिष्ठ स्वयंसेवक प्रधानमंत्री का नेतृत्व स्वीकार कर चुके हैं, तब से जैसे उसके कामकाज के ढंग में बदलाव आ गया है। एक दौर था जब संघ के प्रचारक अपनी सादगी और सार्वजनिक चिंताओं को मूल्य की तरह पेश करते थे और आम लोगों को आकृष्ट करने का प्रयत्न करते थे। मध्यवर्गीय बहुसंख्यक समाज में चुपचाप उनके विचारों और प्रचारों की जिस तरह पैठ बढ़ी, उसमें उनकी इस भूमिका का योगदान रहा है। मगर अब लग रहा है जैसे संघ वीवीआईपी हो चला है। जैसे उसके स्वयंसेवकों को लगने लगा है कि वही सरकार हैं। इसका असर यह भी हुआ है कि उसके वक्तव्य भी बदले हैं और पहलकदमियाँ भी।

उदाहरण के तौर पर हाल-फिलहाल के दो ऐतिहासिक कदमों का जिक्र किया जा सकता है। परिवार के सरसंघ चालक के.सी. सुदर्शन की अगुवाई में दिल्ली से करीब सौ किलोमीटर दूर कुरुक्षेत्र में संघ परिवार के सभी 40 संगठनों के सदस्य तीन माह पहले जमा हुए। कुल 263 वरिष्ठ सदस्य मौजूद थे। दो दिन तक जबरदस्त चिंतन हुआ। और आखिर में जम्मू-कश्मीर को तीन हिस्सों में बाँटने का महत्त्वपूर्ण प्रस्ताव भी सर्वसम्मति से पारित किया गया। लेकिन कुरुक्षेत्र में बैठक हो रही है, इसकी थोड़ी सी भी आहट कुरुक्षेत्र में नहीं सुनाई दी। पहलकदमी का आलम क्या रहा, इसे इस आधार पर महसूस किया जा सकता है कि साठ फीसदी कार्यकर्ता कार से पहुँचे। कुछ ट्रेन से पहुँचे भी तो शताब्दी या फिर वातानुकूलित डिब्बे में बैठकर। कारों को जरूर किराए पर लिया गया जो झंडेवालान यानी दिल्ली के संघ मुख्यालय से शुरू हुईं और फिर वहीं वापस लौटीं।

सवाल यह नहीं है कि संघ वालों ने कारों और वातानुकूलित डिब्बों का इस्तेमाल क्यों किया। ध्यान देने की बात यह है कि सार्वजनिक जीवन को प्रभावित करने के निर्णय लेने से पहले संघ का काफिला किस तरह सार्वजनिक जीवन से कटता जा रहा है। इसी से जुड़ा एक और मुद्दा है। गोधरा की आग और उसके बाद गुजरात में मौत का तांडव। पहली बार हुआ कि संघ का कोई कार्यकर्ता, कोई स्वयंसेवक राहत कार्यों के लिए गुजरात के किसी हिस्से में जमा नहीं हुआ। बाकायदा संघ के प्रवक्ता एमजी वैद्य से इन पंक्तियों के लेखक ने पूछा भी कि हर

विपदा के दौरान नजर आने वाले स्वयंसेवक इस बार नजर क्यों नहीं आ रहे। जवाब मिला, कुरुक्षेत्र में राष्ट्रीय कार्यकारिणी की सालाना बैठक की तैयारियों में सभी जुटे हैं। क्योंकि बैठक अहम है, संगठन के तौर पर अहम फैसले लेने हैं। मुद्दों को लेकर चिंतन जारी है इसलिए गुजरात में कुछ भी नहीं।

यानी मुद्दे भी बदले हैं और पहलकदमी भी। लेकिन इसका असर क्या हुआ। राष्ट्रीय स्वयंसेवक संघ में कई लोगों की यह राय गाहे-बगाहे इस दौर में खुलकर सामने आई है कि सत्ता, समाज और संगठन का काम उसी के दायरे में है। यानी यह बदलाव धीरे-धीरे संगठन को कमरे में कैद कर रहा है, समाज को हिंदुत्व तले जकड़ने का प्रयत्न कर रहा है और सत्ता से ऐसा संबंध बना रहा है जिसमें संघ और उसके कार्यकर्ताओं को मनचाहा मिले। आखिर इसी से परिवार की अकूत ताकत की पहचान है। लेकिन इसी बदलाव ने अब संघ परिवार के भीतर एक हड़बड़ाहट भी पैदा कर दी है।

इस हड़बड़ाहट के प्रमाण संघ परिवार के भीतर भी दिखते हैं और उसकी सरकार के भीतर भी। तमाम मसलों पर सरकार से उसके सहयोगी संगठनों का झगड़ा जितना वैचारिक है उतना ही व्यापारिक भी। भाजपा बार-बार संघ के इस दबाव के आगे झुकने को मजबूर होती है और खुद प्रधानमंत्री के स्तर पर आपसी विवादों को सार्वजनिक करने की सुलह करनी पड़ती है तो इसके कारण हैं। भाजपा को यह अहसास तो है ही कि उसकी राजनीतिक पकड़ अभी कमजोर है। इसी वजह से कभी वह सत्ता और संगठन को अलग-अलग करने की बात करती है तो कभी जोड़ने की कवायद में लगी रहती है। संघ परिवार इससे भी बेचैन रहता है और गाहे-बगाहे अपनी शुद्धता का दबाव बनाते हुए इसे नकारता भी रहता है। वैसे वह सार्वजनिक रूप से यह बताना चाहता हो कि जो सत्ता से नहीं जुड़ा, या कि भाजपा में नहीं है, वही असली संघी है। इसी के जरिये वह इस तथ्य को भी नकारना चाहता है कि स्वार्थ और सहूलियतों की चाहत के शिकार संघ के कार्यकर्ता भी हैं। अगर यह सुविधा छिनती है तो संघ परिवार ज्यादा हिलता है।

यहीं से हम पाते हैं कि संघ के अंदरूनी दबावों में विभिन्न संगठनों की मार्फत सैद्धांतिक मुद्रा अख्तियार करने का प्रयत्न होता है। इसका असर सिर्फ अयोध्या, विनिवेश और कश्मीर तक सीमित हो, ऐसा भी नहीं है। विश्व हिंदू परिषद के महासचिव प्रवीण तोगड़िया या गाली-गलौज पर उतरना भी इसका पैमाना नहीं है। दरअसल मुद्दों के आधार पर व्यक्ति को निशाना बनाना संघ की अपनी ट्रेनिंग का असर है। संघ परिवार से जुड़े संगठन सबसे पहले जर्जर होती अर्थव्यवस्था को लेकर सरकार से रूठे। वरिष्ठ स्वयंसेवक, या कहें एक वक्त सरसंघचालक बनने की कतार में शामिल, दत्तोपंत ठेंगड़ी ने जब अर्थव्यवस्था में सुधार के नाम पर रोजगार घटाने की सरकारी पहल देखी तो निशाना सीधे वित्तमंत्री पर साधा। एक नहीं कई सभाओं

में सीधे तत्कालीन वित्तमंत्री यशवंत सिन्हा को दोषी ठहराया, और आखिरी सभा में जो आगरा में स्वदेशी जागरण मंच की थी, बाकायदा यशवंत सिन्हा पर 'भूलने की बीमारी' का आरोप लगाते हुए जाहिर कर दिया कि वे ज्यादा दिन कुर्सी पर नहीं रह सकते क्योंकि उन्हीं की बदौलत तो बैठे हुए हैं।

जाहिर है, आगरा में स्वदेशी जागरण के सम्मेलन के बाद यशवंत सिन्हा को विदेश मंत्रालय भेज दिया गया। यह अलग बात है कि पटरी से उतरी अर्थव्यवस्था कुछ और किनारे लग गई। ऐसे में सरसंघ चालक के.सी. सुदर्शन अपर मंत्री और नौकरशाहों को चेतावनी देते हैं या फिर विश्व हिंदू परिषद के अशोक सिंघल सीधे ब्रजेश मिश्र का नाम लेकर उन पर बँटाधार करने का आरोप लगाते हैं तो यह भी अपनी ही सत्ता को बचाने का एक प्रयास है। क्योंकि अगर संघ परिवार के मुद्दों पर चर्चा की जाए तो उनके अपने अंतर्विरोध बेहद स्पष्ट हैं। करीब दो-ढाई साल पहले सुमित्रा महाजन के घर पर सरकार, पार्टी और संघ के नुमाइंदों की एक बैठक हुई। यानी अलग-अलग मच सँभालने वाले परिवार के सदस्य जमा हुए। अपनी कार्रवाई में तालमेल लाने की बात पर शुरू हुई बैठक में सुधार और रोजगार के अंतर्विरोधों का मसला खुल कर उठा। और आखिर में सारी बहस भी इसी मुद्दे पर टिकी कि अर्थव्यवस्था में सुधार कहाँ तक जरूरी है। फिर रोजगार कैसे बचाया जाए। सरकार को धन चाहिए और संघ को आम लोगों को लुभाने के लिए रोजगार। दोनों एक साथ चल नहीं सकते। विश्वबैंक-मुद्राकोष की नीतियों तक का हवाला दिया गया। लेकिन मंत्री बने स्वयंसेवकों ने परिवार के तीन सदस्यों को परिवार के बाहर की दुनिया को समझने-जानने का भरपूर प्रवचन भी दिया। दरअसल आर्थिक सुधार की आँधी में संघ का अपना सांगठनिक ढाँचा कैसे बचाया जाए, यह भी संकट उसके सामने है।

संघ महाराष्ट्र का उदाहरण पूरे देश में आजमाना चाहता था। यानी महाराष्ट्र में जिस तरह छोटे-बड़े सहकारी ढाँचों को संघ ने खड़ा किया और उसके जरिये वैकल्पिक रोजगार की एक स्थिति बनाते हुए अपने कार्यकर्ताओं को उसमें नौकरी दी, वह अपने आप में एक नायाब प्रयोग रहा। मराठवाड़ा और पश्चिम महाराष्ट्र के सैकड़ों परिवार संघ के साथ दशकों से इसीलिए जुड़े हैं कि इसके जरिये उन्हें आर्थिक आधार मिला है। इस संघी ढाँचे की मजबूती का एहसास आज भी होता है जब संघ का कोई कार्यक्रम होता है। खुद-ब-खुद समूचा परिवार भोजन से लेकर सोने तक की व्यवस्था अपने घर में करता है।

दरअसल, आर्थिक सुधार, या कहें निजीकरण की आँधी में इस तरह की सहकारी व्यवस्था भी चरमरा गई है। कुछ कमजोर साबित होकर चुक गई तो कुछ घोटालों का शिकार हुई। कुल मिलाकर जिस वैकल्पिक रोजगार-व्यवस्था के सहारे संघ अपने संगठन को पूरे देश में खड़ा करना चाहता है, उस पर आर्थिक सुधारों के

लिए उठाए गए कदमों का सीधा प्रभाव पड़ा है और उसे लेकर संघ परिवार की बेचैनी बढ़ी है।

सुमित्रा महाजन के निवास पर हुई बैठक के बाद गोविंदाचार्य भी इसी मुद्दे यानी आर्थिक सुधार के मद्देनजर वास्तविक स्थिति को लेकर रास्ता तलाशने की बात कहकर अध्ययन करने में लग गए। अध्ययन शुरू करने के एक साल बाद गोविंदाचार्य आगरा में हुए स्वदेशी जागरण मंच के सम्मेलन में पहुँचे। लेकिन वहाँ मंच से कुछ कहने के बजाय तीन दिनों तक स्वयंसेवकों को ही टटोलते रहे कि अपनी सरकार के होने का सुकून किसमें कितना है। स्वार्थ और सहूलियतें हासिल करने के अलावा स्वयंसेवकों में कर्मठता बची भी है या नहीं। क्योंकि आगरा में भी विनिवेश का विरोध हुआ। खुद दत्तोपंत ठेंगड़ी ने विरोध किया। हालाँकि इसकी वजह ट्रेड यूनियन और मजदूरों का खात्मा बताई गई। लेकिन दरअसल संघ सार्वजनिक उपक्रमों को अपने निजी उपक्रम मानता है जहाँ उसके स्वार्थ सध सकते हैं। लेकिन निजीकरण के बाद यह चरागाह उसके हाथ से छूट जाएगी। हताशा की, या कहें, हड़बड़ाहट की वजह भी यही है। यह हड़बड़ाहट कई तरह से व्यक्त हो रही है। अयोध्या को लेकर अटल बिहारी वाजपेयी भी विश्व हिंदू परिषद और उसके नेताओं की अश्लील टिप्पणियों से बच नहीं पाए। वाजपेयी जी ने यह सब सहन किया और टिके हुए है। दरअसल यह सब उस ट्रेनिंग का असर है जिसमें हर एक की पहल उसकी इच्छा, उसके स्वार्थ, उसकी उपलब्धि महत्त्वपूर्ण होती है और दूसरों के लिए कड़ी का काम करती है।

इसलिए संघ परिवार, उसके सहयोगी संगठनों और भाजपा के भीतर परस्पर टकराव और मेल की स्थिति लगातार बनी रहती है। स्वदेशी जागरण मंच यह सैद्धांतिक बहस नहीं करता कि उसके स्वदेशी के सिद्धांत में उत्पादन और उपभोग की प्रक्रिया के भारतीयकरण की वैसी गुंजाइश क्यों नहीं है जैसी गाँधी के स्वदेशी में थी और विश्व हिंदू परिषद यह समझने को तैयार नहीं है कि उसका अयोध्या वास्तविक राष्ट्रवाद में कहाँ बाधक बनता है। दरअसल यह अंतर्विरोध सादगी और समरसता की पाखंडपूर्ण सार्वजनिक अभिव्यक्ति और संगठन और सत्ता के गोपनीय ढाँचे और उपयोग के बीच का है जिसमें हर सिद्धांत व्यक्तिकेंद्रित हो जाता है। ऐसे में स्वदेशी के बहाने वित्तमंत्री को गाली दी जाए या अयोध्या के नाम पर प्रधानमंत्री को गाली दी जाए या अयोध्या के नाम पर प्रधानमंत्री को कोसा जाए, मूल मकसद अपनी ताकत का अहसास कराना होता है जिसमें उसी बदलाव की चाह होती है जो संघ को भाए।

अखंड संघ की खंडित राजनीति

संघ और भाजपा भले ही अलग खड़े दिखाई दें, लेकिन उनका रिश्ता किसी से छुपा हुआ नहीं है। संघ जीवन के हर पहलू पर काबिज होना चाहता है और इसके लिए उसने राजनीति को एक माध्यम बनाया है।

यह कोई नयी बात नहीं है कि राष्ट्रीय स्वयं सेवक संघ के नाम को लेकर बीजेपी में बवंडर खड़ा है। राजनीतिक तौर पर संघ की पहल हो रही है या नहीं या फिर संघ के निर्देश ही बीजेपी को चलाते हैं और बार-बार बीजेपी नेतृत्व खुद को संघ से अलग खड़ा करने की पहल करता है। दरअसल ऐसी प्रतिक्रियाओं के जरिये संसदीय राजनीति को किस तरह उलझाया जाता रहा है। यह संघ के सह सरसंघचालक का कार्य देख रहे के.सी. सुदर्शन के ही वक्तव्य से लग जाता है, जब वो खुद कहते हैं कि, संघ समझता है कि उसका 'गोल' क्या है और बीजेपी के सत्ता में आने के बाद तो उसकी दृष्टि और साफ है। संघ ने लंबे संघर्ष से कई संस्थान खड़े किये हैं और उसे कोई जल्दी नहीं है क्योंकि वो कोई 'वाद' नहीं 'धर्म' फैला रहे हैं। ऐसे में बीजेपी और आरएसएस को लेकर होने वाला हंगामा हमारे लिए कोई मायने नहीं रखता। (27 अप्रैल, 98, आउटलुक) एक हद तक संघ से ज्यादा बीजेपी का नजरिया इससे साफ हो जाना चाहिए। दरअसल बीजेपी को लेकर यह सोच बेमानी है कि पिछले एक दशक के दौरान संसदीय राजनीति करती हुई यह पार्टी दो सीट से दो सौ सीटों तक पहुँच गयी। यह ठीक उसी तरह है जैसे संघ को लेकर यह कहा जाए कि पेड़ का बढ़ना सुबह शाम लगने वाली उसकी शाखाओं की वजह से है। लोगों को सुबह व्यायाम अच्छा लगता है और राष्ट्र को लेकर गर्व पैदा होता है सौ सदस्य बढ़ते गये और संघ ने खुद को वैचारिक तौर पर मजबूती दे दी।

दरअसल जिस संघ को लेकर आज आरएसएस खड़ा है उसके पीछे हर क्षेत्र विशेष के अंतर्विरोध को अपने अनुकूल करने की उसकी पहल ही रही है। चाहे वह 1971 में सैनिकों को लेकर पूर्व सैनिक सेवा परिषद हो या 1978 में बनाई गयी विद्याभारती, अखिल भारतीय जिला संस्थान। संघ ने खुद को फैलाने के लिए आर्थिक आधारों को पकड़कर सामाजिक विस्तार किया। इसका उदाहरण भारतीय किसान

संघ, विज्ञान भारती, आदिवासी कल्याण आश्रम, अखिल भारतीय अधिवक्ता परिषद, सेवा भारतीय, राष्ट्र सेविका समिति, भारतीय मजदूर संघ और संघ के विदेश विभाग से मिल सकता है। असल में हर क्षेत्र में अपनी पैठ जमाकर संघ ने इसमें शामिल सदस्यों को यह बात जरूर बता दी कि जो भी उसके अंतर्गत चलने वाले संस्थानों से जुड़ेगा उसे रोजगार की समस्या का सामना नहीं करना पड़ेगा। महाराष्ट्र इसका बेहतरीन उदाहरण है जहाँ संघ की पहल पर सैकड़ों कोओपरेटिव चल रही हैं और जिसमें हर वो संघी नौकरी करता है जो अपने बूते पर शिक्षा ग्रहण करने के बाद नौकरी नहीं पा सकता। इसका सकारात्मक पक्ष यह कहा जा सकता है, एक तबका तो संतुष्ट है, लेकिन इसका दूसरा पहलू यह भी है कि धर्म और जातीय संघर्ष भी ऐसे ही वातावरण की देन रही है। बहरहाल, यहाँ संघ की जगह बीजेपी के तरीकों पर गौर करने की जरूरत है। बीजेपी सत्ता तक कैसे पहुँच सकती है इसका पहला प्रयोग अस्सी के दशक के शुरुआत में किया गया। मीनाक्षीपुरम के अत्यधिक संगठित तथा आक्रामक ढंग से एक वाली रखकर पहली बार इस प्रकार की शक्ति का प्रयोग कर लोगों के सामने हौवा खड़ा किया गया। 1982 में रथ यात्रा का प्रचार, 1984 में हिंदू-सिख दंगा और 1985 में रामजन्मभूमि-बाबरी मस्जिद विवाद। इस बीच 1980 में मुरादाबाद में दंगा, 1981 में बिहार शरीफ, में 1982 में मेरठ, बड़ौदा, पूना और सोलापुर में दंगा। 1984 में बंबई-भिबंडी में, 1987 में मेरठ सहित कई जगहों पर हुए संघर्ष ने सांप्रदायिकता की लौ तेज की। ऐसे में सरकार किसी भी दल की केंद्र में रही या राज्य में परिणाम यह जरूर निकला कि सांप्रदायिक लहर का प्रवाह लगातार बढ़ता गया। उदाहरण साफ है, 1987 में पुलिस कांस्टेबलों और पी.ए.सी. के जवानों ने मलीना दंगे में मुस्लिमों की नृशंस हत्या की। बिहार में मिलिटरी पुलिस ने भागलपुर दंगे में स्वयं हिस्सा लेकर हस्तक्षेप किया। बड़ी संख्या में शासकीय अधिकारी मजिस्ट्रेट, कलेक्टर, सीनियर पुलिस अधिकारी इसी दौरान खुले तौर पर संघ से जुड़े और दंगों में एक पक्ष के साथ रहे। सुप्रीमकोर्ट के न्यायाधीश चंद्रचूड़ ने शाहबानो केस पर खुल्लमखुल्ला सांप्रदायिक पक्ष लिया। मिश्रा आयोग की जाँच समिति ने अपनी रिपोर्ट में दिल्ली में 81-84 के दंगों के मुख्य आरोपियों को निगल लिया। टीवी पर रामायण-महाभारत जैसे सीरियलों ने भी इसी प्रवाह को ही तेज किया।

दरअसल संघ ने अपने तौर पर इस दौरान इस तथ्य को बखूबी समझा कि भारतीय राष्ट्रीयता को हिंदू राष्ट्रीयता के तौर पर परिभाषित करके खुद को तेजी से फैलाया-बढ़ाया जा सकता है। बोला गया हिंदू समाज की एकरूपता ही भारतीय समाज है। इसके राजनीतिकरण की शुरुआत देखें तो बीजेपी-शिवसेना के नारों को याद किया जा सकता है। इनका एक महत्त्वपूर्ण नारा था–'मेरा देश महान, उसका नाम हिंदुस्तान'। थ्योरी पाठ संघ ने क्या पढ़ाया वो गौरतलब है। हिंदूधर्म को सहन

किया जा सकता है किंतु मुस्लिम और क्रिश्चियनों को नहीं क्योंकि वे आक्रामकता, लूटमार और डकैती को प्रोत्साहित करते हैं। पाकिस्तान और बांग्लादेश में सैनिक शासन रहा क्योंकि वे इस्लाम धर्म से प्रभावित हैं। जबकि भारत में संसदीय लोकतांत्रिक प्रणाली हिंदू धर्म के प्रभाव के कारण बनी रही। भारत की महानता हिंदू परंपराओं पर ही आश्रित है। इस कारण उन महान परंपराओं को कायम रखने के लिए उसकी महानता को कायम रखने के लिए उसे क्रिश्चियन और इस्लाम धर्म के प्रभाव से बचना पड़ेगा। इसके लिए हिंदू परंपराओं का सहारा लेना पड़ेगा। इस कारण रामजन्मभूमि को इस्लाम के कब्जे से मुक्त करना होगा। मथुरा का ईदगाह जो कृष्णजन्मभूमि है, उसकी भी रक्षा करनी होगी। दक्षिण बिहार में दो सौ साल पुराने क्रिश्चियन मिशन को गिराया जाए क्योंकि वह उस गाँव में स्थित है जो हनुमान की माँ के नाम (अंजनी) है। शायद यह अनुमान का जन्म स्थल है। (पाँचजन्य, अप्रैल 82, अक्टूबर 87)। इतना ही नहीं ताजमहल को हिंदू मंदिर बताया गया जिस पर मुसलमानों ने कब्जा किया। (आर्गनाइजर, संपादकीय अगस्त 92) अपने तौर पर संघ की सामाजिक पहल को बीजेपी ने राजनीतिक तौर पर कैसे भुनाया यह भी संसदीय खाके में मौजूद है। अखंड हिंदुस्तान का नारा संघ ने दिया और सभी वर्ग और जातियों के हिंदुओं से बीजेपी ने आस्वान किया कि वो अपने वर्ग-जाति के सभी विरोधों को मिटा दें। देश के बहुत से भागों में ऊँची जातियों और अन्य अनुसूचित जातियों ने एकता तो स्थापित नहीं की लेकिन कुछ हद तक समझौता जरूर कायम किया। अब प्रयास यह चल रहा है कि अस्पृश्य जातियों और आदिवासियों को भी इस लहर का अंग बनाया जाए। बीजेपी ने राष्ट्रीय लोकतांत्रिक गठबंधन के जरिये इसकी पूर्ति के लिए नया खेल भी शुरू किया। इस दिशा में उसका प्रवाह चलता रहे इसलिए अंबेडकर जयंती को भी हिंदू संगठन ने घेरे में लिया। ब्राह्मणवाद के विरोध में आंदोलन खड़ा करने वाले जुझारू नेताओं को महत्त्व दिया जाने लगा। जोतिबा फुले, जिन्होंने ब्राह्मणवादी वर्चस्व के विरोध में आंदोलन छेड़ा था उनकी निम्न जातियों की एकता के लिए स्थापित बहुजन समाज की परिभाषा को बदल कर उसे हिंदू एकता के नाम पर नये ढंग से परिभाषित किया। फुले के हिंदू धर्म और ब्राह्मणवाद पर किये गये प्रहारों को अपनी सुविधानुसार एक तरफ कर दिया। राजनीतिक तौर पर यह खेल और निराला है। छोटे स्तर पर चुनावों में अनुसूचित जातियों के प्रतिनिधियों को टिकट बाँटा गया। एक हद तक 'हिंदू एकता' को हिंदू पुनरुत्थानवादियों ने नये ढंग से संगठित किया भी। लेकिन अखंडता की उनकी यह योजना उन स्थानों पर असफल रही जहाँ अस्पृश्य लोगों ने धर्मांतरण कर दूसरे धर्म को अपना लिया। जाहिर तौर पर इसका परिणाम अस्पृश्य बौद्ध जातियों पर अत्याचार के रूप में ही सामने आया। महाराष्ट्र के विदर्भ क्षेत्र में 95 से 99 के दौरान (बीजेपी-शिवसेना सरकार) दलितों पर ग्यारह जगह सामूहिक हमले हुए। करीब

पैंतालीस दलित नव बौद्ध इस दौरान सरकारी हिंसा के शिकार हुए जबकि 24 दलित सीधे बीजेपी-शिवसेना की हिंसा के शिकार हुए। खास बात यह भी है कि ब्राह्मणवादी थ्योरी के खिलाफ जो राजनीतिक दल बने और प्रभावी हुए उनके साथ बीजेपी ने राजनीतिक तालमेल भी किया। द्रमुका/अकाली/तेलुगुदेशम/जनता दल (यू)/समता पार्टी जैसे दल इसके उदाहरण हैं। मजेदार तथ्य यह भी है कि सरकारी कर्मचारियों के संघ में शामिल होने को लेकर जब बवेला खड़ा हुआ तो साथी दलों के विरोध पर पहली प्रतिक्रिया संघ ने ही की। राजनीतिक स्टेंट लेते हुए बीजेपी को इस मुसीबत से उबारा कि संघ का कोई दबाव सरकार पर नहीं है। जबकि संघ के सरसंघचालक रज्जू भैया ने अक्टूबर 99 (दशहरा के मौक़े पर) में नागपुर में लेखक को दिये एक साक्षात्कार में साफ कहा था कि बीजेपी संघ से अलग है ऐसा सोचना भी बेमानी है क्योंकि उनकी शिक्षा-दीक्षा संघ तले ही हुई है और अब वो राजनीतिक तौर पर संघ की विचारधारा को ही अपने मतानुसार आगे बढ़ा रहे हैं। संघ की आदिवासी क्षेत्रों में पहल और उसका बीजेपी द्वारा राजनीतिक लाभ उठाना इस मायने में गौरतलब है कि दोनों का स्वरूप एक सा ही है। सामाजिक तौर पर आदिवासी क्षेत्रों को अखंडता के व्यूह में लाने के लिए विशेष पहल हुई। यह कोशिश जारी है कि आदिवासी जो क्रिश्चियन धर्म से प्रभावित हो गये हैं उसका मुकाबला किया जाये। दूसरे अखंडवादी सिखों, जैन और बौद्ध को इस तरह दिखाते हैं कि वे हिंदू धर्म के ही स्वरूप हैं। इस प्रकार स्वदेशी धर्म को हिंदू लहर में ही आत्मसात कर लिया गया। तो बचा कौन? मुस्लिम और क्रिश्चियन जैसे अल्पसंख्यक लोग जो सीधे दिखाई देते हैं। मगर इसके पीछे की राजनीतिक मंशा कहीं ज्यादा तीखी है। दल-बदल के समझौतों से विकसित हुए गठबंधन को सरकार ने लंबे समय तक टिके रखने के सामाजिक आधार दिये। फिर 'समाजवाद', गरीबी हटाओ, या फिर 21वीं सदी के नारे जब खारिज हुए तो हिंदू पुनरुत्थानवादी शक्तियों को मौका मिला कि वे इनका समर्थन ले सकें। ऐसे में ओवीसी निशाने पर आया। हालाँकि हिंदू परंपरा में ही ओवीसी को एकत्रित करना और संगठित करना एक लंबे समय का काम है। मसलन हिंदू जाति परंपरा ने ओवीसी को स्वीकार कर उसे अपने में समायोजित कर ऊँचा दर्जा दिया। जैसे मराठा जाति की हादर से शुरू है किंतु महाराष्ट्र में उसे क्षत्रिय माना गया। इनकी जीवन परिस्थिति में लगातार उन्नति होने के परिणामस्वरूप ही इन्हें हिंदूवाद को एक राजनीतिक विचारधारा के रूप में विस्तृत करने के लिए समर्थन मिला। संघ ने इस तथ्य को बखूबी समझा कि सामाजिक शुद्धिकरण की उसकी थ्योरी जब तक जातीय आधारों को अपने घेरे में नहीं लेगी तब तक बहुसंख्यक तबके के अंदर 'हिंदुत्व' का भाव नहीं भरा जा सकता है। फिर एक साधन के तौर पर अगर खड़ा कर भी लिया गया तो भी उसका सही उपयोग तब तक नहीं हो सकता जब तक उसका राजनीतिक उपयोग न हो। यही वजह भी

रही है कि इंदिरा की व्यवस्था के खिलाफ जयप्रकाश नारायण की संपूर्ण क्रांति से लेकर वीपी सिंह की सरकार को चलवाने के लिए संघ ने खुली पहल की। लेकिन जब यह तथ्य सामने आ गया कि ओवीसी एक राजनीतिक शक्ति में बदलने लगी है तो उसे अपने अनुकूल खड़ा करने के लिए अपने सांप्रदायिक प्रवाह को ही तेज किया। मसला चाहे उसके बाद अयोध्या का हो या क्रिश्चियनों पर हमले या वनांचल के ऐलान का सभी के केंद्र में सोच यही रही कि संकट का निराकरण आर्थिक पैमाने की जगह उसके द्वारा बनाये गये सामाजिक घेरे में हो। हालाँकि ओवीसी और ऊँचे जाति के हिंदुओं का रिश्ता बेहद जटिल है। आर्थिक और राजनीतिक विकास ने इन्हें मजबूरन विवश कर दिया कि वे एक साथ रहें। इसलिए दोनों के बीच जो ऐतिहासिक संबंध रहे हैं उसे एनडीए सरकार ने बड़े साहस से अनदेखा किया भी है। मगर इन स्थितियों के पीछे सबसे बड़ा सकल यही है कि राजनीतिक शक्ति के रूप में बदलने के बाद संघ और बीजेपी ओवीसी जैसे साधन का ड्राइवर खुद बनते हैं या किसी दूसरे को बनाते हैं। दरअसल यह लालच/या सत्ता तक पहुँचने का बाण ही संघ की हिंसा पर क्षेत्रीय दलों को खामोश रखे हुए है और संघ अपनी राजनीतिक जरूरत को अंजाम देने में खुलकर लगा हुआ है।

संघ की बदलती तस्वीर

राष्ट्रीय स्वयंसेवक संघ को समझ में आने लगा है कि समाज तेजी से बदल रहा है, ऐसे में घिसे-पिटे तरीकों से जनता प्रभावित नहीं होती। सुदर्शन को मुखिया बनाने के पीछे उनकी वैचारिक प्रतिबद्धताएँ तो हैं ही संघ का दायरा बढ़ाने की ललक भी है

राष्ट्रीय स्वयंसेवक संघ यानी आरएसएस के राष्ट्रीय प्रतिनिधियों की सभा के बाद यह बहस बेकार हो गई कि संघ सांस्कृतिक-सामाजिक संगठन है या राजनीतिक। हालाँकि नागपुर में संघ की सभा समाप्ति के दो दिन बाद 14 मार्च को गृहमंत्री लालकृष्ण आडवाणी ने लोकसभा के एक सवाल के जवाब में कहा कि आरएसएस तो राजनीतिक संगठन हो ही नहीं सकता क्योंकि चुनाव आयोग में उसका रजिस्ट्रेशन नहीं है। ऐसे में संघ पर यह आरोप बेमानी है कि उसे राजनीतिक तौर पर देखा जाए। गृहमंत्री की ऐसी टिप्पणी को 'बालसुलभता' कहा जा सकता है क्योंकि एक-दो बार नहीं दर्जनों बार आडवाणी अतिवाम संगठनों के क्रियाकलाप को राजनीतिक करार दे चुके हैं, जबकि वो जानते हैं कि उन तमाम संगठनों में से किसी ने भी चुनाव आयोग में रजिस्ट्रेशन नहीं कराया है, फिर असंगठनों (अतिवाम) में से अधिकतर को तो संसदीय व्यवस्था पर भी भरोसा नहीं है। फिर भी देश के गृहमंत्री व उनके तमाम सहयोगी उन्हें राजनीतिक कह कर कोसते हैं। जाहिर तौर पर गृहमंत्री की ही सोच तले चला जाए तो साबित हो जाता है राजनीति करने के लिए रजिस्ट्रेशन कोई मायने नहीं रखता। मगर संघ को लेकर यह सवाल दूसरा है। एक ओर भाजपा चाहती है कि राजनीतिक तौर पर संघ के दायरे में उसे ही मान्यता मिले। दूसरी तरफ संघ की ताजी पहल ने साफ ऐलान किया है कि उसकी पहल को राजनीतिक संगठन से भी एक कदम आगे बढ़ाकर देखा समझा जाए। नागपुर में 9 मार्च को संघ की राष्ट्रीय कार्यकारिणी ने ही सीधे और साफ संकेत दिए कि संघ को लेकर आम जनता में जो धारणा है या भाजपा जो धारणा बनाए रखना चाहती है उसका टूटना जरूरी है अन्यथा संघ का संगठन चरमरा जाएगा। इसी वजह से जब दस मार्च को प्रतिनिधि सभा शुरू हुई तो उसकी शुरुआत ही संघ के सरसंघ चालक रज्जू भैया के गद्दी छोड़ने से हुई।

जाहिर तौर पर भाजपा सरकार बनने के बाद संघ के अंदर लगातार इस बात

को लेकर कुलबुलाहट रही कि संघ कहीं न कहीं रज्जू भैया के नेतृत्व में वाजपेयी सरकार को ऐसे मुद्दों पर अभयदान दे रहा है। एक लिहाज से दिल्ली में साफ संकेत थे कि संघ अब भाजपा का पिछलग्गू नहीं रहना चाहता है। न ही वो यह संवाद देना चाहता है कि संघ की हरकतों से अगर सरकार पर खतरा मंडराने लगता है तो वो खामोश रहे। इसमें दो मत नहीं कि रज्जू भैया संघ के अंदर थोड़े झुकने और राजनीति को देखकर चलने वाले सरसंघ चालक के तौर पर देखे जाते रहे। मगर शेषाद्रि को लेकर सभी यही मानते है कि वो सांगठनिक ढाँचे को बनाए रखने वाले कट्टर स्वयंसेवक हैं। लोगों में गलत संदेश न चला जाए इस वजह से शेषाद्रि की ही यह पहल रही कि रज्जू भैया की जगह के.एस. सुदर्शन नए सरसंघ चालक बने तो वो खुद को प्रतिनिधि सभा में सदस्य के तौर पर रखेंगे। मगर सुदर्शन के मुखिया के तौर पर आने के बाद संघ में इस बात को लेकर घमासान मचा कि अगर संघ अपनी पुरानी स्थिति में नहीं लौटता है तो तात्कालिक राजनीति (भाजपा के जरिये एनडीए सरकार) उसका बंटाधार जल्द ही कर देगी। ऐसे में सुदर्शन ने प्रतिनिधि सभा को बिल्कुल नई टीम बनाने की बात रखी और यह भी बात कही कि महाराष्ट्र के ब्राह्मणों को तरजीह देकर जातीय तौर पर हिंदू समाज के शुद्धिकरण की बात तो रखी जा सकती है। इस वजह से महाराष्ट्र में आठ स्वयंसेवकों की नियुक्ति हुई। मगर आश्चर्यजनक तौर पर शेषाद्रि की जगह मोहन भागवत को लाया गया। यहाँ यह जानकारी आवश्यक है कि पहली बार वाजपेयी सरकार की आर्थिक नीतियों के खिलाफ जब सुदर्शन ने खुलकर बोला था और वित्तमंत्री यशवंत सिन्हा तक को घेरे में लिया था उस वक्त शेषाद्रि के जरिये रज्जू भैया ने ही संघ के अंदर आर्थिक नीतियों को लेकर फैलते उबाल को शांत किया था। मगर मोहन भागवत और बी. एम.एस. अध्यक्ष दत्तोपंत ठेंगड़ी ने साफ तौर पर कहा था कि इससे संघ या बीजेपी को बचाने के प्रयास की जगह भविष्य में राष्ट्र बेचे जाने की स्थितियों पर गौर करना चाहिए। यानी रज्जू भैय्या/शेषाद्रि की सोच की खुली मुखालफत के बावजूद सुदर्शन ने अपने राजकाज में स्थिति बदलने का संकेत दे दिया। हकीकत यह भी है कि के.एस. सुदर्शन की कोर कमेटी के सदस्यों में से कोई भी ऐसा स्वयंसेवक संघ नहीं है जो तत्काल की राजनीति को तरजीह देना चाहता हो। खुद सुदर्शन जहाँ संघ को अपने कार्यकाल में 1940 से 73 वाला संघ बनाना चाहते हैं। यानी गुरु गोलवलकर की ही तरह हिंदू समाज के संगठन के साथ उनकी शक्ति को अपनी राजनीति का अस्त्र भी बनाना चाहते हैं। खुद सुदर्शन का मानना है कि गुरु गोलवलकर के ही जमाने में राजनीति की सभी धाराएँ हिंदू समाज का कायाकल्प करने के लिए संघ की ओर ही ताकती थीं। 1974-75 में भी जब जयप्रकाश नारायण ने इंदिरा राज के खिलाफ आंदोलन की बात की तो उसकी शुरुआती रणनीति गोलवलकर ने ही बनाई जिसे देवरस के जमाने में भाउराव के कहने पर नानाजी देशमुख ने आगे बढ़ाया।

एक तरह से कहें तो सुदर्शन के संकेत साफ हैं कि वो कौन सी दिशा जाना चाहते हैं। फिर नए स्वरूप में संघ के ढाँचे को भी देखा जा सकता है। सुदर्शन और भागवत के पीछे संघ के अंदर जो दो महत्त्वपूर्ण संघी हैं वो सुरेश केलकर और मोरोपंत पिंगले हैं। केलकर और पिंगले संघ के अंदर संघ की उस धारा के तहत जाने जाते हैं जो हिंदू संगठन को एकबद्ध रखने में महत्त्वपूर्ण भूमिका निभाते रहे हैं और हेडगेवार की इस सोच को संघ के जरिये पूरे भारत में लाना चाहते हैं कि 'समाज का संपूर्ण ढाँचा हिंदुत्व की ही चादर तले रहे।' यानी किसी भी दूसरे धर्म का व्यक्ति अगर हिंदू छतरी तले आता है तो वो स्वीकार है अन्यथा खारिज। रज्जू भैया के जमाने में सुरेश केलकर सह सरकार्यवाहक के पद पर सुदर्शन के साथ रहे और वाजपेयी के नेतृत्व में सरकार बनने के बाद भूमंडलीकरण की मजबूरी बताकर नीतियों के भारत पर लादने का खुलकर विरोध किया। वहीं मोरोपंत पिंगले अखिल भारतीय प्रचारक प्रमुख के तौर पर रहे। सुदर्शन ने अपनी नई टीम में इस बात का ध्यान रखा कि संघ का संगठन विस्तृत कैसे हो और उसे कौन सी दिशा में ले जाया जाए यह दोनों स्थितियाँ साथ-साथ चलें। यही वजह है कि अखिल भारतीय प्रचार प्रमुख और संपर्क प्रमुख के पद पर वैसे व्यक्ति हैं जो संगठन के ढाँचे के साथ-साथ सुदर्शन के वैचारिक आकार को भी समझते हैं। खास बात यह भी है कि संघ की नई सभा में 'ब्राह्मणवाद' का विशेष ध्यान रखा गया है। यानी हिंदू के समानांतर ब्राह्मण मानसिकता को संघ के अनुकूल कर किस तरह समाज का नेतृत्व हाथ में लिया जा सकता है, इस पर भी खुले तौर पर सबसे महत्त्वपूर्ण और सुदर्शन के सबसे ज्यादा करीबी स्वयंसेवक हैं वो हैं दत्तोपंत ठेंगड़ी। एक लिहाज से सुदर्शन ने प्रतिनिधि सभा के दौरान ठेंगड़ी को जितना महत्त्व दिया उससे यह बात भी राजनीतिक हलकों में सीधे पहुँचने की कोशिश की गई कि राजनीति जिन तत्त्वों के सहारे चलती है उस पर अपना प्रमुख अब संघ भी रखना चाहेगा। ठेंगड़ी भारतीय मजदूर संघ के अध्यक्ष हैं और उन्होंने वाजपेयी सरकार के दौरान रोजगार और न्यूनतम मजदूरी का सवाल तो सीधे उठाया ही। इसके अलावा सरकार द्वारा अपनाई जा रही तकनीक व्यवस्था का सीधा विरोध भी किया। ठेंगड़ी ने राष्ट्रीय प्रौद्योगिकी नीति बनाने की भी माँग सरकार से की। ठेंगड़ी ने नागपुर में भी यह सवाल उठाए कि सरकार जिस अंधाधुंध तरीके से तकनीक अपना रही है उसे अपनाने से पहले यह देखना चाहिए कि कौन-सी प्रौद्योगिकी का कौन सा हिस्सा लेना राष्ट्रहित में है यह समझ विकसित करनी जरूरी है। फिर प्रौद्योगिकी का कौन-सा भाग है जिसमें कुछ संशोधन करके अपनाया जा सकता है। साथ ही रोजगार के मद्देनजर प्रौद्योगिकी को रिजेक्ट करना भी सीखना होगा और इन सबके अलावा सबसे जरूरी है अपनी यानी देसी प्रौद्योगिकी विकसित करना। ठेंगड़ी ने डंकेल के कानून और डब्ल्यूटीओ का भी खुलकर विरोध किया। और तो और सरकार की सूचना तकनीक के कितने भयंकर परिणाम होंगे इसे

'सांख्यवाहिनी' के जरिये बताया भी। खास बात यह भी है कि नए सिरे से सरसंघ चालक के.एस. सुदर्शन ने इन तमाम मुद्दों को ठेंगड़ी के ही जरिये नागपुर की सभा में रखा भी और इन पर बहस भी चलवाई। निष्कर्ष तो नहीं मगर संकेत दिया कि केंद्र की राजनीति अगर सत्ता में बने रहने के लिए इन्हें अपनाती है तो संघ भी अपने अस्तित्त्व पर अपनी समझ और अपने मूल आधारों पर सरकार (बीजेपी) की वजह से आँच नहीं आने देगा।

हालाँकि इस पूरी प्रक्रिया में संघ ने पहली बार खुले तौर पर स्वीकारा है कि आरएसएस को लेकर बहुसंख्यक तबके में पहले जो धारणा थी बदल गई है और समाज का ढाँचा भी वैश्वीकरण से बदल रहा है। इस वजह से संघ भी अपने संगठन के बनने या ढाँचे के विस्तार के लिए अपनी पुरानी स्थितियों पर निर्भर नहीं रह सकता। आगे बढ़ने के लिए जरूरी है कि विकास की सही देसी अवधारणा को ही अपनाया जाए, फिर संघ को सीधे उत्पादन संबंधी कार्यक्षेत्रों से भी जुड़ना होगा क्योंकि रोजगार और समाज को एक साथ पिरोए रखने के लिए न्यूनतम जरूरतों को अपनी जमीन में से पूरा करना होगा अन्यथा मिशनरी जैसी ताकतें हिंदू समाज को तोड़ देंगी। सीधे कहा जाए तो पहली बार संघ इस तथ्य को मान रहा है कि उसकी पकड़ हिंदू समाज पर ढीली पड़ गई है। साथ ही कई दूसरी शक्तियों ने बाजार व्यवस्था के जरिये हिंदू समाज में अपनी पैठ बनाई है। इसके लिए संघ अपने स्वयंसेवकों की राजनीति को भी दोषी मानता है। खासकर पिछड़ी जातियों को लेकर बीजेपी की राजनीतिक मुहिम को संघ कमजोर मानता है। उसका साफ मानना है कि दूसरे राजनीतिक दलों की तर्ज पर ही बीजेपी ने पिछड़ी जातियों के वोटर को सेंध लगाने का प्रयास किया जो सही नहीं था। संघ ने अपने तौर पर इसके साफ संकेत दिए कि संगठन के दायरे में अब आदिवासी और पिछड़े बहुल क्षेत्रों को तेजी से लाने का प्रयास किया जाएगा। इसके तहत वनवासी कल्याण आश्रम, सेवाभारती और राष्ट्रीय सेविका समिति के अभियान में तेजी लाई जाएगी। मगर संघ से जोड़ने के लिए सिर्फ शाखा या बौद्धिक सभा तक ही संघ समिति नहीं रहेगा बल्कि राष्ट्रहित के खिलाफ अपनाई जाने वाली नीतियों को समझते हुए आंदोलन भी छेड़ेगा और राजनीति को भी प्रभावित करेगा। मतलब संघ की तरफ से साफ है कि उसकी पहल से बीजेपी को मुखौटा कहकर राजनीतिक दल उसको तरजीह दे सकते हैं और सीधे राजनीति करने की राह पर आरएसएस आ गया है यह कहकर भाजपा के स्वयंसेवकों को 'राष्ट्रहित' पाठ संघ की तर्ज पर पढ़ने के लिए मजबूर भी कर सकते हैं।

चुनाव खत्म हुए अब संघ को याद कीजिए

तेरहवीं लोकसभा चुनाव के मुद्दे चाहे जो रहे हों लेकिन इस चुनाव का सबसे बड़ा सवाल यही है कि क्या वाकई भाजपा राष्ट्रीय लोकतांत्रिक गठबंधन तले चुनाव लड़ रही थी? संघ यानी आरएसएस की भूमिका इस चुनाव में कुछ भी नहीं रही। जिस संघ ने अयोध्या/धारा 370/ समान नागरिक संहिता का बवंडर पिछले साल (98 के लोकसभा चुनाव) तक खड़ा किया वह एकाएक खामोश क्यों हो गई। तर्क इस आधार पर गढ़े जा सकते हैं कि 98 के चुनाव के बाद संघ के एजेंडे को दरकिनार कर भाजपा ने सत्ता की जो व्यूह रचना की वो सही अर्थों में कांग्रेस का विकल्प बन गया यानी नए गठबंधन, नया न्यूनतम कार्यक्रम और एकदम नया राजनीतिक कार्यक्रम। लेकिन इस तर्क की पहली काट यह है कि चुनाव जिन आधारों पर लड़ा गया और जिन मुद्दों के चलते वोटर केंद्रित हुआ अथवा फीसदी-दर-फीसदी वोट भाजपा उसके गठबंधन के पक्ष में आया और पहली बार भाजपा सबसे बड़ी पार्टी बनी क्या वाकई उन मुद्दों आधारों की जरूरत भाजपा को नहीं रही, जबकि हकीकत में राजनीति के तौर-तरीके वही हैं। सत्ता को लेकर कोई नई परिभाषा भी पिछले तेरह महीनों में नहीं गढ़ी गई। साथ ही संसदीय चुनाव के लिए मैदान में उतरने वाले दलों में ऐसा कोई भाव नहीं आया है, जिसमें लगे कि चुनाव विपक्षी दल बनकर खास नीतियों को लागू करवाने के लिए लड़ा गया है। जाहिर है कि ऐसे में सबसे बड़ा सवाल यही है कि आखिर वो वोटर इस बार कहाँ गया या फिर उसे नजरअंदाज क्यों किया गया है, जिसे संघ ने अपनी मशक्कत में एक खास सोच तले तैयार किया है। कहीं सत्ता के स्वाद ने संघ को भी तो नहीं बदला है। कम्युनिस्ट तो ये बात खुलकर कह सकते हैं कि पहले संसदीय राजनीति फिर सत्ता जब सही अर्थों में बेहतर दुनिया की चाहत रखने वाली सीपीआई और सीपीएम को खत्म कर धारा के साथ बहने वाली मरी मछली बन सकती है तो सच भाजपा क्या मायने रखती है। लेकिन इस धारा की जरूरत ही ऐसे मुद्दे की है जो वोटरों को एक छतरी तले समेटते हैं और उसे भुनाने की प्रक्रिया तब तक चलती है जब तक कोई दूसरा मुद्दा खड़ा न हो जाए, या फिर यह विश्वास जाग जाए कि पुराने मुद्दों को छोड़ने के बावजूद वोटरों का समीकरण बिगड़ेगा नहीं। यहाँ संघ की सोच खारिज होती लग सकती है क्योंकि समाज शुद्धिकरण और थ्योरी फिट नहीं बैठती। ऐसे में इस चिंतन को भी खारिज करना होगा कि भाजपा अभी जो कर रही है वह संघ से हटकर है या फिर

वाजपेयी लगातार राष्ट्रीय लोकतांत्रिक गठबंधन को जिस तर्ज पर मजबूत करना चाह रहे हैं, उसके दिखाई देने वाले कुछ आधार भी हैं। अगर गोविंदाचार्य या लालजी टंडन जैसे नेता संघ के एजेंडे की बात बीच-बीच में उछालते रहे और वाजपेयी हँसते-मुस्कराते हुए इस पर आश्चर्य व्यक्त करते हैं तो राजनीतिक पंडितों की नजर में यह भावना तटस्थता वाली है। यही तटस्थता वाजपेयी को संघ से अलग करती है। इसका ऐलान जब-तब संघ वाले भी करते हैं। लेकिन संघ की हकीकत इतनी निश्छल और पवित्र भी नहीं है जो वाजपेयी के जरिये 'रामराज्य' भुला दे। वाजपेयी का सब कुछ चाहे तेरह दिन हो या तेरह महीने अगर गौर करें तो जो ऐसा कुछ भी अलग नहीं दिखेगा जो संघ का न हो मगर वाजपेयी का हो। कहा जा सकता है कि पोखरण और कारगिल ही वाजपेयी की चुनावी सभाओं का मूलमंत्र रहा। अयोध्या हिंदुत्व नहीं। लेकिन संघ का न हो मगर वाजपेयी का हो। कहा जा सकता है कि पोखरण और कारगिल ही है। संघ के सरसंघचालक रहे गुरुगोलवलकर के मानव मूल्यों के संबंध में लिखी किताब 'वी आर अवर नेशनहुड डिफान्ड' के कुछ बुनियादी सिद्धांत इस मामले में गौरतलब हैं जिसमें वे सैनिक शासन की खुली प्रशंसा करते हैं। जातिवादी उत्पीड़न को अपना समर्थन देने के साथ-साथ गोलवलकर ने हिटलर द्वारा यहूदियों के कत्लेआम करवाने की प्रशंसा की और कहा कि जर्मनी ने यह दिखा दिया है कि जिन नस्लों और संस्कृतियों के बीच आधारभूत भिन्नता होती है। वे एक राष्ट्र के रूप में शामिल नहीं हो सकतीं। हिंदुस्तान में हमें इससे सबक लेना चाहिए और लाभ उठाना चाहिए। गोलवलकर का वह चिंतन आज की लोकतांत्रिक स्थिति में क्या मायने रखेगा? संघ तो नहीं, भाजपा पाँच दशक पुरानी इस थ्योरी को उस वक्त काल के लिहाज और आज की राजनीति के लिहाज से तो खारिज कर सकती है लेकिन वाजपेयी इस थ्योरी से कितने प्रभावित हैं, इसका अंदाज उनके अपने लेख 'आरएसएस इज माई सोल' से मिल सकता है। 7 मई 1995 के संघ के मुखपत्र 'आर्गेनाइजर' में प्रकाशित इस लेख में वाजपेयी संघ तथा गोलवलकरनुमा मानवतावाद के प्रति अपने प्रेम की खुली घोषणा करते हैं। मजा यह है कि इस लेख में संघ तो खुश होता ही है, भाजपा भी तो पुलकित होती है, जिसके बाद 96 में इस लेख को औपचारिक रूप से इंटरनेट पर विश्व भर में प्रसारित किया जाता है। 98 में इस लेख की नई प्रतिलिपि इंटरनेट पर नजर आती है। कहा जा सकता है चौथे दशक में जिन स्थितियों से प्रभावित होकर वाजपेयी संघ में शामिल हुए उसके बाद से बहुत कुछ बदला है। नई स्थितियों से उसकी तुलना नहीं की जा सकती। लेकिन कारगिल के दौरान की स्थितियों पर अगर गौर करें तो एक नहीं कई सभाओं में वाजपेयी समेत तमाम भाजपा नेताओं ने सैनिक शिक्षा की खुली वकालत की है। सतही तौर पर इन नेताओं का मानना है कि इससे जनता में अनुशासन आएगा। देखा जाए तो गोलवलकर ने भी सैनिक स्कूल की वकालत कर इसे एक जरूरी शिक्षा करार देने

की बात कही थी। अगर संघ से जुड़ी और भाजपा से मान्यता प्राप्त शिक्षा संस्थानों (विद्याभारती, शिशु मंदिर, अखिल भारतीय शिक्षा संस्थान, समन्वित मेधावी विद्यार्थी कल्याण प्रकल्प आदि) में अनुशासन के तौर-तरीके सैनिक स्कूल के काफी करीब हैं। भाजपा की मदद से संघ से रिटायर हुए सैनिकों के बीच भी पहल की। 1993 में संघ ने पूर्व सैनिक सेल परिषद बनाई। उत्तर प्रदेश से शुरू की गई इस परिषद की शाखाएँ अब देश के बारह राज्यों में हैं जिसकी सदस्य संख्या एक करोड़ के करीब पहुँचाने का लक्ष्य है। हालाँकि यहाँ ये सवाल बेमानी होगा कि संघ या गोलवलकर के चिंतन अभी की राजनीति में मायने रखते हैं या फिर सैनिक प्रशासन की तर्ज पर ही कारगिल युद्ध को दिखाया बताया जा रहा है।

अगर इन सारी स्थितियों को खारिज किया भी जाए और वाजपेयी के बढ़ते कैनवास को ही ध्यान में रखा जाए तो यह सवाल उठना लाजमी है कि संघ की जो सकारात्मक पहल रही उसे चुनावी मुद्दा बनाने से क्यों रोका गया है। भारतीय किसान संघ, स्वदेशी जागरण मंच और भारतीय मजदूर संघ ने अपने ड्राफ्ट में डब्ल्यूटीओ, पेटेंट, डंकल को खारिज किया है। विज्ञान भारती ने परमाणु अस्त्रों की उपयोगिता पर सवाल खड़े किए हैं। अखिल भारतीय अधिवक्ता परिषद ने संविधान में बदलाव (चेक एंड बैंलेस की थ्योरी) की बात कही है। सेवा भारती और वनवासी कल्याण आश्रम के जरिये पिछड़े क्षेत्रों में विकल्प उभारने की वकालत की गई है। यह सब कुछ जनसंघ भाजपा या कहें वाजपेयी के सत्ता में रहने से ही उभर आया लेकिन इन्हीं स्थितियों के समानांतर सरकारी नीतियों में ये सब खारिज भी हुआ। कहा जा सकता है कि वाजपेयी के कैनवास संघ की सोच से कहीं बड़ा हुआ। इसी वजह से सत्ता और वाजपेयी तो एक-दूसरे के पर्याय बन गए हैं इसलिए उसे वाजपेयी का कैनवास भी समझ में आ चुका है और वह इसीलिए खामोश है। भाजपा के सत्ता में लौटते ही संघ का कैनवास बड़ा होगा और उसके तरीके भी निखरकर सामने आएँगे। गाहे-बगाहे भाजपा में भी ये सवाल जवाब होते रहते हैं कि सत्ता रहेगी तो हर क्षेत्र को घेरा जा सकेगा। लेकिन इस घेरने की मानसिकता और तौर-तरीकों का चिंतन सरकार से जुदा नहीं है। पहली बार वाजपेयी ने भी यह जतलाया है। संघ की कार्यप्रणाली अगर हर क्षेत्र की नीतियों को निर्धारित करती है और नए कलेवर में वाजपेयी सरकारी नीति बताते हैं तो फर्क पड़ता है क्योंकि चौमुखी प्रयास के आधार पर संघ ने ही उस पूरी अवस्था को विकसित किया है। उसकी पहली प्राथमिकता सिर्फ सामाजिक, सांस्कृतिक या आर्थिक क्षेत्र भर न रहे, वह राजनीति और विदेश नीति को भी समझे और उसे प्रभावित करने की स्थिति ला पाए। उसके लिए बाकायदा अर्थव्यवस्था से लेकर विदेश नीति तक पर विचारों को दोतरफा रुख पेश किया जिससे संघ खारिज भी हो मगर मानसिकता अनुकूल बनी रहे। अगर सरकार ने ग्लोबल अर्थव्यवस्था को अनुकूल बताया तो स्वदेशी जागरण मंच ने उसे खारिज

किया। चीन और पाकिस्तान को लेकर विदेश नीति तो दूर की बात है संघ ने जो अपना विदेश विभाग 1941 में कीनिया में शुरू किया था अब 27 देशों में उसकी 200 शाखाएँ हैं जहाँ वाजपेयी से सत्ता में रहने का मतलब विदेशी नीति मुस्लिम समुदाय को पाठ पढ़ाने वाली है। (1977 में विदेश मंत्री रहते हुए वाजपेयी ने जिस तरह अरब देशों का साथ किया और इस्राइल से समझौता कर मुस्लिमों को पाठ पढ़ाने की वकालत की) महत्त्वपूर्ण यह है कि सरकार का जो रुख सत्ता में मौजूद है वह वाजपेयी का है, यानी संघ अलग है भाजपा अलग है, तक की सोच कई नीतियों पर संघ ने परोसी। ऐसे में दूसरे दलों के साथ राजनीतिक गठजोड़ के फायदे जहाँ संघ ने देखे वहीं इस तथ्य को भी बखूबी समझा कि चुनाव में अलग-अलग घोषणापत्र से समाज में बहु विचार साफ नजर आएँगे और अगर एक ही घोषणापत्र (भाजपा के नेतृत्व में एनडीए) से एक नहीं दो दर्जन से ज्यादा दल राजनीति में जाते हैं तो बाकी दलों की उपस्थिति या उनकी राजनीतिक मान्यता आँकड़ों (नंबर) पर टिक जाएगी। जिसमें समाज के शुद्धिकरण की मुहिम में मेहनत कुछ कम करनी होगी। यही वजह है कि विरोधाभास के बावजूद अकाली, समता, द्रविड़ और अब जनता दल तक से समझौता किया गया। खास बात यह है कि राजनीतिक तौर पर अगर वाजपेयी संघ की थ्योरी को लागू करने में एकदम नई मुहिम छेड़े हुए हैं तो संघ भी अपने अंदर अपने ही विरोधाभासों को उभार कर नई जमीन तैयार कर रहा है। यही वजह भी है कि स्वदेशी विचार मंच हो या भारतीय किसान संघ अथवा भारतीय मजदूर संघ व्यापक घेरे में सभी की जरूरत एक संस्कृति एक नस्ल तले राष्ट्र की है। ऐसे में अर्थव्यवस्था का प्रारूप कैसा हो इस पर तत्काल बहस की जरूरत क्या है। देश का पच्चीस फीसदी हिस्सा अगर बनती-बिगड़ती अर्थव्यवस्था में सरकार के साथ है तो फिर अलग-अलग घेरों की अलग-अलग राजनीति की जरूरत क्या है। ऐसे में संघ की अलग-अलग संस्थाओं की सोच स्वदेशी की है, पेटेंट डब्ल्यूटीओ, डंकल के खिलाफ की है। एक सुंदर और श्रेष्ठ समाज बनाने की परिकल्पना है जिसके लिए राष्ट्र सेविका समिति और सेवा भारती जुटे हैं। इतिहास पर गर्व कराने के लिए भारतीय इतिहास संकलन योजना, संस्कार भारती और अखिल भारतीय विज्ञान परिषद अनुसंधान कर रहे हैं लेकिन सरकार की नीतियाँ लगातार देश को बाजार में तब्दील कर रही हैं। इसलिए संघ की सोच अलग है और वाजपेयी सरकार की अलग। यही वजह भी है कि संघ चुनाव में जो मुद्दे चाहती थी उनसे बोलना (खुलकर) चाहती थी लेकिन वाजपेयी की सत्ता उसे रोक देती है, इसलिए वाजपेयी अलग हैं। अलग राह पर चल रहे हैं और इसकी 'टीस' संघ को खूब हो रही है। ऊपरी तौर पर चुनाव से पहले ये सारी सोच खूब जोर-शोर से संघ ने भी उबारी और सरकार ने भी। लेकिन अब चुनाव समाप्त हो चुके हैं और भाजपा गठबंधन के सत्ता में आने की राह साफ है तो संघ की सकारात्मक सोच को लाना ही पड़ेगा। कुछ

ऐसा भाव 20 अक्टूबर के बाद खुलकर सामने आएगा। उस वक्त वाजपेयी का कोई अलग चेहरा या राष्ट्रीय लोकतांत्रिक मोर्चे की याद बेमतलब लग सकती है इसलिए संघ की दो कदम आगे और एक कदम पीछे के चिंतन की सरकार के साथ आत्मसात कर देखने की आदत डालनी होगी।